Field thyme
Rosehip
Big plantain
34581
Chamomile
Field thyme

Hexenküche

Das magische Kochbuch

Melissa Jayne Madara

Hexenküche

Das magische Kochbuch

Heel

An meine Mutter, meine größte Stütze, deren Liebe zum Geschichtenerzählen der Grund ist, warum ich schreibe.
An Paul, meine Liebe, meinen Satyr, meinen besten Freund.
An meine geliebten, fleißigen Assistenten Damien und Lucy.
Und an alle meine guten Freunde im *The Waffle House.*

IMPRESSUM

HEEL Verlag GmbH
Gut Pottscheidt
53639 Königswinter
Tel.: 02223 9230-0
Fax: 02223 9230-13
E-Mail: info@heel-verlag.de
www.heel-verlag.de

Deutsche Ausgabe:
Übersetzung aus dem Englischen: Hendrik Wolff

Satz: Axel Mertens

Printed in Slovenia.
ISBN 978-3-96664-891-2

Anmerkungen zu den Rezepten
Wenn nicht anders angegeben:
Verwende mittelgroßes Obst und Gemüse
Verwende Bio- oder Freilandeier, Größe L
Verwende frische Kräuter, Gewürze und Chilischoten
Verwende Kristallzucker

Inhalt

7 Über die Autorin

8 Einführung

14 AHNENFEST

Traditionelle Feste, Rezepte und Rituale von Hexen aus der Vergangenheit

21 Brathähnchen mit babylonischen Gewürzen
22 Pharmakos-Kuchen
24 Rekonstruktion eines heidnischen Festmahls
29 Fornacalia Focaccia
32 Hekates Deipnon
35 Maslenitsa
38 Keltischer Struan zum Michaeli-Fest
40 Heilender Hummus für gebrochene Herzen
41 Hildegard von Bingens Glückskekse
42 Aleister Crowleys Gletscherreis
44 SATOR-Quadrat-Ernte-Pie
47 Stilles Abendessen

50 FEST DER STERNE

Kochen im Kreis der Sternzeichen

58 **Widder** – Chorizo-Fleischbällchen mit Käsepolenta & Kirsch-Szechuanpfeffer-Trüffel
61 **Stier** – Frühlingszwiebel-Gnudi mit geschmortem Blattgemüse & Panna cotta mit Kamille und Honigwabenbonbons
64 **Zwillinge** – Kräuterfondue & Zitronengras-Pavlova mit Sommerbeeren
67 **Krebs** – Mohn-Hähnchen-Auflauf & Knusprige Kokosnuss-Lotussamen-Riegel
70 **Löwe** – Heirloom-Tomaten-Salat mit Kapuzinerkresse-Vinaigrette & Cantaloupe und Champagner-Eis am Stiel
73 **Jungfrau** – Zitronen-Lavendel-Brathähnchen & Russischer Honigkuchen
76 **Waage** – Florale Papardelle mit Pistaziensauce & Gebratene Ananas mit Basilikum-Mousse
79 **Skorpion** – Schweinelende mit eingelegten Senfkörnern & Blutorangensorbet mit Fernet-Branca
82 **Schütze** – Fladenbrote mit Feigen, Prosciutto und Blauschimmelkäse & Brownies mit Hibiskus
85 **Steinbock** – Jäger-Eintopf mit Wurst und Pflaumen & Brombeerbaiser
88 **Wassermann** – Entenbrust mit Heidelbeer-Balsamico-Sauce & Honig-Walnuss-Ziegenkäse-Torte
91 **Fische** – Gebratener Blumenkohl mit Miso und Joghurt & Pâte de fruit mit Holunderblüte

94 FEST DER HIMMELSKÖRPER
Planetarische Magie in der Küche

105 Vollmondfestmahl
110 Sonne – Fritule mit Löwenzahn und Orange
112 Mond – Cremige Beifußsuppe
114 Merkur – Lavendelbutter mit Kräutersamen-Crackern
116 Venus – Dumplings mit Essblumen
118 Mars – Gebratene Artischocken mit Feta und Harissa-Aufstrich
120 Jupiter – Geschmorte Lammhaxen mit Wacholder und Rotwein
121 Saturn – Pulled-Pork-Sandwiches mit Brombeeren
126 Neumondfestmahl

128 FEST DER ERDE
Saisonale Mahlzeiten zu den Sonnenwenden und Tagundnachtgleichen

138 Festmahl zur Frühlings-Tagundnachtgleiche
144 Festmahl zur Sommersonnenwende
150 Festmahl zur Herbst-Tagundnachtgleiche
156 Festmahl zur Wintersonnenwende

162 FEST DER ZAUBER
Zaubertränke, Riten und Tischzauber

175 Rosmarin-Sternbrot für den Haussegen
178 In Piniennadeln gebackene Polenta-Küchlein mit Arrabiata und Ziegenkäse
179 Vier-Räuber-Vinaigrette
180 Lavendel-Kartoffel-Galette gegen den rückläufigen Merkur
182 Schützende Hühnerfußsuppe
184 Rituelle Brotmasken
187 Opfer-Wachtel mit Granatapfelsauce
188 Grissini-Sigillen
191 Festmahl mit gebratenen Blüten und Pilzen
194 Joghurt-Käse mit Kräutern
196 Picknick-Kuchen mit Rosmarin, Apfel und Cheddar
197 „Hexenkuchen" der Hexenprozesse von Halem
200 Festtagstorte mit Schokolade, Roter Bete und Grapefruit
203 Löwenzahn-Ringelblumen-Scones für Gelegenheitszauber
204 Honigsüße Beeren mit Blauer-Lotus-Zabaglione
206 Opferkekse mit gepressten Veilchen
208 Holunder-Brombeer-„Meister des Waldes"-Torte
211 Bitter-Mischungen
212 Gewürz-Ritualwein
214 Liebestränke
217 Wahrsagungstee-Ritual mit Beifuß und Katzenminze
220 Reinigungseistee

223 Referenzen & weiterführende Lektüre
225 Register
230 Danksagung

Über die Autorin

Melissa Jayne Madara ist eine Hexe, Kräuterexpertin, Köchin und Autorin. Sie ist Mitbesitzerin von Catland Books in Brooklyn, New York, einem beliebten Shop für Hexerei, wo sie auch als Kuratorin des Catland's courtyard garden tätig ist. Melissa ist außerdem Herausgeberin des *Venefica Magazine,* einer Zeitschrift für Kunst und Okkultismus mit Sitz in New York City. Über ihre Arbeit als Hexe wurde in der *New York Times, Vice, Broadly, Teen Vogue* und *Refinery 29* berichtet, und ihre Artikel über Magie wurden im *Fiddler's Green Peculiar Parish Magazine* und im *Susie Magazine* veröffentlicht.

Als Okkultistin beschäftigt sich Melissa in ihrer Praxis vor allem mit den alten Religionen Osteuropas und der Mittelmeerküste, mit Wahrsagerei, Kräutermagie und der Arbeit mit giftigen Pflanzen. Melissa forscht vor allem im Bereich der Pflanzenfolklore, Mythologie und historischen Formelsammlungen, wobei sie besonderes Interesse an kulinarischen Rezepten und Düften hat. Bei Melissas Apotheken-Marke Moon Cult Herbs kann man Weihrauch, Parfüm und Tinkturen kaufen. Melissas kulinarischer Weg begann in der traditionellen französischen Pâtisserie, aber am bekanntesten ist sie für die Ausrichtung von rituellen Abendessen und Vollmondfesten bei Catland Books und anderen Orten.

Das Spiel mit dem Feuer

Kochen ist wie die Magie eine Kunst, die ich mir selbst beigebracht habe. Zuerst war es nur eine Leidenschaft, dann habe ich mich intensiver damit beschäftigt, da ich verstehen wollte, was mich daran so fasziniert – die fesselnde Kraft von Aroma und Geschmack, beides verführerisch und unmittelbar wahrnehmbar, hat meine Aufmerksamkeit geweckt. Ich hatte schon immer ein starkes Interesse an Chemie und Wissenschaft als Methoden zum Erforschen der unsichtbaren Welt – die unsichtbaren, mikroskopisch kleinen Vorgänge hinter der Realität, die in der Lebenserfahrung verborgen bleiben und doch jeden Aspekt unseres gesamten Lebens beeinflussen. Das Kochen hat mich von Anfang an in seinen Bann gezogen, da es die Möglichkeit bietet, sich mit den Geheimnissen der chemischen Wandelbarkeit und der transformativen Kraft des Feuers auseinanderzusetzen – Wege der Erforschung, die jungen Frauen wie mir allzu oft verwehrt bleiben. Kochen wurde zu meinem bevorzugten künstlerischen Medium, zu einer kreativen Praxis, in der Essen und Genießen zu Dingen wurden, die sowohl mit den Händen als auch mit dem Herzen, sichtbar und unsichtbar, innerhalb und außerhalb des Körpers erfahren werden konnten. In vielerlei Hinsicht ist dieser experimentelle, erforschende Weg meiner Arbeit in der Küche und meiner Arbeit als Hexe von derselben nichtlinearen Reise des Fühlens und Erschaffens geprägt, die stets von Intuition, Neugier und einem sinnlichen Engagement für die Welt geleitet werden.

Sicherlich kann man mit ein wenig künstlerischer Freiheit sagen, dass die beiden Disziplinen Magie und Kochen einige Gemeinsamkeiten aufweisen. Beiden Praktiken haftet ein Hauch von Geheimhaltung an, sie geben ihre Techniken nicht ohne Weiteres preis und erfordern viel Übung, um sie vollständig zu verstehen. Beide sind zutiefst verführerisch, sie locken den Meister immer tiefer in die Materie und verführen mit einer bodenlosen Quelle möglicher Kenntnisse und Erfahrungen. Beide erfordern Studium, Übung, Fleiß, Vertrauen und die Bereitschaft zum Experimentieren – man kann mit ihnen Ruhm erlangen oder eine Katastrophe erzeugen. Aber vor allem erfordern sowohl das Kochen als auch die Magie ein Verständnis für die subtilen Welten und die nonverbale Kommunikation – eine symbolische Sprache, die im Unterbewusstsein existiert. So wie man bei der Produktion von Schokolade oder Sauce den richtigen Moment für das Vermischen der einzelnen Zutaten lernt, ist es wichtig, den richtigen Moment für das Lesen der Wahrsageschale oder für die Kommunikation mit den Geistern zu erlernen.

Zwar kann die Geschichte diese mystische Verbindung zwischen Magie und Essen bezeugen, doch überschneiden sich die Diskussionen über die kulinarische Hexerei und die Apothekerwissenschaft oft so sehr, dass wenig Raum für die Betrachtung der Küchenmagie an sich bleibt.

Natürlich gibt es viel darüber zu sagen, wie Lebensmittel und Kräuter den Körper auf wundersame Weise beeinflussen können, und es wurde bereits viel über diese Perspektive der Küchenhexerei geschrieben. Derjenige, der die Küchenmagie anwendet, ist ein Heiler durch Nahrung, der sowohl als Magier als auch als Arzt auftritt – irgendwo zwischen Glauben und Wissenschaft. Im Gegensatz zu anderen magischen Traditionen und sogar zu nicht-religiösen Praktiken wie Atemarbeit und Trance, fehlt der Küchenmagie ein offenkundiges Erbe, aus dem sie schöpfen kann und es sind keine traditionellen Werkzeuge oder Grundlagenwerke erkennbar. Dennoch gibt es einige feine und exquisite Fäden kulinarischer Magie, die sich durch die Geschichte ziehen, von der fernen Vergangenheit bis in die Gegenwart. Vielleicht können wir durch das bewusste Aufspüren dieses Restwissens die Gestalt und Form dieser wichtigen Arbeit erkennen.

Die „Hexenküche" wurde nicht geschaffen, um eine vollständige Methode der Küchenmagie oder der Hexerei im Allgemeinen zu bieten, sondern um Beispiele aufzuzeigen, wie die Küchenmagie funktionieren könnte. Sicherlich gibt es andere Texte, die die philosophischen und spirituellen Praktiken, die für die Ausübung der Magie in bestehenden Traditionen notwendig sind, beschreiben. Dieser experimentelle Band präsentiert auf feinfühlige Art die Methoden und Anwendungen der Küchenhexerei, um diese besser zu verstehen. Es ist eine Einladung zum Spiel mit dem Feuer, sowohl im übertragenen als auch im tatsächlichen Sinn. Im Hinblick auf die Perspektive von der „Hexenküche" ist es nur natürlich, dass dieser Text die Form meiner persönlichen Arbeit meines Glaubens und meiner Forschung annimmt. Meine Arbeit als Hexe ist stark von der Methode der Chaosmagie geprägt, aber meine Forschungen beziehen sich vor allem auf die antiken Religionen entlang des Mittelmeeres (wo mein Heimatland Kroatien liegt) sowie auf Pflanzen-Symbolik, Mythologie und Kräuterkunde. Aufgrund der Art meiner persönlichen Arbeit wirst du feststellen, dass sich dieses Buch stark auf die Geschichte und die Magie der europäischen Traditionen konzentriert. Natürlich kann dieser enge Blickwinkel nicht die gesamte Magie repräsentieren, vor allem wenn man Hexerei als globale Erfahrung betrachtet. Es ist jedoch mein persönliches Interessen- und Forschungsgebiet, aus dem ich mein Wissen weitergebe.

Leserinnen und Leser, die sich der Magie und der Hexerei zum ersten Mal durch die „Hexenküche" nähern, können auf diesen Seiten eine Reihe von verschiedenen Werkzeugen und Techniken, die auf die unterschiedlichen Vorstellungen von dem, was Hexerei ist oder sein könnte zurückgreifen, kennenlernen. Es ist ein Portal, durch das man ein komplexes und dynamisches Ganzes betrachten kann, das von Natur aus gegen eine Definition rebelliert. Hexen, die diesen Text lesen, um ihre Praktiken auf die Küche auszudehnen, werden die folgenden Kapitel als anpassungsfähig an alle Wege, Traditionen und Perspektiven empfinden. Während die genaue Natur und die Bräuche der Küchenmagie schwer fassbar bleiben, stellt dieses Buch einen unreligiösen Rahmen dar und es sind deine Überzeugungen und hingebungsvollen Beziehungen, die bestimmen werden, was die „Hexenküche" zu bieten hat. Diese Fähigkeiten sind nicht notwendig, um mit diesem Buch zu kochen, aber sie sind hilfreich, um die bevorstehenden Rituale vollständig zu erforschen. Ausgestattet mit diesen einfachen Tipps und Anleitungen, können die Interessierten sicher und zuversichtlich in die unbekannte Welt der Küchenhexerei eintauchen.

Kräuter sammeln

Da es sich bei diesem Buch um ein magisches Kochbuch handelt, wirst du feststellen, dass einige der Zutaten, mit denen wir arbeiten, etwas abseits der bekannten Pfade liegen. Kräuter und wild wachsende Pflanzen werden auf diesen Seiten eine wichtige Rolle spielen, und in einigen Fällen wirst du dich selbst auf die Suche nach deinen Zutaten begeben, um sie frisch zu bekommen.

Obwohl sie für unsere Vorfahren wichtig war, ist das Sammeln von Kräutern heute eine verlorene Kunst, da der Mensch sich immer weiter von der natürlichen Welt entfernt. Mit ein wenig Wissen und Kenntnis kann dies jedoch ein weiteres Werkzeug sein, mit dem du Magie und Vielfalt in deine Küchenhexerei bringen kannst. In diesem Sinne hier drei Tipps, die ich anwende, um in meiner Umgebung sicherer auf Pflanzensuche zu gehen:

1 BENUTZE IMMER DREI BESTIMMUNGS PUNKTE

Wenn man zum ersten Mal lernt, Pflanzen zu identifizieren, kann es wirklich aufregend sein, sie genau zu bestimmen. Pflanzen sind jedoch schlaue, kleine Verwandlungskünstler und können ihren giftigen Verwandten manchmal sehr ähnlich sehen. Aus diesem und vielen anderen Gründen ist es wichtig, dass du mindestens drei bekannte Merkmale erkennst.

Das Erkennen einer bestimmten Blattform, Blütenfarbe oder eines Dufts reicht oft aus. Wir können auch die heimische Bioregion, die natürliche Wachstumsperiode oder sogar die Pflanzenart (Baum, Strauch, Kaktus, Pfahlwurzel usw.) als nützliche Mittel zur Bestimmung anwenden. Diese Methode hilft uns bei der gefahrenfreien Pflanzensuche und informiert uns, welche Details essbare Pflanzen von ihren gefährlichen Doppelgängern unterscheidet. Nimm niemals Pflanzen zu dir, bei denen du auch nur ein bisschen unsicher bist. Erkundige dich bei anderen Kräuterkundigen oder Sammlern in deiner Umgebung, welche Pflanzen in deiner Nähe wachsen.

2 SUCHE IMMER IN SICHERER ENTFERNUNG VON MENSCHLICHEN AKTIVITÄTEN

Leider sind die menschlichen Interaktionen mit der Natur nicht immer positiv. Wir Menschen haben die schlechte Angewohnheit, unseren Müll in der Natur zu hinterlassen – manchmal auf eine Art und Weise, die sehr schwer zu erkennen ist. Im Falle der Bodenvergiftung – verursacht durch Bebauung, industrielle Abwässer, Regenverschmutzung, Pestizide und Autoabgase – können extrem feine, aber giftige Partikel in den Körper von Pflanzen aufgenommen werden, darunter Blei, Kadmium, Arsen und Asbest. Wenn wir diese Pflanzen essen, können sie ihre Gifte und Schwermetalle auf uns übertragen. Um diese ökologischen Auswirkungen nicht zu vernachlässigen, solltest du deine Pflanzen in der Regel in einem Abstand von mindestens 15 Metern zu allen vom Menschen geschaffenen Strukturen ernten, insbesondere zu Gebäuden, Straßen, Bahngleisen oder Orten, an denen Menschen ihre Haustiere ausführen. Aus diesem Grund, solltest du möglichst unberührte Natur für die Suche bevorzugen, um mit der Pflanzensuche zu beginnen, da sie von den meisten menschlichen Giftquellen weit entfernt sind. Wenn du es vorziehst, in der Nähe deines Zuhauses zu bleiben, aber Bedenken hast, dass der Boden verunreinigt ist, kannst du die Erde bei lokalen Institutionen testen lassen.

3 ERNTE NIE MEHR ALS EIN VIERTEL VON DEM, WAS DU SIEHST

Wenn wir in der Natur unterwegs sind, ist es wichtig, dass wir uns der Auswirkungen unseres Handelns auf die Landschaft bewusst sind und uns daran erinnern, dass wir wahrscheinlich nicht die einzigen Lebewesen sind, die diesen Raum nutzen. Da die Nahrungssuche immer mehr in Mode gekommen ist, sehen wir, wie Orte, die einst mit wilden Lebensmitteln übersät waren, zu leeren Flächen werden, auf denen die Pflanzen stark abgeerntet wurden. Dies führt nicht nur zu Problemen für die Menschen, die keine Pflanzen mehr finden, sondern hauptsächlich für die Tiere, die keine Nahrung mehr finden, sodass der natürliche Kreislauf gestört wird. Deshalb ist es wichtig, den größten Teil dessen, was wir in der Natur vorfinden, immer stehen zu lassen, damit auch Vögel, Eichhörnchen und Füchse ihren Anteil bekommen können. Mit dieser Achtsamkeit schützen wir das Land, auf dem wir unsere Nahrung suchen, und sichern auch künftige Ernten.

Ich hoffe, dass diese einfachen Tipps einen nützlichen Rahmen für die Pflanzensuche in deiner Umgebung bieten. Wenn du noch nie auf Nahrungssuche warst oder nie gelernt hast, die Pflanzen in deiner Bioregion zu bestimmen, betrachte dies als eine Einladung zur Entdeckung! Diese Art von intimer, wechselseitiger Beziehung zu unserer lokalen Flora ist nicht nur für den Koch nützlich, sondern auch für die Hexe. Wenn du dich in die freie Natur wagst, wirst du vielleicht feststellen, dass einige der in diesem Buch erwähnten Kräuter wie Beifuß, Hagebutte oder Löwenzahn direkt vor deiner Haustür zu finden sind.

Magische Tinte

Das Mischen der eigenen magischen Tinte ist eine Tradition, die bis in die Antike zurückreicht, wo bestimmte Kräuter wie Myrrhe und Safran als Pigmente speziell für rituelle Handlungen verwendet wurden. Die Herstellung dieser Tinte zu Hause kann sehr einfach sein, auch wenn man nicht unbedingt handwerklich begabt ist. Die Herstellung deiner eigenen Tinte hat in der Magie einen doppelten Vorteil: Du kannst deine Tinten mit pflanzlichen Pigmenten anreichern, die für deine Arbeit nützlich sind, und du kannst sicherstellen, dass deine Tinten nicht giftig und sicher zum Verzehr sind. Dieser letzte Punkt ist besonders wichtig für die Küchenhexerei, da in mehreren Rezepten in den kommenden Kapiteln Sigill, beschriftete Blätter oder andere Markierungen erwähnt werden, die mit unseren Lebensmitteln in Berührung kommen sollen. Eine vollständig anpassbare, lebensmittelechte Alternative zu gekauften Tinten und Markern zu haben, ist ein wesentlicher Schritt, um die in diesem Buch beschriebene Magie zu verstehen.

Um deine eigene magische Tinte zu Hause herzustellen, benötigst du hochprozentigen, neutralen Alkohol (Reinalkohol aus der Apotheke) und Gummiarabikum in Pulverform. Außerdem musst du die nicht giftigen, pflanzlichen Pigmente deiner Wahl auswählen, die mit denen du deiner Tinte Farbe verleihen willst. Für schwarze oder tiefrote Tinte kannst du Myrrhe, Alkanet, Rote Bete, schwarzen Tee oder schwarze Walnussschalen verwenden. Für gelbe oder orangefarbene Tinte kannst du Safran, Goldrute, Efeustängel, Berberitze, Eukalyptus oder Paprika nehmen. Für blaue oder grüne Tinte greifst du zu Schmetterlingsblütler, Kornblume, Indigo, Kamille oder Sonnenhut. Diese können frisch oder getrocknet in den Alkohol eingelegt werden, bis das gesamte Pigment eingearbeitet ist. Der Aufguss muss viel dunkler und kräftiger sein, als die Tinte später auf dem Papier erscheint. Teste das Pigment nach einer Woche auf einem Papierstreifen und setze den Aufguss fort oder füge weiteres Pflanzenmaterial hinzu, wenn du noch mehr Farbe wünschst.

Wenn der Aufguss perfekt ist, seihe eine kleine Menge von 30 ml der Flüssigkeit ab und füge eine kleine Menge pulverisiertes Gummiarabikum hinzu. Füge so lange Pulver hinzu, bis die Tinte eine verarbeitungsfähige Konsistenz erreicht hat, sodass sie mit einem Federkiel oder Pinsel benutzt werden kann. Bewahre die Tinte in einem lichtundurchlässigen, luftdicht verschlossenen Gefäß auf, um Verdunstung zu vermeiden, und verwende sie bei Bedarf in der Küchenmagie oder anderswo.

Räuchermischungen

Mehrere Einträge in den kommenden Kapiteln werden, zusätzlich zu den Rezeptzutaten, eine kurze Liste von Kräutern für die Herstellung einer Räuchermischung enthalten. Wenn du noch nie Räucherstäbchen selbst hergestellt hast, ist dies eine spannende, sinnliche Tätigkeit, die leicht zu Hause ausgeübt werden kann. Diese handgemischten Räuchermischungen unterscheiden sich deutlich von gekauften Räucherstäbchen und erfordern die Verwendung einer kleinen Holzkohle zum Abbrennen. Die Holzkohle ist normalerweise in den meisten New-Age-Läden oder spirituellen Geschäften oder überall dort, wo Räucherstäbchen aus Harz verkauft werden, zu finden.

Um deine Räucherung herzustellen, wähle zunächst deine pflanzlichen Zutaten aus. Hier können wir Weihrauchharz (Weihrauch, Myrrhe usw.) sowie getrocknete Blüten, Blätter, Wurzeln, Rinden und jedes andere duftende Pflanzenmaterial verwenden, je nach Vorliebe. Ich wähle gerne mindestens ein Harz, ein zartes Kraut (Blüten, Blätter, Staubgefäße) und ein dichtes Kraut (Wurzeln, Rinden, Samen) für jede meiner Mischungen. Gemessen am Gewicht sollte deine Mischung 70 Prozent Harz, 20 Prozent dichte Kräuter und 10 Prozent zarte Kräuter enthalten. Bei einer 30-g-Packung wären das 21 g Harz, 6 g dichte Kräuter und 3 g zarte Kräuter. Ich weiß, dass sich dieses Verhältnis sehr schräg anhört, aber Harz ist viel schwerer und dichter als die anderen Zutaten und außerdem der wichtigste Bestandteil, um Räucherwerk richtig zum Brennen zu kriegen.

Legt man zum Beispiel trockene Kräuter auf eine brennende Kohle, versengen und verkohlen sie sehr schnell und setzen einen beißenden, verbrannt riechenden Rauch frei. Bei Zugabe von Harz, das bei Wärmeeinwirkung schmilzt, verlangsamt sich der Verkohlungsprozess, sodass die Mischung glimmt, anstatt zu verbrennen und erzeugt einen langanhaltenden, wohlriechenden Rauch. Solltest du keine Küchenwaage zu Hause haben, kannst du mit Hilfe von Umrechnungstabellen im Internet Gramm in EL umrechnen. Die Zutaten musst du einzeln suchen, da sie jeweils ein unterschiedliches Gewicht haben. Sobald alle Zutaten abgemessen sind, können sie mit einem Mörser und Stößel oder einer Gewürzmühle gemahlen werden. Ich ziehe es vor, meine Mischungen grob zu mahlen, so wie bei frisch gemahlenem Pfeffer, damit sie etwas langsamer verbrennen. Zuerst mischst du die Kräuter und fügst dann eine kleine Menge eines einfachen Trägeröls hinzu (Traubenkern- oder Kokosnussöl eignen sich hier perfekt), bis die Mischung die Konsistenz von nassem Sand hat und gerade noch feucht ist – etwa 1 bis 2 EL Öl für 240 ml Räuchermischung. Füge dann das gemahlene Harz hinzu und rühre, bis die gesamte Mischung gleichmäßig vermischt ist. Wenn du ätherische Öle hinzufügen möchtest, kannst du das nun tun, aber dein Duft brennt dann nicht gut auf Holzkohle und verliert schnell an Stärke. Du kannst deine Mischung jetzt fertigstellen und bewahrst dann das Räucherwerk 1 Monat lang in einem luftdichten Gefäß auf, um es vor dem Gebrauch vollständig auszuhärten (glaub mir, der Duft ist das Warten wert!). Für ein traditionelleres Finish füge pulverisiertes Gummiarabikum, ca. 10% des Gewichts, zusammen mit ein paar EL Wasser hinzu, die mit der Weihrauch-Mischung zu einem trockenen Teig vermischt werden. Dieser Teig kann zu 1 cm großen Räucherperlen gerollt werden, die bei Raumtemperatur 2 Wochen lang trocknen sollten, um dann gebraucht werden können. Diese Perlen sind unglaublich attraktiv und erleichtern die Aufbewahrung des Räucherwerks in perfekten, individuellen Portionen für jedes Ritual. Wie bei jeder Räucherung ist es am besten, sie im Freien oder in einem Raum mit offenen Fenstern und guter Belüftung zu verbrennen. Hier sind einige Beispiele für Räucher-Mischungen angegeben:

Vollmond-Räuchermischung

100 g Weihrauchharz
30 g Orriswurzel auch Irriswurzel oder deutsche Blende genannt
15 g getrockneter Muskatellersalbei
2 Kampferkristalle (wahlweise)
½ TL pulverisierte Perle (wahlweise)

Neumond-Räuchermischung

100 g Myrrhenharz
30 g Mohnsamen
15 g getrockneter Beifuß
½ TL getrockneter Pilz (wahlweise)
½ TL Irisches Moos (wahlweise)

Ahnenfest

Traditionelle Feste, Rezepte und Rituale von Hexen aus der Vergangenheit

Ahnenfest

Archäologen schätzen, dass die Menschen vor etwa 12.000 Jahren, also gegen Ende der Steinzeit, begannen, gemeinsam zu essen. Einige tausend Jahre vor Beginn der Landwirtschaft waren die Menschen noch nicht in komplexen Gesellschaften oder Handelsbeziehungen miteinander verbunden. Doch als die Weltbevölkerung anstieg und die Menschen einander immer häufiger begegneten, begannen sie, die Vorteile der Zusammenarbeit mit ihren Nachbarn zu schätzen. Dadurch veränderte sich die frühe Gesellschaft. Die Menschen stellten fest, dass es von Vorteil war, Wild in großen Gruppen zu jagen, um dadurch die Frequenz erfolgreicher Jagden zu erhöhen und einen Überschuss an kalorienreicher Nahrung zu erzeugen. Durch den Nahrungsüberschuss lebten die Menschen länger und waren gesünder. So bildeten sich in den frühen Gesellschaften Gruppen, die sich gemeinsam um die Nahrung kümmerten.

Diese Gruppen von Individuen, die durch ihr Übereinkommen, die Arbeit der Nahrungsmittelproduktion zu teilen, miteinander verbunden waren, bildeten die Grundlage für frühe Gesellschaften – insbesondere als die Menschen begannen, die landwirtschaftlichen Werkzeuge der Jungsteinzeit zu benutzen. Die Anforderungen von Pflanz- und Ernteplänen sowie die Arbeit des Kochens und Konservierens von Lebensmitteln waren für die frühen Menschen ein noch größerer Anreiz, zusammenzuhalten. Diese neu entwickelten Prozesse erforderten jedoch ein hohes Maß an Zusammenarbeit zwischen den Menschen und warfen in diesen frühen Gemeinschaften Fragen des kollektiven Handelns auf: Wie kann man eine Gruppe lose zusammenhängender Individuen davon überzeugen, sich zusammenzuschließen, um gemeinsame Ziele zu erreichen? Wie sich herausstellte, waren Essen und Feste hervorragend dafür geeignet, Zusammenhalt zu erzeugen.

In dieser Zeit begannen die Menschen, die Natur auch in anderer Hinsicht zu nutzen – Früchte zu Wein zu vergären, Wildgetreide zu Brot zu mahlen und Konservierungstechniken zu perfektionieren, um Nahrung für die Zukunft zu lagern. Die Menschen, die sich bis zu diesem Zeitpunkt als Jäger und Sammler nur von wild wachsenden Nahrungsmitteln ernährt hatten, veränderten sich durch diesen neuen Nahrungsüberschuss körperlich und kulturell und organisierten diese ersten Gesellschaften rund um die Arbeit des gemeinsamen Kochens und Teilens. Das gemeinschaftliche Teilen hatte zwei Vorteile – es trug dazu bei, die Nahrungsmittel zu verteilen und eine soziale Gesellschaft zu bilden. So wurden zum Beispiel bei einer archäologischen Ausgrabung im Jahr 2010 im Norden Israels die Überreste eines großen Totenmahls, das auf 10 000 v. Chr. geschätzt wird, entdeckt, das damit eines der frühesten Beispiele für organisierte Feste unter Menschen ist. An dieser Stätte legten die Forscher die Überreste von 75 Schildkröten und drei Wildrindern frei – Beweise für ein üppiges Festmahl, das bis zu 35 Menschen ernährt haben dürfte und wahrscheinlich wochenlange Vorbereitungen sowie die Arbeit mehrerer Jäger erforderte. Während also dieser Trend zur Konsolidierung der Arbeit die Organisation der frühen menschlichen Gemeinschaften zeigt, können wir in ihren ritualisierten Festen als Ausdruck sowohl ihres großen Intellekts als auch ihrer Liebe den Höhepunkt ihres Fortschritts erkennen.

Nicht nur das gemeinsame Essen und Genießen, sondern auch das Geschichtenerzählen gehört zu den ältesten Traditionen der Menschheit. Bei diesen frühen Festtafeln wurden nicht nur Nahrungsmittel, sondern auch Geschichten geteilt, die eine gemeinsame Identität schufen. Was bedeutete es, ein Mensch in einer Gesellschaft zu sein und sein Leben auf so intime Weise mit anderen zu teilen? Um diese frühen Festtafeln herum begann sich ein Zusammenhalt und bilden, und die Feste wurden zu einer der wichtigsten Formen sozialer Verbindung und gemeinschaftlicher Verantwortung. Diese frühen Gesellschaften begannen, regelmäßige Feste zu religiösen Anlässen zu veranstalten, wie z. B. Beerdigungen geliebter alter Menschen und andere Ereignisse von großer kollektiver Bedeutung für die Gemeinschaft. Durch die Überlieferungen zu diesen Festen erfahren wir, wie die frühen Gesellschaftsformen entstanden.

Als die Geschichte unserer kollektiven Identität Gestalt annahm, begannen wir auch, ähnliche Geschichten über unsere Götter und Göttinnen zu erzählen. In den Religionen dieser frühen Gesellschaften begannen die Menschen, ihre Gottheiten bei kosmischen Festen darzustellen, bei denen sie mit ihren menschlichen Verehrern eine gemeinsame Vorliebe für luxuriöse Mahlzeiten und besondere Anlässe teilen. In der sumerischen Religion tranken die Götter Ozeane von Bier und wurden mit ganzen Opfermahlzeiten bedacht, in dem Glauben, dass sie wie Menschen aßen. Im antiken Griechenland speisten die Bewohner des Olymps Nektar und exklusive Götterspeisen, die auf dem Rücken von Tauben zu ihrer heiligen Festtafel getragen wurden. Im alten Ägypten wurde die Göttin Hathor mit Festmählern und Trunkenheit besänftigt und schwelgte in der gleichen ekstatischen Dekadenz wie ihre Anhänger.

Indem sie das Ritual des Festmahls mit ihren Göttern teilten, schufen die antiken Menschen eine neue Geschichte, mit der sie sich den Göttern als „Wesen des Genusses" anschlossen und sich somit fortan von anderen Lebewesen unterschieden. Diese frühen Rituale prägten die Kosmologie der alten Völker und wurden dadurch ermöglicht, dass sie das Dasein als umherziehende Lebewesen der Steinzeit aufgaben und sesshaft wurden.

Es ist wichtig, diese frühen Ursprünge des Feierns und Versammelns zu untersuchen, weil sie uns das Bild des großen Festmahls als eines der ältesten Rituale der Menschheit vermitteln, das uns in den ersten menschlichen Zivilisationen zusammenhielt. Jedes große Werk menschlicher Zusammenarbeit – Denkmäler, Regierungen, Imperien und Städte – kann auf diese frühen Zusammenkünfte zurückgeführt werden, bei denen sich Menschen für das gemeinsame Ziel zu Überleben zusammenschlossen. Wenn wir die Überbleibsel dieser Zusammenkünfte untersuchen – angefangen bei den Resten der Festtagstische bis hin zu den Knochen und Rußschichten auf den Höhlenböden, die von jahrzehntelangem Sammeln und Teilen am Feuer zeugen – wird uns klar, wie wenig sich an diesen frühen Festtagsritualen geändert hat, obwohl unsere Gesellschaften heute ganz anders aussehen. Dieses Ritual, das von denselben uralten Beweggründen getragen wird, die Vorteile des gemeinsamen Sammelns und Jagens zu nutzen, besteht noch heute. Auch heute noch versammeln sich die Menschen zu Festen, um ihre Gemeinschaft zu feiern. Dieses einfache Ritual, das für viele von uns ein selbstverständlicher Teil des täglichen Lebens ist, erinnert uns an die frühe menschliche Vergangenheit mit einer Botschaft, die uns auch heute noch bekannt vorkommt: „Wir aßen und überlebten. Wir aßen und wir lebten."

Auf den folgenden Seiten werden wir die Geschichte des rituellen Festmahls anhand von Rezepten erkunden, die verschiedene Ausdrucksformen des Festmahls im Lauf der Jahrhunderte berücksichtigen. Da unser Buch die Perspektive der Hexe einnimmt, konzentrieren sich diese Rezepte auf Feste von hoher spiritueller Bedeutung: Gerichte, die religiöse Feiertage markieren, magische Symbole verwenden und Momente darstellen, in denen sich das Mystische mit der irdischen Welt überschneidet. Die Festtafel verbindet die Gegenwart mit dem Magischen. Im folgenden Kapitel kann die „Hexenküche" nicht als Ganzes dargestellt werden. Wir untersuchen einzelne Erzählungen, um zu erfahren, was die rituellen Feste unserer Vorfahren mit der Magie der Küchenhexerei zu tun haben.

Das Ahnenfest beginnt in der weit zurückliegenden Vergangenheit und untersucht Rezepte aus den frühesten menschlichen Zivilisationen. Wir beginnen, wie die gesamte Menschheit, im alten Mesopotamien, der Wiege der ersten menschlichen Städte, wo vor fast 4.000 Jahren die babylonischen Kochtafeln hergestellt wurden. Diese Tafeln, die das älteste menschliche Kochbuch darstellen, offenbaren eine Erkenntnis über Geschmack und Textur, die dem modernen Gaumen fremd ist. Diese Rezepte beinhalten vor allem Braten und Eintöpfe, wobei Eintöpfe als Familiengerichte bevorzugt werden, die ihre intensiven Aromen einem ausgiebigen Kochprozess und aus einfachen Zutaten wie Lauch, Tauben und Wildkräutern erhalten. In diesem Kapitel verbindet eine originalgetreue Reproduktion von einem dieser Rezepte die Gegenwart mit der Vergangenheit und enthüllt eine geheimnisvolle und doch greifbare Facette dessen, was es bedeutete, im alten Babylon zu leben.

Als Nächstes werfen wir einen Blick auf die kulinarischen Traditionen des antiken Roms vor rund 2.000 Jahren, wo wir eine der ausgeprägtesten und prunkvollsten Esskulturen, die die Menschheit je kannte, kennenlernen. Das Römische Reich wird oft als der Höhepunkt der westlichen Zivilisation in der Antike angesehen. Seine Festtafeln spiegeln die hohe Entwicklung dieser Zivilisation wider. Hier wurden einfache Gerichte und familiäre Mahlzeiten durch exotische Zutaten und komplizierte Gänge ersetzt und Feste bevorzugt, bei denen die Ästhetik des Essens im Vordergrund stand. Die Gäste bei diesen Festen wollten nicht nur satt werden, sondern auch beeindruckt und herausgefordert werden, und die Gastgeber wetteiferten darum, das aufwändigste und provokanteste Festmahl aller Zeiten zu bieten. Die Rezepte in diesem Abschnitt sind zwar nicht ganz traditionell, aber sie sind von diesem Gespür für das Dramatische inspiriert und stellen eine Meditation über die Dekadenz und Sinnlichkeit dieser alten heidnischen Feste dar.

Im Gegensatz zum babylonischen Rezept

stellt das römische Festmahl eine Umkehrung der früheren Festtagsgründe dar. Das Festmahl dient nicht mehr der Gemeinschaftsbildung, sondern wird von der Oberschicht zur Verstärkung der sozialen Stellung und des Wettbewerbs genutzt. Betrachtet man jedoch beide Rezepte nebeneinander, so haben sie einen ähnlichen Wert für moderne Küchenhexen, da sie als Portale zu den Festtagskulturen unserer kulinarischen Vorfahren dienen – eine Art essbare Zeitreise in die ferne Vergangenheit. Diese Rezepte verraten viel über die Rolle des rituellen Festmahls in diesen frühen Varianten und bieten nützliche Anregungen, wenn wir die Geschichte des Festmahls als Ritual von der Antike bis in die Zukunft verfolgen.

In diesem Kapitel werden fünf besondere Festtage mit einer Auswahl von Rezepten aus dem gesamten europäischen Kontinent und aus lebendigen und ausgestorbenen spirituellen Traditionen vorgestellt. Wenn es einen Ort gibt, an dem wir hoffen können, die zahlreichen Erzählstränge einer bestehenden Tradition der „Hexenküche" zu finden, dann sind es diese Andachtsmahlzeiten, bei denen wir die Umsetzung der kulinarischen Magie in Aktion betrachten können. Diese Rezepte wurden fast ausschließlich im Rahmen von Opfergaben verwendet und dienten verschiedenen Zwecken, von der Anrufung von Gottheiten über die allegorische Darstellung des Jahreszeitenwechsels bis hin zur Sicherung des praktischen Überlebens für das kommende Jahr. Aus der antiken griechischen Tradition werden ein besonders faszinierendes Rezept für Opferkuchen, der Pharmakos-Kuchen, sowie traditionelle Gerichte für zwei wichtige religiöse Feiertage – das Fest der Fornakalien und Hekates Deipnon – vorgestellt. Sie werden von zwei weiteren spirituellen Traditionen begleitet, die beide auch heute noch sehr lebendig sind und weithin praktiziert werden. Aus Schottland kommt der Michaeli-Struan, ein gemischtes Getreidebrot, das gebacken wird, um Schutz am katholischen Fest des heiligen Erzengels Michael zu erbitten. Schließlich geht es in Richtung Westen nach Russland, zu den Crêpes von Maslenitsa, der „Butterfrau" oder „Butterhexe", deren Bildnis bei ihrem Frühlingsfest verbrannt wird, um das Ende des Winters einzuläuten.

Als Gesamtwerk zeigt diese Auswahl an Rezepten einen möglichen Weg zur Erforschung „traditioneller" kulinarischer Magie auf, bei der es uns das Ritual des Festmahls ermöglicht, mit den Göttern das Brot zu brechen und sogar ihren Segen durch unsere kulinarischen Opfer zu erlangen. Diese Art von Magie erinnert an die frühen Darstellungen kosmischer Mahlzeiten und legt nahe, dass das Ritual des Festmahls für Götter und Menschen gleichermaßen wertvoll ist. Die Fäden dieses uralten Glaubens finden sich in modernen Interpretationen der Hexerei wieder – insbesondere als animistische Vorstellungen vom „Füttern" unserer ungreifbaren Verbündeten. So wird das Teilen von Nahrung zu einem Mittel für die Gemeinschaftsbildung zwischen dem Weltlichen und dem Überweltlichen, wobei die Festtafel einen zeitlich begrenzten Raum für die Begegnung der beiden Welten eröffnet.

Außerdem schauen wir uns im Rahmen des Festes der Ahnen drei Rezepte von mystischen Autoren an, deren Werke in der „Hexenküche" nicht fehlen dürfen an. Diese Rezepte sind zwar nicht unbedingt magisch, aber sie repräsentieren die Rolle des Essens im Leben dreier vollendeter Okkultisten, deren Arbeit in und außerhalb der Küche auch heute noch für Hexen relevant sind. In diesem Abschnitt werden Werke aus dem astrologischen Grimoire der Picatrix aus dem 11. Jh. sowie der heiligen Hildegard von Bingen und Aleister Crowley betrachtet. Diese drei Dokumente stammen aus sehr unterschiedlichen Welten: Die Picatrix wird Maslama ibn Ahmad al-Majriti zugeschrieben, einem andalusischen Astrologen, Chemiker und Mathematiker. Die heilige Hildegard war eine visionäre Universalgelehrte und Benediktineräbtissin im Deutschland des 12. Jahrhunderts und Aleister Crowley unfassbarer prominenter Zauberer des Fin-de-Siècle Englands, der vor allem als Begründer der thelemitischen Tradition bekannt ist. Diese einzigartige Auswahl ihrer Schriften gewährt uns einen seltenen Einblick in das weltliche Leben dieser einflussreichen Magie-Praktizierenden und fordert uns auf, die Rolle von Speisen und Festtagsritualen im Kontext ihrer anderen, eher mystischen Werke zu betrachten.

Schließlich werden in diesem Kapitel zwei weitere Rezepte vorgestellt, die die Fortschreibung einiger traditioneller Festmahls-Bräuche darstellen und hier durch die Brille der modernen Hexerei betrachtet werden. Dabei gehen wir zwei geheimnisvollen Traditionen nach – der Verwendung des SATOR-Wortquadrats und der Praxis des Stillen Abendmahls, die beide auf undurchsichtige, zweifelhafte Ursprünge zurückgehen und im Lauf der Geschichte in einer Vielzahl von Varianten auftauchen. Diese geisterartigen Ursprünge der Bräuche fühlen sich fast unvollständig an, da nicht genug über die Ursprünge der beiden Traditionen bekannt ist, um konkrete Anwendung aufzuzeigen. In diesem Sinne schließt unser erstes Kapitel, das viel mehr Fragen über den Ursprung und die Tradition der Küchenhexerei aufwirft, als es beantwortet.

Unsere Vorfahren sind nicht nur diejenigen, die wir benennen können oder deren Blut wir in unseren Adern haben. Als Köche und Küchenhexen teilen wir eine Herkunft mit Köchen aller Epochen, die alle die gemeinsame Leidenschaft für Essen und Genießen teilen und dazu berufen wurden. Es scheint also richtig zu sein, unser Ahnenfest damit zu beginnen, die Wurzeln dieser Tradition zu erforschen und in der Zeit zurückzureisen, um die Festtafeln der alten Welt zu erkunden.

Auch wenn die hier durchgeführten Forschungen und Rekonstruktionen keine formale oder lineare Tradition nachzeichen können, so geben sie uns doch einen Einblick in das, was Küchenhexerei sein könnte. Das Ziel dieses Kapitels ist es nicht, zu belehren, sondern die Neugier für die Facetten der Geschichte zu wecken, die auf eine verborgene Abstammung von okkulten Kochkünsten hinweisen, die als eine der ältesten menschlichen Traditionen die Kluft zwischen dem Spirituellen und dem Weltlichen überwinden. Wenn eine solche Tradition heute nicht aus sich heraus existiert, dann ist es die Aufgabe der modernen Hexen, das Tal zwischen dem Bekannten und dem Unbekannten zu betreten und die Gestalt dieser Magie für sich selbst zu erkennen. Denke beim Lesen der folgenden Seiten an das Leben längst verstorbener Hexen und Mystiker, die durch diese Rezepte weiterhin mit uns kommunizieren, und lasse dich von ihrer Arbeit leiten, wenn du dich über den Rand der Tradition in das magische Unbekannte hinauswagst.

Brathähnchen mit babylonischen Gewürzen

Zu Beginn des 20. Jahrhunderts warf eine tiefgreifende Entdeckung neues Licht auf die kulinarischen Traditionen der ältesten Zivilisationen. Man fand mehrere Tontafeln mit Rezepten in akkadischer Schrift, die auf die altbabylonische Zeit um 1700 v. Chr. datiert wurden. Die Tafeln wurden erstmals 1995 übersetzt und befinden sich im Besitz der Universität Yale. Sie sind die ältesten schriftlichen Rezepte der Menschheit und geben einen Einblick in das Essen der antiken Welt. Sie beweisen, dass die alten Mesopotamier die Kochkunst besser beherrschten, als wir es uns vorstellen können.

Dies ist eine Rekonstruktion des zweiten Rezepts der Tafel 8958 („Amursânu – Taube mit Brühe"), inspiriert von dem Werk der kulinarische Historikerin Laura Kelley. Die darin befindlichen traditionellen Zutaten aus der Region werden so originalgetreu wie möglich verwendet und die Lücken mit der nötigen Kreativität gefüllt. Antike Kochmethoden können exotisch wirken, daher solltest du dich vorsichtig durch die einzelnen Schritte bewegen, da einige nicht selbsterklärend sind. Das Ergebnis sollte eine Erkundung der Aromen und Texturen sein, die unsere kulinarischen Vorfahren uns vor 3.700 Jahren hinterlassen haben. Dieses Rezept war eigentlich für Taube gedacht, aber ich habe es für Huhn angepasst. Wenn du einen kleineren Vogel bevorzugst, ersetze das Huhn durch eine Taube oder ein Wildhuhn und halbiere die anderen Zutaten.

Für 4 Personen
Vorbereitungszeit: 20 Minuten
Kochzeit: 60 Minuten

FÜR DAS HUHN

- 1 ganzes Huhn, innen und außen gesalzen, die Innereien aufbewahren
- 2 EL Butter
- 1 EL Koriandersamen
- 1 TL Kreuzkümmelsamen
- 1 TL Fenchelsamen
- 60 g Rucola, gehackt
- 1 Prise gemahlenes Asafoetida (Gewürzmischung im Internet bestellbar)
- 1 Zimtstange
- 2 EL getrocknete Minze
- 455 ml Hühnerbrühe
- 120 ml Granatapfel- oder Rotweinessig, plus 3 EL zum Einreiben
- 4 große Knoblauchzehen
- 1 kleiner Lauch, gewaschen, grob zerkleinert
- ½ Zwiebel, in groben Stücken
- 125 g griechischer Joghurt, 10 % Fett
- 4 EL Grießbrei
- Salz und schwarzer Pfeffer, nach Belieben

FÜR DIE GEWÜRZMISCHUNG

- 60 g frische Minzblätter
- 60 g frische Salbeiblätter
- 1 TL Olivenöl

1. Heize den Backofen auf 200 °C Umluft vor. Schneide das Huhn mit einer Geflügelschere entlang des Rückgrats auf, drehe es um und schneide das Brustbein etwas ein. Drehe das Huhn wieder um, biege es auseinander und drücke es mit der Hand beherzt flach. Streiche das Huhn rundherum mit Butter ein.

2. Erhitze Butter in einem großen Topf und brate die Innereien darin scharf an. Füge die Samen hinzu und röste sie. Gib dann Rucola, Asafoetida, Zimt und die getrocknete Minze hinzu und schwitze die Gewürze 1 Minute mit an, bis es duftet. Lösche mit der Brühe ab und füge den Essig hinzu. Gib das Huhn mit in den Topf und füge gegebenenfalls noch etwas Wasser hinzu, damit das Huhn ganz mit Wasser bedeckt ist. Lass alles 5 Minuten köcheln.

3. Zerkleinere Knoblauch, Lauch und Zwiebel entweder mit einem Mörser oder in einer Küchenmaschine fein, es soll aber nicht püriert sein. Rühre die Mischung in den Joghurt ein und stelle die Sauce beiseite.

4. Reduziere die Temperatur auf ein leichtes Köcheln und nimm die Innereien aus der Brühe. Rühre einige EL heiße Brühe in den Joghurt und gib die Mischung dann in den Topf. Lass das Huhn weitere 15 Minuten auf kleiner Flamme köcheln, rühre dabei gelegentlich um und schau, dass die Brühe nicht zu heiß wird, weil sonst der Joghurt zerfällt.

5. Nimm das Huhn aus dem Topf, tupfe es trocken und lass es abkühlen. Lass die Brühe unter ständigem Rühren weiter köcheln. Decke den Topf dabei mit dem Deckel zu, damit die Brühe einkochen kann. Rühre den Grieß zum Eindicken ein und lass die Sauce unter ständigem Rühren noch so lange köcheln, bis sie eingedickt ist. Schmecke die Sauce anschließend mit Salz und Pfeffer ab.

6. Zerkleinere die Minze und den Salbei mit dem Öl und 1 EL Wasser in einem Mörser oder einer Küchenmaschine. Würze die Mischung mit Salz. Lege das Huhn mit der Brustseite nach oben in einen Bräter und reibe es mit 3 EL Essig und der Kräutermischung ein.

7. Gare das Huhn im vorgeheizten Ofen 10 Minuten, drehe es dann um und gare es weitere 10–15 Minuten, bis das Huhn durchgebraten ist.

8. Lass das Huhn 5 Minuten ruhen und serviere es dann mit der Sauce und einer Beilage, wie z. B. Bulgur. Erkunde beim Essen die überraschenden Aromen und Texturen, die sich von modernen Gerichten unterscheiden. Bedanke dich für dieses einzigartige Wissen aus der Vergangenheit und bedenke, wie glücklich wir uns schätzen können, dieses Geschenk von einem geheimnisvollen mesopotamischen Autor erhalten zu haben.

Pharmakos-Kuchen

In der klassischen Antike hatten reinigende Riten eine große Bedeutung. Wenn ein Übel, wie z. B. Krankheit, Seuche, Gewalttätigkeit oder andere Unregelmäßigkeiten, die Gemeinschaft befiel, so wurde mit einem Opfer an die Götter um Rettung gefleht. Während die alten Griechen für ihre Tieropfer bekannt sind, sollen bei diesen Reinigungsriten auch Menschen als Sündenböcke für die jeweilige Krankheit geopfert worden sein, der sogenannte Pharmakos, was so viel wie „Sündenbock" bedeutet. Es ist umstritten, ob diese Menschenopfer buchstäblich oder symbolisch waren. Der Dichter Hipponax beschreibt den Pharmakos-Ritus in seinen Schriften aus dem späten 6. Jh. v. Chr. In seinen Schriften legt Hipponax nahe, dass das Pharmakos-Ritual durchgeführt wurde, um den Zorn der Götter zu besänftigen und eine Stadt zu retten, nachdem der heilige Zorn der Götter eine Hungersnot, Pest oder Seuche hervorgerufen hatte. Bei diesem Ritual wurde ein Ausgestoßener aus der Gemeinschaft – Kriminelle, Menschen mit Behinderungen oder laut Hipponax, auch solche, die einfach nur außergewöhnlich hässlich waren – ausgewählt, um öffentlich gedemütigt und als Opfer verbrannt zu werden. Auf dieses Opfer wurden die Übel der Stadt übertragen. Die verfluchte Person verkörperte alles Übel, von dem die Gemeinschaft befreit werden wollte. Die Opfer wurden mit Feigen, Gerstenkuchen und Käse als Opfergaben auf den Scheiterhaufen gelegt und über dem Holz wildwachsender Bäume verbrannt, bevor ihre Asche in die Luft oder auch ins Meer geworfen wurde.

Dieses Schicksal ist brutal, wurde aber für eine ungewöhnliche, vielleicht sogar mythische Praxis gehalten. Opfertiere waren in der antiken Welt teuer und schwer zu beschaffen – noch schwerer war es, Menschenopfer zu finden. Daher stellten viele Griechen Opfertiere in Form von Kuchen her, die wie das Opfer geformt waren. Diese Pharmakos-Kuchen sind unblutige Alternativen und enthalten Zutaten, die sehr geschätzt wurden – wie z. B. in Wein getränkte Feigen, mittelalter Käse, süßer Honig.

Es gibt zwar viele Opferkuchenrezepte aus der Antike, aber unseres orientiert sich am Stil der Phthois-Kuchen, die in den Tempeln von Apollo, Artemis, Hekate, Selene, Demeter und Kronos (Saturn) angeboten und gegessen wurden. Erwäge die Pharmakos-Kuchen als Ergänzung zu deinen Opfer- und Reinigungsriten, insbesondere für die hellenischen Traditionen, oder immer dann, wenn ein unblutiges Opfer angebracht ist.

Ergibt 12 Küchlein
Vorbereitungszeit: 20 Minuten plus 30 Minuten Ruhezeit
Backzeit: 40 Minuten

- 60 g getrocknete Feigen, gewürfelt
- 120 ml Weißwein
- 312 g Vollkorn-, Dinkel- oder Gerstenmehl plus zum Bestäuben
- 3 EL Kristallzucker plus zum Bestreuen
- 8 EL Butter, in 5 mm große Würfel geschnitten und gefroren
- 55 g weicher Ziegenkäse, gekühlt und zerbröckelt
- 1 TL Salz
- 120 g Crème double, gekühlt plus zum Einpinseln
- 8 EL Honig
- schwarzer Pfeffer, nach Belieben

1. Heize den Backofen auf 190 °C Umluft vor und lege ein Backblech mit Backpapier aus. Weiche in einer kleinen Schüssel die gehackten getrockneten Feigen in Weißwein ein.

2. Vermische in einer großen Schüssel Mehl und Zucker. Arbeite die gefrorenen Butterwürfel mit den Händen in die Mehlmischung ein, bis die Mischung nassem Sand ähnelt und die Finger einen Abdruck hinterlassen.

3. Lass die Feigen gut abtropfen und bewahre den Wein auf. Dann hebe die Feigen zusammen mit den gekühlten Ziegenkäsewürfeln, dem Salz und etwas schwarzem Pfeffer vorsichtig unter die Mehlmischung.

4. Verquirle in einer weiteren Schüssel die Sahne und den Honig. Gib die Mischung langsam zur Mehlmischung, bis ein fester Teig entsteht. Wickle den Teig in Frischhaltefolie ein und lass ihn mindestens 30 Minuten im Kühlschrank ruhen.

5. Rolle den Teig auf einer bemehlten Arbeitsfläche auf eine Dicke von 1,5 cm aus. Stich mit einer bemehlten Ausstechform, entweder rund oder in Form des Opfertieres, die Kekse aus und lege sie auf das vorbereitete Backblech. Bestreiche die Kekse mit Sahne und bestreue sie mit Zucker.

6. Backe die Küchlein im vorgeheizten Ofen 35–40 Minuten oder bis sie goldgelb sind, sich leicht vom Pergament lösen und sich darunter ganz trocken anfühlen.

Rekonstruktion eines heidnischen Festmahls

Rekonstruktion eines heidnischen Festmahls

Viele Historiker und Philosophen haben sich mit den heidnischen Festen des Römischen Reiches befasst. Aus den überlieferten Schriften geht hervor, dass es sich bei diesen Veranstaltungen um Spektakel voller Genuss und Ausschweifung handelte, voller Sitten und Gebräuche, die uns heute erschaudern lassen würden. Diese endlosen, extravaganten Bankette dauerten Stunden und verkörperten die Verschwendungssucht und die Vorliebe für großen Luxus, die die römische Herrscherklasse charakterisierte. Die Gerichte waren aufwendig und intensiv, wobei die römische Küche meist eine Mischung aus süßen und herzhaften Aromen bevorzugte.

Die Römer legten auch Wert auf Ästhetik und planten ihre Gerichte so, dass sie sowohl köstlich als auch visuell ansprechend waren. Wild, fermentierte Fischdärme und sogar exotische Kuriositäten wie Papageienzungeneintopf erzeugten starke Aromen in den Speisesälen, in denen die Gäste während des Essens auf Sofas lagen und dazu angehalten wurden, sich zwischen den Gängen zu übergeben, um Platz für mehr zu schaffen. Diese Veranstaltungen galten als der ultimative Ausdruck von Vornehmheit, Kultur und Lebensfreude, auch wenn sie nur der Elite vorbehalten waren. In der Tat dienten Festmahle in den höheren Klassen als Statussymbol, wobei die Gastgeber miteinander konkurrierten, um ihren Gästen Erlebnisse zu bieten, die immer extravagantere, schockierendere und beeindruckendere Formen annahmen.

Weil sie so wunderbare Bilder hervorrufen, sind diese Festmähler seit dem Untergang des Römischen Reiches eine Quelle der Faszination und der Anziehungskraft. Glücklicherweise haben uns viele römische Schriftsteller detaillierte Berichte über diese Festmähler und sogar Rezepte hinterlassen, die wir bei der Planung unserer eigenen heidnischen Feste verwenden können. Das traditionellste Rezept aus diesen Hinterlassenschaften ist das Moretum – ein einfacher, aber schmackhafter Aufstrich aus Frischkäse und Kräutern, der mit Salat und ungesäuertem Brot gegessen wird. Dieser Aufstrich wurde in der Gustatio, dem Vorspeisengang eines römischen Banketts, serviert.

Um dein eigenes Festmahl noch authentischer zu gestalten, serviere deine Mahlzeit in Ruhe, trinke mit Wasser vermischten Wein, um nicht zu schnell deine Sinne zu benebeln, und genieße jeden Bissen langsam bei guten Gesprächen, während sich der Abend ausdehnt. Wenn du die Zeit vergessen und dich satt geschlemmt hast, speist du wie ein echter Römer.

Für 4 Personen

Vorbereitungszeit: 40 Minuten, plus Marinierzeit über Nacht und 4 Stunden Kühlzeit

Kochzeit: 1 Stunde

FÜR DAS MORETUM UND DEN KRÄUTERSALAT

- 3 EL gehackte frische Petersilie
- 3 EL gehackte frische Minze
- 2 EL gehackter frischer Koriander (Cilantro)
- 2 EL gehacktes frisches Bohnenkraut
- 1 EL frische Thymianblätter
- 1 TL gehackte frische Weinraute (wahlweise)
- 3 Halme Schnittlauch, fein gehackt
- 4 EL Olivenöl plus mehr zum Servieren
- 225 g frischer Ricotta
- Schale und Saft von ½ Bio-Zitrone
- Salz und Pfeffer, nach Belieben
- Pitabrote zum Servieren

FÜR DAS LAMM

- 2,25 kg Lammlende
- 1 EL Olivenöl
- 4 Knoblauchzehen, gehackt
- 240 ml Vollmilch
- 85 g Honig plus 2 EL für die Glasur
- 1 EL gemahlener Kreuzkümmel
- 3 EL Butter
- 3–4 Zweige Rosmarin
- Saft von 1 Bio-Zitrone
- 1 Handvoll Thymianzweige, Stiele entfernt

FÜR DEN KÄSEKUCHEN

- 4–5 frische Feigenblätter, sauber geschrubbt
- Olivenöl zum Einfetten
- 115 g gehackte getrocknete Feigen
- 115 g Walnüsse
- 450 g Frischkäse, Zimmertemperatur
- 450 g Mascarpone, Zimmertemperatur
- 250 g Zucker
- 1 EL reiner Vanilleextrakt
- 4 Eier, Größe L, Zimmertemperatur
- Salz, nach Belieben

1. Beginne einen Tag früher mit der Vorbereitung des Lamms. Wasche das Fleisch, tupfe es trocken und binde es mit einer Schnur zusammen. Binde die Schnur alle 2 cm kreuzweise über die gesamte Länge der Lende.
   Bereite die Marinade vor, indem du das Olivenöl in einer Pfanne bei mittlerer Hitze erhitzt. Füge den gehackten Knoblauch hinzu und dünste ihn kurz an, bis er duftet und weich ist. Nimm die Pfanne vom Herd und stell den Knoblauch beiseite.
   Erwärme in einem kleinen Topf die Milch bei schwacher Hitze, bis sie am Rand des Topfes leicht zu blubbern beginnt. Rühre den Honig ein, bis er sich aufgelöst hat, dann füge den Kreuzkümmel und den gebratenen Knoblauch hinzu. Nimm die Mischung vom Herd und lass sie abkühlen.
   Lege das Lamm in eine große Schüssel oder einen tiefen Topf und bedecke es vollständig mit der Marinade. Lass es über Nacht im Kühlschrank marinieren.

2. Starte am nächsten Tag mit der Zubereitung des Käsekuchens. Dieses Gericht lässt sich am besten einige Stunden im Voraus zubereiten, da der Käsekuchen vor dem Servieren mindestens 3 Stunden im Kühlschrank fest werden muss.
   Heize den Ofen auf 180 °C Umluft vor. Bringe einen großen Topf mit Wasser zum Kochen und stell eine Schüssel mit Eiswasser bereit. Blanchiere die Feigenblätter nacheinander 5 Sekunden lang im kochenden Wasser und tauche sie dann in das Eiswasser. Dadurch werden sie biegsam. Lass die Blätter abtropfen, tupfe sie trocken und stelle sie beiseite.

3. Bereite eine 23-cm-Springform vor, indem du den Boden und die Seiten leicht mit Olivenöl bestreichst. Lege die trockenen, blanchierten Feigenblätter in die Form, sodass sie 1 cm über den Rand der Form hinausragen, und stecke sie fest.
   Mahle die gehackten Feigen und Walnüsse in einer Küchenmaschine grob. Drücke die Feigenmischung über den Feigenblättern in die Form, sodass eine 5 mm dicke Kruste über den gesamten Boden der Springform entsteht und drücke die Mischung bis zur Hälfte der Wand hoch. Backe die Blätter und die Kruste 10–15 Minuten im vorgeheizten Ofen, bis sie gerade anfangen, fest zu werden. Nimm dann die Form aus dem Ofen und lass sie vollständig abkühlen.

4. Bringe auf dem Herd 2 Liter Wasser zum Kochen. Stelle eine Auflaufform in den Ofen, die mindestens 5 cm tief und breit genug ist, damit die Käsekuchenform hineinpasst, und lass die leere Form im Ofen warm werden.

5. Verrühre in einer großen Schüssel den Weichkäse und den Zucker. Füge die Vanille und die zimmerwarmen Eier nacheinander hinzu. Achte darauf, dass du die Masse nicht zu fest schlägst, da die eingearbeitete Luft dazu führen könnte, dass der Käsekuchen im Ofen zerbricht. Schmecke die Masse mit Salz ab und gib sie in die vorbereitete Form.

6. Gib den Käsekuchen vorsichtig in die heiße Auflaufform und gieße das vorbereitete kochende Wasser in die Auflaufform, sodass es mindestens bis zur Hälfte der Käsekuchenform reicht. Viele Hobbybäcker lassen diesen entscheidenden Schritt aus, aber ein Wasserbad ist für einen cremigen Käsekuchen unerlässlich, so wird die Oberfläche fest und frei von Rissen. Backe den Käsekuchen 50 Minuten lang oder so lange, bis er nur noch in der Mitte leicht wackelt, der Rest aber fest ist. Nimm den Käsekuchen vorsichtig aus dem Wasserbad und lass ihn vollständig abkühlen, bevor du ihn in den Kühlschrank stellst.
   Lass den Kuchen im Kühlschrank für mindestens vier Stunden fest werden. An dieser Stelle sei darauf hingewiesen, dass die Feigenblätter zwar einen unersetzlichen Geschmack verleihen, aber einen unerwünschten Eigengeschmack und Textur haben und vor dem Verzehr entfernt werden sollten.

7. Als Nächstes bereite das Moretum zu. Dies geschieht traditionell mit einem Mörser und Stößel, aber auch eine Küchenmaschine ist sehr gut geeignet. Zerkleinere die frischen Kräuter zusammen mit 3 EL Olivenöl und etwas Salz und Pfeffer, bis diese fein gehackt sind. Füge den Käse hinzu und püriere ihn, bis er gleichmäßig vermischt ist. Stelle das Ganze im Kühlschrank beiseite.

8. Ca. 1,5 h vor dem Servieren beginne mit dem Garen des Lamms, indem du den Ofen auf 180°C Umluft vorheizt. Erhitze die Butter in einer gusseisernen oder ofenfesten Pfanne. Nimm die Lende aus der Marinade, salze und pfeffere sie und steck die Rosmarinzweige in die Schnur an der Oberseite der Lende. Brate das Fleisch in der Pfanne von allen Seiten gleichmäßig an. Schiebe die heiße Pfanne in den Ofen und gare das Lamm 1 Stunde.

9. Verrühre in einer kleinen Schüssel die 2 EL Honig und den Zitronensaft. Nimm das Lamm aus dem Ofen und erhöhe die Hitze auf 200°C Umluft. Bepinsele die Lende mit der Honigmischung, bewahre dabei die restliche Glasur auf und schiebe die Lende für weitere 10–20 Minuten in den Ofen oder bis die Kerntemperatur 57°C beträgt. Nimm die Pfanne aus dem Ofen und lass das Fleisch 10 Minuten lang auf einem Schneidebrett ruhen.
Stelle in der Zwischenzeit die Pfanne bei mittlerer Hitze wieder auf den Herd und füge 120 ml Wasser zum Ablöschen hinzu. Lass die Sauce 2 Minuten lang köcheln, bis sie leicht eingedickt ist, dann gib die restliche Zitrone und die Honigglasur hinzu.

10. Entferne vor dem Servieren die Fäden und den Rosmarin vom Lamm, schneide das Lamm in Scheiben, bestreue es mit Thymian und serviere es mit der Sauce.

11. Verteile das Moretum in einer flachen Schale, gib den Salat darauf und beträufle ihn vor dem Servieren mit Olivenöl. Serviere diese mit Fladenbrot und gutem Wein, und spare Platz für den Käsekuchen, den Dessertgang.

Fornacalia Focaccia

In Ovids Fasti, einem monolithischen Gedicht, das den römischen Kalender beschreibt, liefert er eine der wenigen Beschreibungen, die vom antiken Fest der Fornacalia übriggeblieben sind:

> *Früher wurde die Erde von ungelernten Männern bestellt: Die Mühen des Krieges erschöpften ihre Körper. Mit dem Schwert war mehr Ruhm zu gewinnen als mit dem gekrümmten Pflug; der vernachlässigte Hof brachte seinem Herrn nur einen geringen Ertrag. Dennoch säten die Alten Dinkel, und sie ernteten Dinkel; von dem geschnittenen Dinkel brachten sie Ceres die Erstlingsfrüchte dar.*
> *Durch Erfahrung gelehrt, rösteten sie den Dinkel auf dem Feuer, und viele Verluste erlitten sie durch ihre eigene Schuld. Denn einmal kehrten sie die schwarze Asche statt des Dinkels auf, und ein anderes Mal fingen die Hütten selbst Feuer. So machten sie aus dem Ofen eine Göttin mit diesem Namen (Fornax); die Bauern freuten sich an ihr und baten sie, die Hitze auf die ihr anvertrauten Körner zu mäßigen.*[1]

Und so wurde Fornax im Frühjahr an den Fornacalia, dem Fest der Bäcker, geehrt. Sie ist die Personifizierung des Ofens als alchemistisches Gefäß und die einzige Priesterin der Umwandlung. Sie wird auch als jemand beschrieben, die die Kraft des Feuers zähmen kann, indem sie es sicher in ihrem Haus an ihrem Altar, dem Herd, hält.

Die Fornacalia war ein verschiebbares Fest im römischen Kalender. Die Feierlichkeiten dauerten vom 10. bis zum 17. Februar, wobei jeder römische Bezirk seine Riten an einem anderen, vorher festgelegten Datum durchführte. Dies war kein unbedeutendes Fest, und von jedem Bürger wurde erwartet, dass er während der einwöchigen Feierlichkeiten Opfergaben brachte. Da die Bürger jedoch oft nicht wussten, wann sie in ihrer Region ihre Opfergaben darbringen sollten, warteten viele bis zum letzten Tag der Saison, um ihre Rituale durchzuführen, was zu dem alternativen Namen des Festes, dem Fest der Narren, führte.

Obwohl nur wenige Details über die Eigenheiten dieser Riten bekannt sind, wissen wir, dass Opfergaben aus Brot und gerösteten Körnern zu Fornax gebracht wurden, um die Ernte und die Öfen zu segnen und ein produktives und sicheres Jahr zu erbitten. Wir können uns auch vorstellen, dass Weihrauch, gemischt mit Flachs, Weizenspreu oder Stroh, eine geeignete Opfergabe für die Göttin war, zusammen mit ihrem Anteil an gerösteten Körnern, denn auch im antiken Griechenland wurde Weihrauch geopfert. Während Ovids Passage nahelegt, dass an diesem Tag sowohl Vorsätze gefasst als auch Schutzmagie ausgeübt werden können, besteht der Hauptzweck dieses Festes darin, sicherzustellen, dass Fornax den ihr zustehenden Anteil erhält, damit die Feuer ihres heiligen Herdes nicht gegen die Pläne des Bäckers wirken. Für Hausbäcker, die sich ein Jahr lang nicht angebrannte Brote wünschen, ist dieses Frühlingsfest ein Muss!

Ergibt 1 Laib
Vorbereitungszeit: 50 Minuten plus 2 ½ Stunden
Garzeit: 35 Minuten

- 250 g Vollkornkörner (oder 250 g Weizenvollkornmehl)
- 1 Knoblauchknolle
- 4 EL natives Olivenöl extra plus zum Einfetten
- 1 TL Zucker
- 2 TL Trockenhefe
- 350 ml warmes Wasser
- 250 g Mehl
- 85 g entsteinte Kalamata-Oliven
- 4–5 Trauben oder Kirschtomaten, halbiert
- 1 Bund Schnittlauch
- 1 kleine Handvoll Rosmarinzweige
- 1 kleine Handvoll essbare Blüten
- 1 EL grobes Meersalz

1. Beginne mit dem Rösten und Mahlen der Weizenkörner. Dieses Verfahren ist zwar ein mühsamer Schritt in einem ansonsten einfachen Brotrezept, aber es ist eines der wenigen Elemente der traditionellen römischen Fornacalia, die historisch nachweisbar sind. Ich finde auch, dass frisch gerösteter Weizen diesem Brot eine Geschmackstiefe verleiht, die man sonst nirgendwo findet und das bescheidene Weizenkorn eine süße, karamellige Note frei gibt. Hierfür benötigst du eine Gewürzmühle oder einen Hochleistungsmixer, da analoge Geräte wie Mörser und Stößel nicht ausreichen, um unseren Weizen zu einem feinen Pulver zu mahlen. (Wer sich diesen Schritt sparen möchte, kann stattdessen Vollkornmehl verwenden).

2. Heize den Ofen auf 180 °C Umluft vor und verteile die Weizenkörner in einer einzigen Schicht auf einem mit Backpapier ausgelegten Backblech. Wenn der Ofen ausreichend warm ist, zünde eine einzelne Bienenwachskerze auf der Herdplatte an. Opfere ein Räucherwerk und sprich einen Gruß an Fornax. Es sind keine traditionellen Verse oder Beinamen für sie überliefert, daher ist es hier angebracht, poetische Freiheit walten zu lassen. Röste die Weizenkörner 8–10 Minuten lang unter gelegentlichem Rühren, bis sie duften und leicht gebräunt sind. Lass sie abkühlen, mahle das Mehl so fein wie möglich und stelle es beiseite.

3. Wenn die Weizenkörner geröstet sind, halbiere die Knoblauchknolle quer und lege sie auf ein Blatt Alufolie. Beträufle beide Hälften mit Olivenöl, dann verpacke die Knolle in der Alufolie und röste sie im Ofen, bis der Knoblauch goldgelb und weich ist, etwa 20–30 Minuten. Nimm den Knoblauch aus dem Ofen und lass ihn abkühlen. Dann entnimmst du vorsichtig die einzelnen Knoblauchzehen und stellst sie beiseite.

4. Vermische Zucker und Hefe in einer Schüssel. Gib lauwarmes Wasser dazu und lass die Mischung 5 Minuten stehen, bis sie schaumig ist und Blasen wirft. Füge Mehle, Salz und 2 EL Olivenöl hinzu und rühre mit einem Holzlöffel, bis alles gut vermischt ist. Knete den Teig mit den Händen oder in der Küchenmaschine 8–10 Minuten lang, oder bis er glatt ist und beim Auseinanderziehen nicht mehr reißt. Fette eine große Schüssel mit Olivenöl ein und gib den Teig in die Schüssel. Decke ihn mit einem Geschirrtuch ab und lass ihn 90–120 Minuten an einem warmen Ort gehen, bis sich die Größe des Teigs verdoppelt hat. Ich empfehle, den Teig vor dem Abdecken zu fotografieren, damit du genau prüfen kannst, wie weit er aufgegangen ist, bevor du fortfährst.

5. Wenn sich der Teig verdoppelt hat, heize den Backofen auf 220°C Umluft vor und lege ein Backblech in die Mitte des Ofens, während dieser sich erwärmt.

6. Rolle den Teig auf einer Arbeitsfläche auf ein Blatt Backpapier in der Größe deines Backblechs aus. Streiche ihn so nah wie möglich an den Rand des Backpapiers. Lass den Teig weitere 30 Minuten gehen. Dann beträufle den Teig mit dem restlichen Olivenöl und drücke die Oberfläche mit den Fingerspitzen gründlich ein. Verziere das Brot mit Oliven, Tomaten, geröstetem Knoblauch, Kräutern und essbaren Blüten, indem du sie in den weichen Teig drückst. Garniere das Brot mit grobem Meersalz.

7. Nimm das heiße Backblech vorsichtig aus dem Ofen und lege das mit Teig bedeckte Backpapier darauf. Schiebe das Blech wieder in den Ofen und backe das Focaccia 20–25 Minuten oder bis das Brot tief golden ist. Nimm das Brot vom Blech und lass es vor dem Servieren 10 Minuten lang auf einem Kuchengitter abkühlen. Die erste Scheibe dieses Brotes sollte als Opfergabe für Fornax verbrannt werden, zusammen mit dem restlichen Weihrauch, als Gegenleistung für ihren Segen für alles, was wir im kommenden Jahr anbauen wollen.

Hekates Deipnon: Quiche mit gebratenem Knoblauch und Lauch

Hekate, die vielleicht gefürchtetste und am meisten verehrte Göttin des griechisch-römischen Pantheons, ist die dreifache Göttin der Wegkreuzungen, der Hexerei, der Nacht und der Geister der Toten. Sie ist eine Mondgöttin und Seelenbegleiterin, die vor allem dafür bekannt ist, dass sie die junge Göttin Persephone bei ihrer Rückkehr aus dem Hades erfolgreich begleitet hat. Das Deipnon ist das heiligste ihrer altertümlichen Feste, das jedes Jahr bei Neumond in der Nacht vor der Noumenia, der Rückkehr des zunehmenden Mondes am Nachthimmel, gefeiert wird. Während dieser Feste empfing die Göttin an ihren Schreinen Opfergaben in Form von rohen Eiern, Kuchen, Lauch, Knoblauch und Honig, oder Hekataia, die vor den Häusern ihrer Verehrer an dem Ort standen, wo der Weg zur Haustür auf die Straße trifft und eine Dreier-Kreuzung bildet. Diese Gaben wurden zusammen mit dem Kehricht und dem Abfall des Hauses an den Straßenrand geworfen, als Teil einer rituellen Reinigung des Hauses und seiner Bewohner. Die Menschen begriffen sehr wohl, dass diese Gaben am Straßenrand oft von den Armen entgegengenommen wurden, und so wurde dies auch als eine Gabe der Nächstenliebe im Namen der Göttin angesehen. Zu diesem Punkt schreibt Aristophanes im 4. bis 5. Jh. v. C.:

Frag Hekate, ob es besser ist, reich zu sein oder zu hungern; sie wird dir sagen, dass die Reichen ihr jeden Monat eine Mahlzeit schicken und dass die Armen sie verschwinden lassen, bevor sie überhaupt serviert wird.[2]

Für 6–8 Personen
Vorbereitungszeit: 40 Minuten
Kochzeit: 1 ½ Stunden

FÜR DEN TEIG

- 150 g Mehl
- 1 TL Zucker
- 1 TL Salz
- 85 g Butter, in 1 cm große Stücke geschnitten
- 1 EL Pflanzenöl
- 3 EL Wasser

FÜR DIE FÜLLUNG

- 3 ganze Knoblauchzehen
- 2 EL Olivenöl
- 4 Eier, Größe L
- 175 g Crème double
- 175 g Crème fraîche
- 175 g geriebener Pecorino
- 2 EL frischer Dill, fein gehackt
- ½ Lauch, längs halbiert, in feine Scheiben geschnitten
- Salz und Pfeffer, nach Belieben

1. Beginne vor der Dämmerung des Neumondes mit der Herstellung deiner Tarte.

2. Heize den Ofen auf 180°C Umluft vor und vermische Mehl, Zucker und Salz in einer großen Schüssel. Erhitze in einem Topf die Butter, bis sie Blasen wirft und zu bräunen beginnt, dann gib das Öl in den Topf dazu. Gieße die heiße Buttermischung und das Wasser zum Mehl und rühre sie mit einem Holzlöffel um. Drücke den Teig mit den Fingern in eine 23 cm große Tarteform und arbeite ihn am Boden und an den Seiten gleichmäßig 5 mm dick hoch. Stich den Boden der Tarteform mit einer Gabel ein und backe den Boden 10 Minuten lang. Stelle den Boden beiseite und lass ihn abkühlen. Lass den Ofen auf 180 °C Umluft eingestellt.

3. Für die Füllung halbiere die Knoblauchzehen waagerecht, lege sie auf ein Blatt Alufolie und beträufle sie mit dem Olivenöl. Verschließe den Knoblauch in der Folie und gare ihn 30 Minuten lang im Ofen oder, bis der Knoblauch weich und goldbraun ist. Stelle ihn anschließend beiseite.

3. Als Nächstes verquirlst du die Eier und rührst dann die Crème double, die Crème fraîche und den Pecorino unter. Schäle den gerösteten Knoblauch vorsichtig und lass dabei die Stücke möglichst ganz. Rühre den gerösteten Knoblauch, den Dill und den fein geschnittenen Lauch unter die Füllung und würze mit Salz und Pfeffer. Gieße die Füllung in die Tarteform. Backe die Quiche 35–40 Minuten lang, oder bis die Füllung in der Mitte gerade fest geworden ist.

4. Um eine Version der *Deipnon* selbst durchzuführen, mache Folgendes: Fege dein Haus gründlich durch und arbeite dich zur Eingangstür vor. Räucher Myrrhe, das heilige Harz der Hekate, und trage es durch jeden Raum deines Hauses. Trage ein Stück deiner Quiche zusammen mit rohem Knoblauch, Eiern, Lauch, Honigwaben und den Müll aus deinem Haus zu einer Drei-Wege-Kreuzung, wo du nicht gesehen wirst. Wenn du dort ankommst, lege deine Gaben ab und lies die folgende Anrufung aus den griechisch-ägyptischen magischen Papyri (PGM), einem Buch mit magischen Formeln aus der Spätantike, dreimal laut vor: *ASKEI KATASKEI ERON OREON IOR MEGA SAMNYER BAUI PHOBANTIA SEMNE („Ich rufe den Mantel der Mitternacht herbei, mögen sich alle Geister vor der Flamme verneigen.")* Bleibe stehen und wende dich zum Haus, aber schaue nicht über deine Schulter zurück, auch wenn du Schritte oder Hundegebell hörst.

Maslenitsa: Stroh-Crêpes für die Butterfrau

Wenn der März beginnt und der Frühling zurückkehrt, feiert man in Osteuropa das Fest der Maslenitsa, die Butterfrau. Die Maslenitsa, auch Käsemarktwoche genannt, findet in der letzten Woche vor der Fastenzeit statt, in der Fleisch für orthodoxe Christen verboten ist, andere tierische Produkte – Käse, Eier und Milchprodukte – jedoch erlaubt sind. Das Fest ist daher ein Fest dieser Zutaten, die in der traditionellen Festtagskost, den mit Käse, Früchten, saurer Sahne oder Kaviar gefüllten Crêpes oder Bliny, zum Ausdruck kommen.

Obwohl es sich um einen der ältesten slawischen Feiertage handelt, wurde Maslenitsa während der Sowjetzeit in Osteuropa nicht begangen, hat aber in den letzten Jahrzehnten eine Wiederbelebung erfahren. Es wird angenommen, dass es ein Überbleibsel vergessener heidnischer Feste darstellt, ein Bildnis der Maslenitsa Marzanna (auch Morana oder Mara), der slawischen Göttin des Frühlings, des Todes und der Wiedergeburt. Aus diesem Grund pflegen die Feiernden am ersten Tag des Festes einen kuriosen Brauch, indem sie eine Frau aus Stroh basteln und ihr den Namen Maslenitsa geben. Sie wird als Hexe verkleidet, bekommt Pfannkuchen in die Hand gedrückt und wird durch die Stadt geführt, während die ersten Crêpes der Woche den Hungrigen als Opfergabe dargebracht werden. Am Ende der Woche wird die Nachbildung der Butterhexe in einer öffentlichen Zeremonie verbrannt, als symbolisches Ende des Winters.

Auch wenn sich viele Hexen nicht an christliche Bräuche halten, ist unser Rezept von diesen älteren, geheimnisvolleren Fäden inspiriert, die sich durch das Maslenitsa-Fest ziehen. Als Hommage an die Butterfrau sind diese Crêpes mit Ricotta, der in Heu gekocht wurde, und mit Kirschkompott gefüllt. Du kannst ein oder zwei dieser Crêpes (vor allem die unförmigen!) reservieren, um sie bei deinen eigenen Frühlingsritualen, ob in der Fastenzeit oder anderswo, zu opfern.

Für 4 Personen

Vorbereitungszeit: 20 Minuten plus Kühlzeit
Kochzeit: 30 Minuten

FÜR DEN TEIG

- 2 Eier, Größe L
- 3 EL Zucker
- ½ TL Salz
- 750 ml Milch, erwärmt
- 120 g Crème double
- 200 g Mehl
- ¼ TL Backpulver
- 75g Butter, geschmolzen, aber nicht heiß, oder Pflanzenöl

FÜR DIE FÜLLUNG

- 450 g Kirschen, gewaschen und entkernt
- Saft von ½ Bio-Zitrone
- 115 g Zucker
- 120 g Crème double, gekühlt
- 4 EL frisches Heu oder getrocknetes Haferstroh
- 1 TL getrocknete Kamille
- 115 g Ricotta
- 2 EL Rum oder Brandy
- 2 EL Maismehl (Maisstärke)
- 1 TL Vanilleextrakt
- Puderzucker zum Bestäuben

1. Beginne mit der Zubereitung der Füllung. Bringe in einem mittelgroßen Kochtopf die Kirschen, den Zitronensaft, die Hälfte des Zuckers und 120 ml Wasser zum Kochen, dann lass die Mischung auf einer niedrigen Temperatur und unter gelegentlichem Rühren köcheln, bis die Masse dickflüssig und Blasen schlägt ist. Gieße die Mischung in eine Schüssel und stelle sie beiseite.

2. Erwärme in einem anderen Topf bei mittlerer Hitze die Crème double mit dem Heu oder Haferstroh und der Kamille. Koche die Mischung einmal kurz auf und nimm sie dann vom Herd. Lass die Sahne 10 Minuten lang ziehen, dann seihe sie ab und lass sie abkühlen. Verrühre in einer Rührschüssel den Ricotta, den Rum oder Brandy, die Speisestärke, die Vanille und die restliche Hälfte des Zuckers miteinander. Wenn die aufgegossene Sahne kalt ist, schlage sie in einem Standmixer auf, bis sich steife Spitzen bilden. Hebe die Sahne unter die Ricottamasse. Decke beide Füllungen ab und stelle sie kalt.

3. Als Nächstes bereite den Crêpeteig zu. Verquirle die Eier. Gib Zucker und Salz dazu, dann Milch und die Crème double Mische das Mehl und das Backpulver und rühre die Mischung nach und nach unter den Teig. Erhitze eine große Pfanne bei mittlerer Hitze. Pinsele die Pfanne gleichmäßig mit geschmolzener Butter oder Pflanzenöl ein und gieße dann mit einer Schöpfkelle eine kleine Menge Teig (etwa 5–6 EL) in die Mitte der Pfanne. Kippe die Pfanne schnell, um den Teig zu verteilen, bis er einen dünnen, gleichmäßigen Kreis bildet. Lass den Teig etwa 30 Sekunden lang stocken, oder bis die Ränder der Crêpes goldgelb sind und die Mitte Blasen wirft, dann wende den Crêpe mit einem langen Pfannenwender und backe ihn von der anderen Seite fertig.

4. Die ersten Crêpes werden immer etwas unordentlich ausfallen, aber das wird mit der Zeit immer einfacher. Wenn du deine eigene Butter-Lady aus Stroh bauen würdest, wären das die Pfannkuchen, die du ihr in die Hand geben würdest. Kühle deine Crêpes in einem Stapel, indem du sie gleichmäßig übereinander auf eine Servierplatte legst.

5. Falte deine Crêpes in der Hälfte, fülle sie mit den Füllungen und falte sie dann noch einmal zu einem Viertel. Bestäube sie mit Puderzucker und serviere sie.

Keltischer Struan zum Michaeli-Fest

Der Michaeli-Struan ist eine schottische Tradition, mit der das Ende der Erntezeit gefeiert wird. Es handelt sich dabei um ein gesegnetes Brot, das eine Mischung aus Körnern enthält, die die Früchte des Feldes darstellen sollen. Weizenmehl, Vollkornreis, Hafer und Polenta werden mit Honig und Buttermilch gesüßt und ergeben ein weiches, kuchenähnliches Brot, das fluffig und aromatisch ist.

Der Michaeli-Struan ist eines der wenigen kulinarischen Rituale, die in der Carmina Gadelica, einer Sammlung schottischer Poesie und Zaubersprüche aus dem späten 19. Jahrhunderts genannt werden. Traditionell wurde dieses Brot von der ältesten Tochter der Familie unter der aufmerksamen Aufsicht ihrer Mutter gebacken, und das aus gutem Grund – Struan-Brote gelten als verdorben, wenn sie beim Backen oben aufplatzen, und aufgebrochene Brote werden nicht gegessen. Im Text wird ein ritueller Segen für das Brot gegeben, bei dem der Laib im Namen des Heiligen Michael geweiht wird. Der Segensspruch lautet:

Jede Mahlzeit unter meinem Dach, sie werden alle zusammen gemischt sein
Im Namen von Gott, dem Sohn, der sie wachsen ließ.
Milch, Eier und Butter, die guten Produkte unserer eigenen Herde,
es soll kein Mangel sein in unserem Land und in unserer Wohnung.
Im Namen Michaels meiner Liebe, der uns die Macht vermacht hat,
Mit dem Segen des Lammes und seiner Mutter;
Demütige uns zum Schemel deiner Füße, sei dein Heiligtum um uns,
Schütze uns vor Gespenstern, Kobolden und Unterdrückung und bewahre uns.
Weihe die Früchte unseres Landes, schenke uns Wohlstand und Frieden,
Im Namen des Vaters, des Königs, und der drei geliebten Apostel.
Löwenzahn, Knoblauch, Fingerhut, Färberwaid und Butterkraut,
Die drei Karden und die Ringelblume.
grauer Kailpfirsich gepflückt, die sieben Zacken siebenmal
Die Berg-Eibe, rötliche Heide und Krapp.
Ich will sie alle begießen im kostbaren Namen des Gottessohnes,
Im Namen Marias, der Großzügigen, und Patricks.
Wenn wir uns zum Essen hinsetzen,
werde ich im Namen Gottes die Kinder mit Weihwasser besprengen.

„DER SEGEN DES STRUAN“,
CARMINA GADELICA VOL 1[3]

Dieses Brot ist für das Michaeli-Fest (29. September) gedacht, passt aber zu jedem Erntefest im Frühherbst, insbesondere zur Tagundnachtgleichen. Das Brot ist nicht sehr anspruchsvoll, aber man sollte es im Ofen gut im Auge behalten, um Risse in der Oberfläche zu vermeiden.

Ergibt 1 Laib

Vorbereitungszeit: 25 Minuten
plus 1 Stunde 45 Minuten Ruhezeit

- 900 g Mehl plus etwas zum Bestäuben
- 3 EL Trockenhefe
- 100 g brauner Zucker
- 40 g Haferflocken
- 125 g gekochter brauner Reis
- 15 g Weizenkleie
- 85 g Polenta
- 2 EL Mohnsamen plus zum Garnieren
- 1 EL Salz
- 115 g Honig
- 350 ml warmes Wasser
- 1 Ei, Größe L
- 185 ml Buttermilch, erwärmt
- Öl zum Einfetten

1. Vermische in einer großen Schüssel Mehl, Hefe, Zucker, Hafer, Reis, Kleie, Polenta, Mohn und Salz. Verquirle in einer anderen Schüssel Honig, Wasser, Ei und Buttermilch. Vermenge die feuchten und trockenen Zutaten mit den Händen und gib den Teig auf eine bemehlte Fläche. Knete den Teig 15 Minuten lang oder bis er elastisch und klebrig ist, aber nicht klebt. Gib den Teig in eine große, gefettete Schüssel, decke ihn mit einem Geschirrtuch ab und lass ihn an einem warmen Ort 1 Stunde lang gehen oder, bis sich die Größe verdoppelt hat.

2. Wenn der Teig aufgegangen ist, heize den Ofen auf 180 °C Umluft vor. Fette eine 23 x 13 cm große Brotform und stelle sie beiseite. Knete den Teig noch einmal auf einer bemehlten Fläche und forme den Laib, indem du die Ränder in die Mitte des Laibs drückst, ihn dann umdrehst und mit den Händen zu einem langen, gleichmäßigen Laib formst, der in die Form passt. Gib den Teig in die Backform und backe ihn 45 Minuten lang, bis das Brot eine dunkelgoldene Farbe hat. Lass das Brot vor dem Schneiden vollständig abkühlen. Die erste Scheibe des Brotlaibs sollte aufbewahrt und aufopferungsvoll in deinem Garten, Vorgarten oder dem fruchtbaren Boden eines nahe gelegenen Parks vergraben werden.

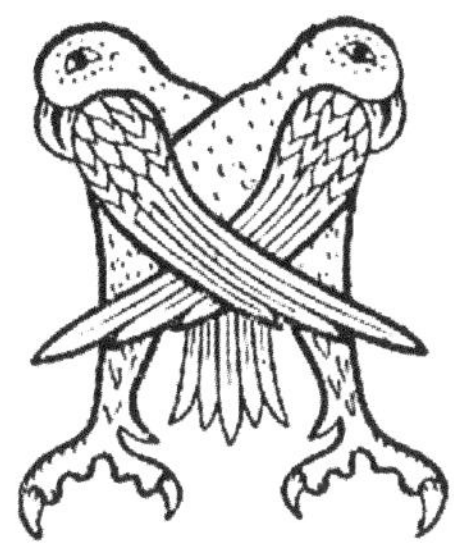

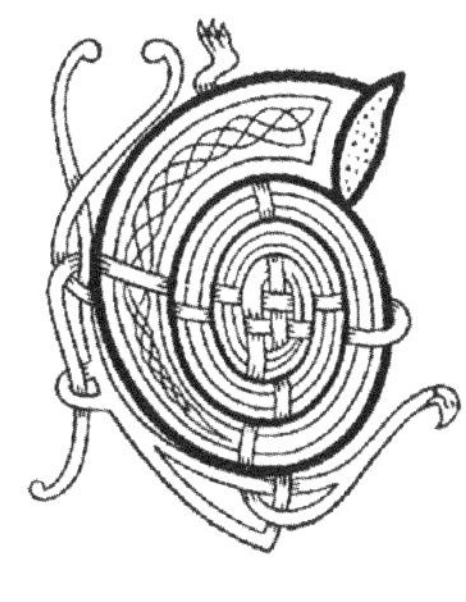

Heilender Hummus für gebrochene Herzen

Wenn man in einem der größten Grimoires des goldenen islamischen Zeitalters blättert, erwarten die meisten Menschen wahrscheinlich nicht, dort ein Hummus-Rezept zu finden. Und doch, ganz am Ende der Picatrix, einem Buch über astrologische und talismanische Magie, das Maslama ibn Ahmad al-Majriti im 11. Jh. zugeschrieben wird, finden wir, dass der Autor für einen Moment seinen Blick vom Himmel herab wirft und uns genau das präsentiert – ein Hummus-Rezept, und zwar kein besonders interessantes. Das Gericht besteht aus Kichererbsen und Olivenöl, andere Gewürze oder Zutaten werden nicht erwähnt. Das Bemerkenswerte an diesem Rezept ist jedoch nicht nur die Alltäglichkeit, die es so fehl am Platz erscheinen lässt, sondern insbesondere das noch irdischere, alltäglichere Problem, das das Rezept zu beheben verspricht – Kummer und Herzschmerz.

In dem Text weist der Autor den Meister an, bei Sonnenuntergang eine Schale mit Kichererbsen unter die ersten Strahlen des Mondes zu stellen und ihnen zu erlauben, ihre Tugenden im Lauf der Nacht zu absorbieren. In der Morgendämmerung soll man wieder aufstehen und die Kichererbsen mit Olivenöl beträufeln, bevor man sie zwei Stunden lang in Wasser einweichen lässt. Danach weist die Picatrix an, die Kichererbsen zu kochen, sie zu einem Hummus zu vermischen und sagt dann: „Von all denen, denen du diese zu essen gibst, wird aller Kummer, aller Unwille, alle bösen Gedanken und jede Art von Melancholie verschwinden und ihre Herzen werden sich an der höchsten Tugend erfreuen und sie werden in allen Dingen fröhlich und munter werden."[4] Ein ambitioniertes Versprechen für ein Rezept mit zwei Zutaten. Und doch gibt uns dieser trügerisch einfache Ausreißer innerhalb der Seiten der Picatrix einen überraschend intimen Einblick in die Magie des 11. Jahrhunderts. Magie ist hier nicht nur dafür reserviert, das Mitleid von Königen zu erlangen oder die Vernichtung von Ernten zu verhindern (beides wird ebenfalls in der Picatrix behandelt), sondern auch für die Lösung der alltäglichsten menschlichen Probleme und zwar mit den einfachsten Zutaten.

Die Reproduktion dieses Rezepts enthält zwar ein paar mehr Zutaten als ursprünglich gefordert, aber die Verfahrensschritte entsprechen dem Text der Picatrix. Dies ist ein einfacher und klassischer Hummus, den man nach Belieben verfeinern kann. Erwäge die Zugabe von Kräutern oder Zutaten, die für ihre aufmunternden, antidepressiven Eigenschaften bekannt sind – zum Beispiel Muskatnuss, Orangenschale oder geröstete rote Paprika.

Für 6–8 Portionen
Vorbereitungszeit: 10 Minuten plus Mondbad über Nacht und 2 Stunden Einweichzeit
Kochzeit: 2 Stunden

- 115 g getrocknete Kichererbsen
- 4 EL Olivenöl plus etwas Öl zum Beträufeln
- 1 EL Salz
- 55 g Tahini
- Saft von 1 Bio-Zitrone
- 1 Prise gemahlener Sumach (orientalisches Gewürz in Internet erhältlich)
- Fladenbrot und/oder Rohkost zum Servieren

1. Beginne mit diesem Rezept in einer beliebigen Nacht zwischen dem zunehmenden Halbmond und dem Vollmond, wobei die Nacht vor dem Vollmond die beste Wahl ist. Gib die trockenen Kichererbsen in eine saubere, weiße Keramikschüssel und stelle diese im Freien oder auf einer Fensterbank mit Blick auf den zunehmenden Mond auf. Notiere dir vor dem Schlafengehen, wann die Sonne am nächsten Morgen aufgehen wird, denn du solltest mindestens 30 Minuten vor dieser Zeit aufstehen.

2. Am nächsten Morgen, wenn die Sonne noch nicht aufgegangen ist, bringst du deine Kichererbsen in die Küche. Du kannst zu diesem Zeitpunkt Weihrauch verbrennen, denn der Duft ist ein natürliches Antidepressivum und der Rauch hat auch reinigende Eigenschaften. Beträufle deine Kichererbsen mit 1 EL Olivenöl und gib die Kichererbsen in einen mittelgroßen Topf. Bedecke die Kichererbsen mit 950 ml Wasser und lass sie 2 Stunden lang ziehen.

3. Stelle den Topf mit dem Wasser und den Kichererbsen auf den Herd und bringe das Wasser zum Kochen. Reduziere die Hitze, wenn das Wasser kocht und lass die Kichererbsen 1½–2 Stunden köcheln, bis sie weich und durchgekocht sind. Seihe die Kichererbsen ab und lass sie auf Zimmertemperatur abkühlen.

4. Nach dem Abkühlen gibst du die Kichererbsen in einen hohen Rührbecher und fügst Salz, Tahini und Zitronensaft hinzu. Wenn du zusätzliche Aromen verwendest, füge diese hinzu. Püriere die Masse mit einem Stabmixer, bis die Masse glatt ist, dann rühre die restlichen 3 EL Olivenöl unter. Gib den Hummus auf einen Teller oder eine flache Schale und verteile ihn gleichmäßig in einem flachen Kreis. Beträufle den Hummus mit zusätzlichem Olivenöl und bestreue ihn mit einer Prise gemahlenem Sumach, bevor er zusammen mit Fladenbrot oder Rohkost serviert wird.

Hildegard von Bingens Glückskekse

Die Heilige Hildegard von Bingen ist eine interessante Figur der okkulten Geschichte, deren Beitrag zur christlichen Mystik und Kräutermedizin nicht hoch genug eingeschätzt werden kann. Die 1098 geborene Autorin und Universalgelehrte schrieb Theaterstücke und Gedichte, stellte botanische Nachschlagewerke zusammen, verfasste medizinische Handbücher und war vor allem dafür berühmt, dass sie detaillierte und aufschlussreiche Visionen hatte, die sie in ihren Werken ausführlich illustrierte und diskutierte. Diese Visionen bildeten die Grundlage für ihre Kosmologie und ihre Herangehensweise an die Kräutermedizin, in der der Mensch als physischer und spiritueller Mikrokosmos des gesamten Universums betrachtet wird. Sie glaubte, dass man mit der Kraft der viriditas, ihrer Vorstellung von der „grünen", wohltuenden und heilenden Kraft der Pflanzen, das Ungleichgewicht der Elemente und Säfte des Körpers bekämpfen, Krankheiten vertreiben und zu einem Zustand der Harmonie mit der natürlichen Welt zurückkehren könne. Unter ihren vielen Heilmitteln hinterlässt sie uns einen vermeintlich einfachen Ratschlag auf den Seiten von Physica, der sich auf eines der häufigsten Hausgewürze bezieht: Muskatnuss. Die Heilige Hildegard beschreibt das wärmende Gewürz als herzöffnend, es diene zum Schärfen des eigenen Urteilsvermögens und verleihe denjenigen ein angenehmes Gefühl, die es verzehren. Sie empfiehlt, Muskatnuss und Zimt zu gleichen Teilen und gemeinsam mit einer Prise Nelke und Vollkornmehl zu verwenden, um Kuchen herzustellen, die bei häufigem Verzehr dafür sorgen sollen, den Menschen in jeder Hinsicht stark, glücklich, wach und fröhlich zu machen.

Fast 1.000 Jahre später können wir die Aussagen der Heiligen Hildegard über dieses Gewürz wissenschaftlich überprüfen. Studien über die Muskatnuss haben ihre starke Fähigkeit als Antidepressivum bewiesen, vergleichbar mit auf dem Markt befindlichen Medikamenten. Sie enthält erhebliche Mengen an natürlichen Monoaminoxidase-Hemmern (MAOIs), die die geistige Klarheit verbessern und dem Gehirn helfen, wichtige Stimmungsmacher wie Serotonin und Dopamin zu erhalten. Für diese Kekse werden einige der einfachsten Gewürze verwendet und doch sind sie, durchdrungen von der Weisheit der mystischen Visionen der Heiligen Hildegard, potent genug, um uns auch heutzutage zu stärken.

Ergibt 24 Kekse

Vorbereitungszeit: 20 Minuten plus 30 Minuten Kühlzeit
Backzeit: 15 Minuten

- 175 g Butter
- 115 g Zucker plus etwas Zucker zum Bestreuen
- 115 g brauner Zucker
- 2 TL gemahlener Zimt
- 2 TL Muskatnuss, vorzugsweise frisch gerieben, plus zum Bestreuen
- ½ TL gemahlene Nelken
- 1 Ei, Größe L
- 225 g Dinkelmehl, plus zum Bestäuben
- 1 TL Backpulver
- 1 Prise Salz
- 2 EL Milch oder milchfreier Ersatz

1. Rühre in einer großen Rührschüssel die Butter, den Zucker und die Gewürze cremig. Rühre das Ei unter, bis alles gut vermischt ist. Siebe und vermische in einer separaten Schüssel das Mehl, das Backpulver und das Salz. Füge das Mehl in mehreren Schritten langsam zur Buttermischung hinzu und achte darauf, den Teig nicht zu sehr zu bearbeiten. Wenn sich der Teig zu einer glatten Kugel formt, wickele ihn in Backpapier oder Frischhaltefolie und stelle ihn für mindestens 30 Minuten in den Kühlschrank.
2. Heize den Ofen auf 180 °C Umluft vor und lege ein Backblech mit Backpapier aus. Nimm den Teig aus dem Kühlschrank und packe ihn aus. Lege den Teig zwischen zwei Blätter leicht bemehltes Backpapier und rolle ihn auf 5 mm Dicke aus. Stich mit einem runden, 5 cm großen Ausstecher Kekse aus dem Teig aus und lege sie auf das vorbereitete Backblech. Bestreiche die Plätzchen leicht mit Milch und bestreue sie mit extra geriebener Muskatnuss und Zucker. Backe die Kekse 12–15 Minuten, bis sie goldbraun sind. Nimm die Kekse vom Blech und lass sie auf einem Kuchengitter abkühlen.

Aleister Crowleys Gletscherreis

Es gibt keine Figur im westlichen Okkultismus, die mehr verehrt wird und umstrittener ist als The Beast 666, Aleister Crowley. Ob man seine Werke nun bewundert oder kritisiert, seine Experimente und Schriften haben die Landschaft des heutigen Okkultismus maßgeblich geprägt. Neben seinen farbenfrohen Beiträgen zur okkulten Philosophie hat Crowley auch eine Reihe von kulinarischen Rezepten hinterlassen. Obwohl viele seiner kulinarischen Werke furchterregend sind und Körperflüssigkeiten, Räucherwerk und Tierblut enthalten, ist sein Curry-Reis oder „Reis Aleister Crowley" eine überraschend freundliche und weltliche Ergänzung zu Crowleys anderen Werken.

In seiner Autobiografie erinnert sich Crowley daran, dass er diesen Reis während eines Schneesturms beim Gletscherklettern servierte. Obwohl sein Originalrezept keine Chilischoten enthält, beschreibt er die würzige Schärfe seines Gerichts, die dazu führte, dass „starke Männer, die an alle Gefahren und Entbehrungen gewöhnt waren, nach einem Bissen aus dem Zelt stürzten, sich im Schnee wälzten und wie tollwütige Hunde nach dem Eis schnappten". Dennoch scheint Crowley dieses Gericht für einen großen Erfolg zu halten, denn er sagte über sein eigenes Rezept: „... es war sehr gut als Curry, und ich würde mich bemühen, es in Londoner Restaurants einzuführen, wenn es dort doch nur einen Gletscher gäbe. Vielleicht eines Tages, nach einem starken Schneefall."

Inspiriert von diesem einzigartigen Stück Crowley-Überlieferung, habe ich sein berühmtes Rezept hier erweitert und einige meiner eigenen Zutaten hinzugefügt. Ich möchte The Beast nicht in Bezug auf seine eigene Kreation korrigieren, aber im Originaltext des Rezepts sind die Mengen der Zutaten nicht angegeben, sodass es einen gewissen Spielraum für kreative Interpretationen gibt. Das im Folgenden beschriebene Verfahren ist mit Blick auf den ursprünglichen „Riz Aleister Crowley" originalgetreu und meine Ergänzungen entsprechen hoffentlich dem ursprünglichen Geist von Meister Therions Pilaw. Bleibe dem Original treu oder experimentiere mit meinen Vorschlägen – mache mit diesem Rezept, was du willst, wie Crowley selbst vorschlagen würde.

Für 2 Personen

Vorbereitungszeit: 10 Minuten
Kochzeit: 20 Minuten

- 180 g Langkornreis
- 3 Kapseln grüner Kardamom
- 60 g Butter
- ¼ TL gemahlene Nelken
- ¼ TL gemahlener Kurkuma
- 30 g gehackte Mandeln
- 60 g Sultaninen
- 30 g Pistazien, fein gehackt
- Salz und Pfeffer, nach Belieben

MEINE ZUSÄTZE (wahlweise)

- 1 Lorbeerblatt
- 1 EL indisches Chilipulver
- 1 TL Currypulver
- 1 kleine Handvoll frischer Korianderblätter, grob gehackt

1. Crowley weist uns an, zunächst den Reis zuzubereiten. Gib 950 ml Wasser in einen mittelgroßen Topf und würze es mit Salz und dem Lorbeerblatt (falls verwendet). Bringe das Wasser zum Kochen und rühre den Reis ein, dann lass ihn zugedeckt 8 Minuten köcheln oder bis ein Reiskorn, das zwischen Zeigefinger und Daumen zerdrückt werden kann, „leicht zerdrückt, aber nicht aufgeweicht oder matschig" ist. Gieße den Reis ab, spüle ihn mit kaltem Wasser ab und gib ihn in den Topf zurück. Erhitze den Topf erneut bei mittlerer Hitze und schwenke den Reis mit einem Holzlöffel „mit einer hebenden Bewegung, niemals nach unten drückend", bis der Reis fluffig ist und sich leicht schwenken lässt.
2. Röste in einer separaten Pfanne die Kardamomschoten bei mittlerer Hitze, bis sie duften. Gib die Butter hinzu und sobald sie geschmolzen ist, rühre die trockenen Gewürze ein. Dünste die Gewürze 30 Sekunden an und füge dann die Mandeln und Sultaninen hinzu. Gib den Reis in die Pfanne und schwenke alles durch, bis alles gut vermischt ist. Schmecke mit Salz und Pfeffer ab, rühre dann die gehackten Korianderblätter (falls verwendet) und die Pistazien unter, bis die grünen Farben das Gericht zu einem „Frühlingsgedicht" machen.

SATOR-Quadrat-Ernte-Pie

Das SATOR-Quadrat ist ein antikes und rätselhaftes Wortpuzzle, das mit seiner durcheinandergewirbelten Anordnung von Palindromen als Schutz vor verschiedenen Übeln gilt. Es wird manchmal angenommen, dass bösartige Geister gezwungen sind, Rätsel zu lösen, und durch die perfekten Wiederholungen des Quadrats abgelenkt und gefangen werden. Die frühesten erhaltenen SATOR-Quadrate stammen aus dem 1. Jh. n. Chr. einige Gelehrte vermuten aber, dass das Symbol sogar vorchristliche Ursprünge hat. Obwohl viele Versuche unternommen wurden, die Geheimnisse dieses Symbols zu übersetzen und zu entschlüsseln, ist nur wenig über seine apotropäische Verwendung als Schutzzauber bekannt. Da der Talisman vorwärts und rückwärts gleich gelesen werden kann, deuten einige Übersetzungen das Quadrat als ein Boustrophedon, bei dem abwechselnd von links nach rechts und von rechts nach links zu lesen ist, was eine mögliche Übersetzung ergibt: „Wie ihr sät, so werdet ihr ernten".

Trotz seiner rätselhaften Anfänge findet man dieses einzigartige Wortquadrat an verschiedenen Stellen auf der Welt – in antiken Tempeln für die Göttin Artemis, in mittelalterlichen Bibeln und auf koptischen Gräber in Nubien. In Frankreich wurde das Quadrat im Mittelalter als Schutzzauber für Frauen in den Wehen verwendet. In der Hexerei der Pennsylvania-Deutschen wird das SATOR-Quadrat gegen Blitze eingesetzt und an Kühe verfüttert, um Hexerei abzuwehren. In Südamerika wird das Quadrat häufig gegen Schlangengift und Tierbisse eingesetzt. In einem bemerkenswerten Fall aus Lyon wurde das Quadrat sogar auf Brotkrusten geschrieben und gegessen, um von temporärer Geisteskrankheit zu genesen.

Auch wenn es keine traditionelle Anleitung für den Verzehr des SATOR-Quadrats gibt, zeigen die verschiedenen Verwendungszwecke, dass allein seine Anwesenheit eine tiefgreifende Wirkung zur Abwehr von Unheil und lästigen Geistern hat. Da der Herbst traditionell die Zeit der Abwehr und des Schutzes vor dem kommenden Winter ist, wäre dieses Symbol eine willkommene Ergänzung zu den Themen eines Erntefestes. In unserem Fall kommen Artischocken und Rosmarin mit in das Quadrat, was es zu einem reichhaltigen Ernte-Topfkuchen macht und ihm ihre Wirksamkeit als Verbündete für die Schutzmagie verleihen. Bereite dieses Gericht zu, um deine eigenen Schutzrituale zu begleiten und das vielfältige, wandernde Erbe dieses wirklich einzigartigen Zaubers fortzusetzen.

S	A	T	O	R
A	R	E	P	O
T	E	N	E	T
O	P	E	R	A
R	O	T	A	S

SATOR
AREPO
TENET
OPERA
ROTAS

4 Portionen
Vorbereitungszeit: 25 Minuten plus 30 Minuten Kühlzeit
Kochzeit: 1 Stunde 20 Minuten

FÜR DIE KRUSTE

- 310 g Mehl plus zum Bestäuben
- ½ TL Zucker
- 1 TL Salz
- ½ TL schwarzer Pfeffer
- 225 g Butter, gekühlt und in 1 cm großen Würfeln
- 6–8 EL eiskaltes Wasser
- 1 Ei zum Glasieren

FÜR DIE FÜLLUNG

- 1 mittelgroße Zwiebel, gewürfelt
- 1 große Karotte, geschält und gewürfelt
- 1 große Süßkartoffel, geschält und gewürfelt
- 1 Dose, 400 g Artischockenherzen, abgetropft und trocken getupft
- 4 EL Olivenöl
- 2 Knoblauchzehen, gehackt
- 60 g Mehl
- 1 Zweig Rosmarin, Stiele entfernt und fein gehackt
- 1 Prise gemahlene Nelken
- 120 ml trockener Weißwein
- 570 ml Hühnerfond (Brühe)
- 1 Handvoll Grünkohl, gewaschen, Rippen entfernt
- Salz und Pfeffer, nach Belieben

1. Den Backofen auf 180 °C Umluft vorheizen. Schwenke Zwiebel, Karotte, Süßkartoffel und Artischockenherzen in 2 EL Olivenöl und lege sie in einer einzigen Schicht auf ein mit Backpapier belegtes Backblech. Würze das Gemüse mit Salz und röste es im Ofen 20 Minuten lang, bis es an den Rändern braun wird.

2. Während das Gemüse röstet, bereite die Kruste für den Pie vor, indem du Mehl, Zucker und Gewürze in einer mittelgroßen Schüssel vermischst. Arbeite die kalte Butter mit den Händen in das Mehl ein, bis die Mischung wie grober, feuchter Sand aussieht und keine Butterklumpen übrigbleiben. Füge das Eiswasser esslöffelweise hinzu und arbeite langsam, bis sich der Teig zu einer glatten Kugel zusammenfügt. Wickle den Teig fest in Frischhaltefolie und stelle ihn für 30 Minuten in den Kühlschrank.

3. In der Zwischenzeit erhitzt du die restlichen 2 EL Olivenöl in einem tiefen Topf und dünstest darin den Knoblauch etwa 1 Minute, bis er duftet. Gib 60 g Mehl, Rosmarin und gemahlene Nelken hinzu und füge dann langsam den Wein und die Hühnerbrühe hinzu. Wenn die Sauce Blasen wirft und dickflüssig ist, füge das gebratene Gemüse und den Grünkohl hinzu. Würze die Füllung mit Salz und Pfeffer und gieße sie in eine Auflaufform. Lass sie auf Zimmertemperatur abkühlen.

4. Wenn der Teig und die Füllung für den Pie abgekühlt sind, nimm den Teig aus dem Kühlschrank und lege ihn zwischen zwei Blätter bemehltes Backpapier. Rolle den Teig auf eine Dicke von 5 mm aus, und lege ihn auf die Oberseite der Auflaufform. Schneide den überschüssigen Teig ab und lege ihn beiseite. Kräusle die Ränder der Kruste und schneide in der Nähe der Mitte des Kuchens drei Lüftungsschlitze ein. Rolle den überschüssigen Teig aus und schneide oder stich die Buchstaben für das SATOR-Quadrat aus, wie auf der vorherigen Seite abgebildet.

5. Verquirle das Ei und bestreiche die Kruste mit einem Backpinsel. Lege die Buchstaben auf den Pie und bestreiche diese ebenfalls mit Ei. Backe den Kuchen 35–40 Minuten, bis die Kruste goldgelb und die Füllung schaumig ist.

Stilles Abendessen: Kohl mit Hackfleisch-Kastanienfüllung; Olivenöl-Mohnkuchen; Damiana-Holunderblüten-Trank

Die Tradition des stillen Abendessens oder „stummen Abendessens" ist eine interessante Tradition, die in Europa und den Vereinigten Staaten in verschiedenen Formen praktiziert wird. Die Tradition scheint ihren Ursprung auf den Britischen Inseln zu haben, aber es wird vermutet, dass Spuren der Tradition des stillen Abendessens von irischen Einwanderern um 1800 über den Atlantik getragen wurden. Während Hop-tu-Naa, dem alten Halloween-Fest auf der Isle of Man, konnten junge Mädchen „stumme Kuchen" zubereiten, die von mehreren Frauen in absoluter Stille gebacken wurden, in der Hoffnung, dass eine Erscheinung ihrer zukünftigen Liebe um Mitternacht auftauchen würde, um die Kuchen zu kosten.

In den Appalachen wurde eine ähnliche Liebeswahrsagung beobachtet, bei der in aller Stille ein kleines Festmahl zubereitet und um Mitternacht auf einem falsch gedeckten Tisch serviert wurde – mit vertauschten Gabeln und Messern, umgedrehten Stühlen und zuerst servierten Nachtischgerichten – in der Hoffnung, dass eine Erscheinung des zukünftigen Ehemannes an dem Festmahl teilnehmen würde.

Trotz dieser Ursprünge als Halloween-Wahrsagespiel hat die Tradition des stillen Abendessens in den letzten Jahrzehnten eine Wiederbelebung erfahren, wobei der Schwerpunkt auf der Kommunikation mit den Geistern der Toten liegt. Diese Feste werden zu Ehren der geliebten Verstorbenen abgehalten, wobei ein Tisch reserviert wird, um die Verstorbenen zu begrüßen. Dieser leere Platz soll mit Speisen und Getränken gedeckt werden, wobei die Teller nach Beendigung des Festes zu den Ahnenaltären gebracht werden. Diese neue Interpretation des stillen Abendmahls wird ebenfalls in der Halloween-Nacht in absoluter Stille vollzogen und gilt als Gelegenheit zur Meditation und zum „Sprechen ohne Zungen" mit den Geistern der mächtigen Toten. Auch wenn es keinen historischen Präzedenzfall gibt, sind diese „stummen Mahlzeiten" der Vorfahren ein kreativer Weg, um den ausgeprägten Schwellenzustand der Hallowtide-Saison zu erforschen, die historisch mit der Belebung der Geister der Toten verbunden ist.

Unser Festmahl ist von der letztgenannten Interpretation inspiriert und serviert tröstliche, traditionelle Speisen in dem Bemühen, dass die Geister der Vorfahren sich heimisch fühlen. Diese Rezepte enthalten saisonale Zutaten des Spätherbstes und verwenden zwei traditionelle Halloween-Lebensmittel – Äpfel und Kastanien. Wenn du jedoch deine eigenen verstorbenen Vorfahren beschwören willst, kannst du stattdessen auch einige traditionelle Rezepte aus deinem Erbe verwenden. Zu diesem Fest gehört auch ein Cocktail oder Trank, der mit Holunderbeeren und Damiana aufgegossen wird, um die Intuition zu verbessern und das Hellsehen erleichtern. Was auch immer der Zweck deines eigenen stillen Abendessens sein mag – Wahrsagerei oder Kommunikation mit den Toten – ich hoffe, dass du dich von diesen historischen Traditionen inspirieren lässt und sie in der nächsten Halloween-Nacht für dich selbst entdeckst.

Für 6–8 Personen

Vorbereitungszeit für ein komplettes Festmahl: 1 Stunde

Kochzeit für ein komplettes Festmahl: 90 Minuten

FÜR DAS KRAUT

- 1 großer Grünkohl
- 1 EL Butter
- 1 mittelgroße Schalotte, gewürfelt
- 3 Knoblauchzehen, fein gehackt
- 1 kleiner Apfel, gewürfelt
- 175 g ganze Kastanien, gekocht und gewürfelt
- 60 ml trockener Weißwein
- 185 ml Hühnerbrühe
- 450 g Schweinehack
- 3 Zweige Thymian, Stiele entfernt
- Salz und Pfeffer, nach Belieben

FÜR DEN PIE

- Butter zum Einfetten
- 200 g Mehl plus zum Bestäuben der Form
- 150 ml Olivenöl
- ½ TL gemahlener Salbei plus 2 EL zum Bestreuen
- 200 g Zucker
- 3 Eier
- ¼ TL Salz
- ¼ TL Backpulver
- 120 ml Buttermilch
- 225 g Mohn plus 2 EL zum Bestreuen
- 2 EL saure Sahne
- 280 g Puderzucker
- 2 EL Milch

FÜR DEN HOLUNDERSIRUP

- 30 g getrocknete Holunderbeeren
- 2 EL getrocknete Damiana-Blätter
- 2 ganze Nelken
- 4 cm frischer Ingwer, in Scheiben
- 120 ml Agavensirup oder Honig

FÜR DEN TRANK (pro Person)

- 75 ml blumiger Gin (wie Bombay Sapphire oder ähnlich)
- 15–20 ml Holundersirup (siehe oben)
- 15 ml frischer Limettensaft
- Eis

1. Bereite zunächst den Holundersirup zu, da dieser vor dem Servieren vollständig abkühlen muss. Vermenge in einem mittelgroßen Kochtopf Holunderbeeren, Damiana-Blätter, Nelken, Ingwer, Agavendicksaft und 450 ml Wasser. Bringe das Wasser zum Kochen, reduziere dann die Hitze und lass die Mischung köcheln, bis die Flüssigkeit zu einem Sirup eingekocht ist. Du solltest etwa 180 ml Sirup haben. Fülle den Sirup in einen Plastikbehälter und lass ihn etwa 1 Stunde abkühlen. Seihe den Sirup ab und bewahre ihn in einer Flasche im Kühlschrank bis zu 2 Wochen auf.

2. Beginne nun mit dem Kuchen. Heize den Ofen auf 180 °C Umluft vor. Fette eine Gugelhupfform großzügig mit Butter ein und bestäube sie gleichmäßig mit ein paar EL Mehl. Verrühre in einer Schüssel oder Küchenmaschine das Olivenöl, ½ TL Salbei und den Zucker, bis die Masse leicht und schaumig ist. Rühre die Eier nach und nach ein. Vermische in einer separaten Schüssel Mehl, Salz und Backpulver. Hebe abwechselnd die Mehlmischung und die Buttermilch unter den Teig. Hebe den Mohn unter, aber achte darauf, dass du nicht zu viel unterhebst. Gieße den Teig in die vorbereitete Form und backe ihn 40–50 Minuten lang oder bis der Kuchen goldgelb ist und ein Stäbchen, der in die tiefste Stelle des Kuchens gesteckt wird, sauber herauskommt. Lass den Kuchen 10 Minuten lang in der Form abkühlen, und stürze ihn dann auf ein Kuchengitter, um ihn vollständig abkühlen zu lassen.

3. Entferne die harten äußeren Blätter des Kohls und wähle zehn der größten inneren Blätter aus. Entferne die Rippen des Kohls mit einem Gemüseschäler, sodass jedes Blatt dünn und biegsam ist. Bringe einen großen Topf mit Salzwasser zum Kochen und blanchiere die Blätter, indem du sie 8 Minuten in dem kochenden Wasser kochst und dann sofort in Eiswasser tauchst. Die Blätter sollten sehr biegsam, aber nicht matschig sein und ihre Form beibehalten. Lass die Blätter untergetaucht, während du mit den nächsten Schritten fortfährst.

4. Heize den Backofen auf 180 °C Umluft vor. Erhitze die Butter in einer Pfanne und dünste Schalotten und Knoblauch an, bis sie weich und aromatisch sind. Füge die Äpfel hinzu und dünste sie 2 Minuten lang mit an, dann gib die Kastanien in die Pfanne. Stell die Pfanne auf hohe Hitze, bis es in der Pfanne laut brutzelt. Verrühre Wein und Hühnerbrühe und gib die Mischung in die Pfanne. Lass es köcheln, bis die Flüssigkeit fast vollständig eingekocht ist und nur noch ein paar EL übrig sind. Lass die Mischung anschließend vollständig auskühlen. Nach dem Abkühlen hebst du die Kastanienmischung zusammen mit dem Thymian unter das Schweinehack und schmeckst es mit Salz und Pfeffer ab.

5. Lege eine 18-cm-Springform mit den Kohlblättern aus. Wähle dazu die größten Blätter für die Ober- und Unterseite der Form aus und lege das größte Blatt auf den Boden, sodass die Ränder des Blattes mindestens 2,5 cm über die Seiten der Form hinausragen. Lege die Seiten der Form mit Kohlblättern aus und lass diese ordentlich überlappen, sodass 7,5 cm über die Seiten der Form hängen. Fülle den Kohl mit der Hackfleischfüllung und klappe die überhängenden Kohlblätter darüber. Zum Schluss decke die Form mit einem letzten großen Kohlblatt ab und drücke die Ränder des Blattes mit einem Messer an den Seiten der Form fest. Drücke auf den Kohl, um sicherzustellen, dass keine Luftblasen eingeschlossen sind und um den gefüllten Kohl in Form zu drücken. Backe den Kohl 30–40 Minuten, bis der Kohl bräunt und die Füllung gar ist.

6. Bereite deinen Festtagstisch vor. Verbrenne Kräuter oder Räucherungen, die die Kommunikation mit den den Toten erleichtern – Königskerze, Wermut, Tabak, Zypresse, Myrrhe. Halte den Raum für das Festmahl frei von Ablenkung und künstlichem Licht und verwende stattdessen Kerzen. Das Anrichten der Speisen auf dem Tisch und der Beginn des Festmahls sollten schweigend erfolgen, und diese Stille sollte bis zum Ende der Mahlzeit beibehalten werden.

7. Bereite den Trank zu, indem du die Zutaten in einen Cocktailshaker mit Eis abmisst und schüttelst, bis die Mischung gut gekühlt ist. Dann in ein Cocktailglas abseihen. Wiederhole den Vorgang für jeden Gast. Da ein stilles Abendessen ein schlichter Anlass ist, lass die Gläser ungarniert.

8. Vor dem Servieren den Kohl aus der Springform nehmen und für jeden Gast in Scheiben schneiden, wobei eine Portion beiseitegestellt wird. Diese Portion sollte auf einem reservierten Platz, komplett mit Besteck und Servietten, vor einem leeren Stuhl platziert werden. Wenn du allein speist, sollte dieser Platz direkt gegenüber von dir sein.

9. Für das Dessert bereite eine schnelle Glasur für den Kuchen vor, indem du saure Sahne und Puderzucker miteinander verrührst. Füge langsam die Milch hinzu, bis die Glasur glatt, aber nicht flüssig ist. Gieße die Glasur über den Kuchen und bestreue ihn mit etwas Salbeipulver und Mohn.

Fest der Sterne

Kochen im Kreis der Sternzeichen

Fest der Sterne

Astrologie ist eine faszinierende Kunst, die sich auf einem schmalen Pfad zwischen Wissenschaft und Magie bewegt. Für viele ist dieses Studium ein Einstieg in esoterische Konzepte, ohne dabei von der Gesellschaft als Hokuspokus verspottet zu werden, und bietet viele Möglichkeiten, sich tiefergehend mit dem Magischen zu beschäftigen. In der Ära der Pop-Astrologie sind diese Eigenschaften nützlich für die Selbstreflektion und fordern uns auf, tiefer darüber nachzudenken, wer wir sind, woraus wir bestehen und was unsere Verbindung zum Makrokosmos sein könnte. Da Instagram-Astrologen und Tierkreis-Memes ein neues kulturelles Interesse an der Astrologie hervorrufen, entstehen ständig neue Rahmenbedingungen und Ideologien für das Experimentieren mit astrologischen Konzepten – und die Küchenhexerei gehört sicherlich dazu.

Als Zugang zum magischen Denken ist die Astrologie ein hervorragendes Beispiel für das Konzept der Sympatheia, eines der ältesten magischen Konzepte der westlichen Welt, das die Grundlage für einen Großteil der Magiepraxis in der Antike bildete. In dieser Weltanschauung sind der göttliche Makrokosmos des Himmels und der irdische Mikrokosmos der materiellen Realität miteinander verbunden, was sich in dem Sprichwort „wie oben, so unten" widerspiegelt. Durch Sympatheia sollen Kausalitätsketten und Korrespondenzen zwischen Himmel und Erde verlaufen, die in einer kryptischen, symbolischen Sprache der göttlichen Verbundenheit zu uns sprechen. So können sowohl die materielle Realität, als auch die himmlischen Ordnungen als Symbole „gelesen" werden, die von einer göttlichen Quelle ausgehen, Informationen über die Natur der Realität offenbaren und auf eine Wechselbeziehung des gesamten Universums hinweisen.

Obwohl die Astrologie eine streng himmlische Disziplin ist, gibt es einige Präzedenzfälle für die Übereinstimmung zwischen Kräutern, Inhaltsstoffen und den Tierkreiszeichen – insbesondere in der frühen Medizin. Die medizinische Astrologie, auch Iatromathematik genannt, war eine Schule der Kosmobiologie, die sich mit der Frage beschäftigte, wie körperliche und seelische Leiden durch himmlische Transite in Gang gesetzt werden können. In dieser Disziplin waren Medizin und Astrologie zwei Seiten von ein und derselben Medaille und eine detaillierte Analyse der astrologischen Bewegungen war ein Schlüsselelement für eine erfolgreiche medizinische Versorgung. Selbst der berühmte Kräuterkundler und Arzt Nicholas Culpeper praktizierte seine Medizin auf diese Weise und sagte einmal, dass Astrologen „die einzigen Männer sind, die ich kenne, die geeignet sind, die Physik zu studieren, denn Physik ohne Astrologie ist wie eine Lampe

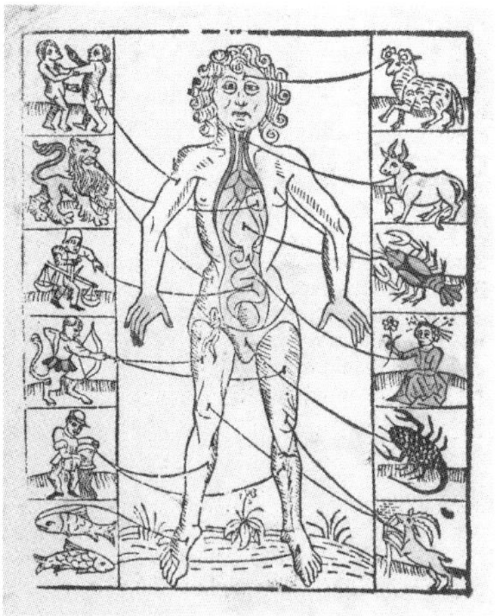

ohne Öl."[5] Viele medizinische Handbücher aus dieser Zeit führten Zusammenhänge zwischen der menschlichen Anatomie und den zwölf Tierkreiszeichen auf, wobei diese Beziehungen zur Diagnose und Heilung von Krankheiten genutzt wurden.

In der vedischen Astrologie und im Ayurveda einen etablierten Diskurs für Analogien zwischen Lebensmitteln und Tierkreiszeichen. Im Westen ist ein vollständig vereinheitlichtes System nur schwer zu finden. Wenn man jedoch von diesen Verbindungen innerhalb der medizinischen Astrologie sowie aus Elementarassoziationen und Planetenherrschaften ausgeht, können wir erkennen, wie die astrologische Küchenhexerei Gestalt annimmt. Die hier vorgestellten Horoskope und Korrespondenzen beziehen sich auf verschiedene Quellen, hauptsächlich auf die Schriften von medizinischen Astrologen und Gelehrten wie Agrippa, William Lily und Nicholas Culpeper. Hinzu kommen Überlegungen zu den Zutaten selbst – ihrem Geschmack, ihrer Beschaffenheit, ihrem Aroma und sogar den Bioregionen, in denen die Zutaten vorkommen. Das Ergebnis ist eine Perspektive auf die Arbeit des astrologischen Kochens, die eine nützliche neue Sichtweise für unsere weitere Untersuchung der Werkzeuge der Küchenhexerei bietet.

♈

Obwohl der Tierkreis weder einen wirklichen Anfang noch ein wirkliches Ende hat, heißt es, dass es mit der Frühlings-Tagundnachtgleiche im Zeichen des Widders „beginnt". Als solches wird der Widder, der zu den Feuerzeichen zählt, mit den Tugenden wie Selbstvertrauen, Motivation und Intensität assoziiert, die sich durch die Stärke seiner Willenskraft kennzeichnen. Es ist daher nicht verwunderlich, dass die medizinischen Astrologen dieses Zeichen mit dem Kopf, dem Gesicht, dem Gehirn und den Augen in Verbindung bringen – alles Teile des Körpers, die wir nutzen, um nach vorne zu schauen und unser nächstes Abenteuer zu planen. Da der Widder mit dem Planet Mars in Verbindung gebracht wird, ist es nur logisch, dass er als Quelle für das Eisen in seinem Blut eisenreiches Essen wie Spinat, rote Bete und natürlich Fleisch nutzt. Bei den Pflanzen finden wir auch stachelige und dornige Pflanzen, die dem kriegerischen Mars zugesprochen werden, wie Artischocken, Brennnesseln, Jackfrüchte, Kaktusfeigen und Palmherzen. Aufgrund seiner Feuerzeichen-Zuordnung wird der Widder auch häufig mit würzigen, wärmenden Zutaten wie Chilis und Zimt in Verbindung gebracht. Das Feuerzeichen verleiht dem Widder aber ebenfalls die Herrschaft über scharfe und bittere Geschmacksrichtungen, wie wir sie bei Knoblauch, Rettich, Zwiebeln, Meerrettich und Senf finden. Nicht zuletzt hat der Widder auch die Kontrolle über Kochmethoden mit offenem Feuer wie Braten oder Grillen, bei denen sich der köstlich rauchige, verkohlte Geschmack direkt vom Feuer auf das Essen überträgt.

Dem Widder folgt das Sternzeichen des Stiers. Der Stier ist ein Erdzeichen, das von Venus regiert wird und als solches mit taktilem Genuss, Harmonie und häuslichem Leben assoziiert wird. Hier liegt die Betonung auf dem, was bequem, vertraut und angenehm ist – Dinge, die uns erden und ein Gefühl des Friedens fördern. Zu den Stier-Lebensmitteln gehören stärkehaltige Gemüsesorten wie Kartoffeln, Süßkartoffeln und Taro, aber auch komplexe Frühlingsaromen wie Pilze, Weizengras und frische Kräuter. Stier wird auch mit süßen und reichhaltigen Geschmacksrichtungen wie Milchprodukten, Honig, geröstetem Knoblauch und Schokolade in Verbindung gebracht. Als von der Venus beherrschtes Zeichen ist dies keine Überraschung, dass der Stier eine große Vorliebe für Torten, Gebäck und Desserts hat. In der medizinischen Astrologie beherrscht der Stier die Schilddrüse, die das Wachstum und das Gleichgewicht im Körper fördert, ebenso wie den Hals, den Nacken und die Stimmbänder, die wir dafür einsetzen, uns und unsere Grenzen zu verteidigen. Dem Stier ist es gewiss nicht fremd, seine Meinung zu sagen, denn dieses Erdzeichen ist für seine Sturheit bekannt – aber andererseits ist es eine göttliche Tugend, genau zu wissen, was man will.

Unser drittes Zeichen (in dem ich mein Sternzeichen habe!) ist Zwilling, das Zeichen mit den zwei Gesichtern. Symbolisiert durch ein Bild der berühmten Zwillinge Castor und Pollux, ist Zwilling das Zeichen der Dualität, der Polarität und der Neugierde. Es wird vom Planeten Merkur und dem Element Luft regiert und ist dafür bekannt, dass es komplex, intellektuell und geschickt im Umgang mit Sprache und Kommunikation ist. Es ist ein Zeichen, das sich in der Betrachtung von Paradoxien und gegensätzlichen Ideen wohlfühlt, denn die Zwillinge sind vor allem für ihre Wissbegierde bekannt. Die Lebensmittel der Zwillinge sind ähnlich experimentierfreudig und bevorzugen komplexe und einfallsreiche Geschmackskombinationen, wie man sie zum Beispiel in einer salzig-sauren Margarita findet. Bei einem Zwillingsfestmahl kann man tropische Früchte, wildes Fleisch und exotische Spezialitäten finden, die alle verlockend aromatisch sind und im Stil eines Banketts an einer langen Tafel serviert werden, sodass die Gäste sich in Ruhe umsehen und sich austauschen können. In der medizinischen Astrologie herrscht der Zwilling über die Lunge, die unsere Stimme und Kommunikation erzeugt, sowie über unsere Arme und Hände, mit denen wir die Welt um uns herum begreifen und mit ihr interagieren. Es ist also keine Überraschung, dass Zwillinge auch die Nahrungsmittel favorisieren, die diese zentralen Leitbahnen wie das Nervensystem unterstützen, so wie es bei Brokkoli, gebackenem Fisch, Nüssen und Samen der Fall ist.

Wenn der Frühling nachlässt und der Sommer voll im Kommen ist, sind wir beim Zeichen Krebs angelangt. Der Krebs wird sowohl vom Mond als auch vom Element Wasser regiert wird, was dieses Zeichen mit der emotionalen Ebene, insbesondere mit Liebe, Intimität und Sicherheit, in Verbindung bringt. Wir finden Anklänge dieser Tugenden in der medizinischen Astrologie dieses Zeichens wieder, die den Krebs mit dem Magen und dem Zwerchfell – die als Reaktion auf Furcht, Angst und Unsicherheit aktiviert werden – sowie mit der Brust und dem Brustkorb – die emotionalen Zentren, die mit Liebe, Geborgenheit und Zärtlichkeit in Verbindung gebracht werden. Die Zutaten, die mit diesem Zeichen assoziiert werden, haben typischerweise ein sehr mondähnliches Geschmacksprofil, das kühlend, frisch und leicht süß ist, so wie bei Gurke, Kokosnuss, Aloe, Milchprodukten oder Fenchel. Da der Krebs ein Wasserzeichen ist, finden wir unter seiner Herrschaft auch viele Lebensmittel mit Wasserbezug, wie z. B. Reis, Lotuswurzeln, Meeresgemüse, Schalen- und Krustentiere. Der Krebs ist auf Behaglichkeit und Geborgenheit bedacht und so ist es nicht verwunderlich, dass seine Lieblingsspeisen aus der Kindheit stammen. Diese sind von Mensch zu Mensch individuell unterschiedlich, aber die Gerichte, die unsere emotionalen Erinnerungen aktivieren – Hühnersuppe, Eis im Hörnchen, S'mores – sind die krebstypischsten von allen.

Auf dem Höhepunkt der Sommersaison erreichen wir den hellen und strahlenden Löwen, das königliche Tierkreiszeichen. Löwe ist ein fixes Feuerzeichen, das von der Sonne selbst regiert und durch das mächtige und stolze Bild des Löwen symbolisiert wird. In der medizinischen Astrologie kontrolliert der Löwe das Sonnenorgan des Herzens sowie die Wirbelsäule und die Schultern, die uns eine gute Haltung geben und uns mit Anmut durch die Welt tragen. Dieses ehrwürdige Zeichen steht für teure, luxuriöse Zutaten wie Kaviar und Trüffel, aber auch für edle Gerichte für besondere Anlässe und feinen Champagner. Hier finden wir traditionelle Zutaten der Sonne wie Vollkorn, Ananas, Rosmarin und Sonnenblumenkerne, aber auch goldene Zutaten wie getrocknete Aprikosen, Pfirsiche, Honig und Zitrusfrüchte. Als Feuerzeichen hat der Löwe eine Vorliebe für Gewürze, zieht aber pfeffriges Grün wie Brunnenkresse, Kapuzinerkresse und Rucola der Schärfe von Chilis vor. Die Zutaten dieses Zeichens sind im Allgemeinen sehr lebendig und geschmackvoll, da der Löwe auf dem Höhepunkt des landwirtschaftlichen Jahres eintrifft und vor allem über Nachtschattengewächse wie Tomaten und Auberginen, Paprika, Tomatillos, neue Kartoffeln und Gojibeeren herrscht.

Wenn der Sommer sich dem Herbst zuwendet, treffen wir auf das veränderliche Erdzeichen Jungfrau, symbolisiert durch eine junge Frau, die einen Weizenhalm hält. Dieses Bild stammt von der griechischen Göttin Astraea, der Tochter der titanischen Göttin der Morgenröte Eos, die über Gerechtigkeit, Präzision und Reinheit herrschte. Astraea teilte das Weizensymbol mit der Jungfrau, das spiegelt sich in den ersten Zutaten des Zeichens wider – Vollkorn, Brot und Weizenmehl. In der medizinischen Astrologie regiert die Jungfrau den Unterleib, das Verdauungssystem, die Eingeweide und die Milz – die unterscheidenden, sortierenden Aspekte des Körpers, die Nährstoffe aus unserer Nahrung extrahieren und Unnötiges aussondern. Daher sind die Zutaten der Jungfrau einfache, natürliche Lebensmittel: rohes Obst und Gemüse, mageres Fleisch und Superfoods wie Quinoa, Blaubeeren und Açaí. Wir können jedoch sicher sein, dass das Festmahl der Jungfrau nicht das durchschnittliche, vernünftige „Health Food"-Menü enthält – mit Merkur als Herrscher verfolgt dieses Zeichen einen experimentellen, forschenden Ansatz beim Kochen, während seine Erdzeichenbezeichnung auf eine gewisse Raffinesse im Zusammenspiel mit der Vorliebe für traditionelle Praktiken hindeutet. Du kannst davon ausgehen, dass Jungfrauen in der Küche alles Mögliche lernen und ausprobieren, um damit die Regeln zu brechen und sie neu zu schreiben, so wie es diese unaufhaltsamen Perfektionisten gewohnt sind.

Zu Beginn des Herbstes, um die Herbsttagundnachtgleiche herum, kommen wir zur Waage, die durch die Waage der Gerechtigkeit symbolisiert wird. Die Waage ist ein Zeichen der Balance und der Ästhetik, ein elementares Luftzeichen, das vom Planeten Venus regiert wird, was es zu einem der künstlerischeren Zeichen des Tierkreises macht. Das bedeutet, dass die Gerichte der Waage auffällig und visuell ansprechend für die Augen und den Gaumen sind. Die Waage ist auch für ihre Liebe zum Flirten bekannt, was sich auch in den zugeschriebenen Gebieten der medizinischen Astrologie andeutet – die Haut, der untere Rücken und das Gesäß, die als Instrumente der Romantik keiner Erklärung bedürfen. Auch die Nahrungsmittel der Waage sind stark auf die Venus ausgerichtet, es werden karamellisierte Aromen, feine Fleischstücke, frisches Obst und essbare Blumen bevorzugt. Da Zucker sowohl mit der Luft als auch mit Venus assoziiert wird, herrscht die Waage auch über Kuchen, Gebäck und Desserts aller Art sowie Partygerichte für besondere Anlässe wie Käseplatten oder gebackenen Brie en Croûte. Die Vorliebe der Waage für Feines und Substanz deutet auch auf eine Affinität zu hochwertigen Zutaten
wie importiertem Olivenöl, französischer Butter oder handwerklich hergestelltem Finishing Salz hin – ein sicheres Indiz dafür, dass

Festmahle der Waage stilvolle Angelegenheiten sind, bei denen auf jedes Detail geachtet wird, wie es sich für meisterhafte Gastgeber gehört.

Kurz vor Halloween, wenn die helle Jahreshälfte zu schwinden beginnt, kommen wir zum Skorpion. Skorpion ist ein Wasserzeichen, das durch das gleichnamige Tier symbolisiert und vom Planeten Mars regiert wird. Als solches kann der Skorpion nach außen hin recht zurückhaltend wirken, aber privat kann dieses Zeichen im Inneren sehr tiefgründig, poetisch und sinnlich sein. Ein Hinweis auf diese Entsprechungen findet sich in der medizinischen Astrologie des Skorpions, die dieses Zeichen mit der Nase, dem Blut und den Fortpflanzungsorganen in Verbindung bringt. Diese Assoziationen verbinden den Skorpion unweigerlich mit Zutaten, die die Durchblutung fördern, wie Rosmarin, Chili und Zimt. So ist es auch nicht verwunderlich, dass aphrodisierende Zutaten wie Austern, Spargel, Avocados, Kardamom, schwarze Bohnen und Wein direkt dem Skorpion zugeordnet werden. Das Geschmacksprofil des Skorpions ist bitter und aromatisch, wie sich an Zutaten wie Kreuzkümmel, Senf, Blutorange und Kaffee erkennen lässt. Ein Festmahl mit einem Skorpion wäre eine sinnliche Angelegenheit, die eine Vielzahl von Texturen beinhaltet – reichhaltige Saucen, knackiges Grünzeug, knuspriges Brot und vielleicht eine perfekt seidige Panna cotta als Dessert.

Als Nächstes treffen wir auf das Zeichen Schütze, der als Jäger charakterisiert und durch einen bogenschwingenden Zentauren symbolisiert wird. Dieses veränderliche Feuerzeichen wird von Jupiter regiert, dem großen Planeten der Expansion und des Fortschritts. In der medizinischen Astrologie beherrscht der Schütze die Hüften, Oberschenkel und Beine, die uns Mobilität verleihen und uns über weite Distanzen tragen, wenn wir die Welt um uns herum erkunden. Das Zeichen Schütze ist für seine Reiselust bekannt und bevorzugt komplexe, exotische Gerichte, die eine globale Palette darstellen. Ein Koch des Zeichens Schütze kauft sich vielleicht ein Kochbuch mit ausländischen Gerichten und nutzt es, um in die Kultur, die Düfte und den Geschmack eines Ortes einzutauchen, den er eines Tages besuchen möchte. Als Feuerzeichen beherrscht der Schütze Gewürze mit betäubender Schärfe wie Meerrettich und Szechuanpfeffer. Die Geschmäcker des Schützen neigen dazu, scharf und komplex zu sein, so wie es bei Blauschimmelkäse, Trüffel, Curry oder Orangenweinen der Fall ist. Als Beweis für seine Selbstherrlichkeit wird dieses Zeichen auch mit wilden und gesammelten Nahrungsmitteln in Verbindung gebracht, insbesondere mit Wildfleisch und wild gefangenem Fisch.

In der Tiefe des Winters kommen wir zum Steinbock, der durch das Bild einer Bergziege mit Fischschwanz symbolisiert wird. Dieses verblüffende Bild spiegelt die Fähigkeit des Steinbocks wider, sich sowohl in seiner praktischen Realität (Erde) als auch in seiner emotionalen Sphäre (Wasser) zurechtzufinden. Steinbock ist ein festes Erdzeichen und ein echtes Saturnzeichen, das in der nördlichen Hemisphäre zur dunkelsten und kältesten Zeit des Jahres auftritt. In der medizinischen Astrologie entspricht dieses Zeichen auch den saturnischen Aspekten des Körpers – Knochen, Gelenke und Zähne -, was auf die Liebe des Steinbocks zur Einfachheit und zu den Grundlagen hinweist. Es ist ein Zeichen, das raffiniert, aber unprätentiös ist und einfache, qualitativ hochwertige Zutaten bevorzugt, die auf vertraute Weise zubereitet werden. Der Steinbock bevorzugt traditionelle Wohlfühlgerichte. Sie werden langsam in einer Pfanne über viele Stunden hinweg ohne exotische Kräuter oder Gewürze zubereitet. Diese Betonung der altmodischen Sensibilität deutet darauf hin, dass der Steinbock die Herrschaft über traditionelle Gerichte der gehobenen Küche innehat, wie z. B. Beef Wellington, Coq au Vin oder ein erstklassiges Lendenstück in einem Steakhaus.

Wenn der Sonnenkalender vom einen Jahr zum nächsten übergeht, kommen wir zum Wassermann, dem Wasserträger, der durch das Wasser symbolisiert wird, das von einem Krug in den anderen fließt. Wassermann ist das fixe Luftzeichen des Tierkreises, das traditionell von Saturn beherrscht, heutzutage aber von Uranus regiert wird – eine Aktualisierung, die nach der Entdeckung der äußeren Planeten im siebzehnten Jahrhundert erfolgte und die Planetenbezeichnung für dieses Zeichen ebenso wie für die Fische änderte. Die Ausrichtung auf Uranus, den Planeten der Überraschung und der Innovation, macht den Wassermann zum verrückten Wissenschaftler des Tierkreises, der dafür bekannt ist, mit seinen Ideen und Perspektiven die Welt und Paradigmen zu verändern. Das bedeutet, dass ein Wassermann-Festmahl wahrscheinlich eine Form annehmen wird, die du noch nie zuvor gesehen hast – Essen als Kunst, als Geschichtenerzählen, und ja, sogar als Magie. Die Molekulargastronomie wäre sicherlich der Ansatz der Wassermänner beim Kochen, und ihre Aromen wären herausfordernd und provokativ, wie herzhaftes Eis oder kandierter Speck. Hier finden wir auch pflanzliche Proteine wie Tofu, Seitan und Tempeh sowie vielseitige, geschmackvolle Fermente wie Miso, Amazake oder schwarzen Knoblauch. In der medizinischen Astrologie regiert der Wassermann unseren Kreislauf, und so finden wir auch anregende und energiespendende Inhaltsstoffe eindeutig unter seiner Bezeichnung – Kaffee, Tee, Ingwer, Cayennepfeffer, Aschewaganda (Schlafbeere) oder Kolanüsse.

Schließlich schließt der Tierkreiszyklus kurz vor der Frühlings-Tagundnachtgleiche mit dem Zeichen der Fische ab. Diese letzte Station des Tierkreises ist ein veränderliches Wasserzeichen und wurde traditionell von Jupiter regiert, obwohl es jetzt unter Neptun steht. Als das Zeichen mit dem größten Wasserbezug, sogar noch mehr als das vom Mond beherrschte Krebszeichen, werden die Fische mit Fischen, Schalen- und Krustentieren und Meeresgemüse sowie mit nahrhaften, feuchtigkeitsspendenden Lebensmitteln wie Aloe vera, Kokosnuss, Melonen, Gurken und Tomaten in Verbindung gebracht. Fische beherrschen auch Kochmethoden auf Wasserbasis wie Dämpfen und Pochieren sowie Suppen, Brühen und Saucen im Allgemeinen. Die Geschmackspalette der Fische ist delikat und salzig, wobei cremige, stärkehaltige und fettige Texturen den Ton angeben, wie zum Beispiel bei einem Käsekuchen mit gesalzenem Karamell. Da Fische in der medizinischen Astrologie auf das Lymphsystem ausgerichtet sind, liegt der Schwerpunkt auf gesunden Lebensmitteln, die leicht verdaulich sind, auch wenn Fische dafür bekannt sind, einen dezenten Hang zum Genuss zu haben. Aus diesem Grund haben die Fische einen Bezug zu Alternativen für Milch und Käse, genauso wie zu Kartoffeln, Kürbis, Taro und Lotuswurzeln und zu allen Mitgliedern der Familie des Kohls: Blumenkohl, Rosenkohl, Brokkoli, Kohl und Grünkohl.

Beim Entdecken der Rezepte in diesem Kapitel sollen die hier vorgestellten Korrespondenzen und Diagramme eine nützliche Möglichkeit bieten, über Zutaten und Gerichte in einem astrologischen Kontext nachzudenken. Du wirst vielleicht feststellen, dass einige Zutaten mehreren Planeten zugeordnet sind, und das ist eine Besonderheit, kein Fehler – die Grenzen der Übereinstimmungen sind unscharf, es sind die Orte, an denen der Intellekt endet und die Intuition der Sympatheia beginnt. Wenn du dir bei der Zuordnung einer Zutat zu einem Zeichen unsicher bist, solltest du die charakteristischen Eigenschaften, Zubereitungsmethoden und Geschmacksrichtungen der einzelnen Sternzeichen – kühl, scharf, stärkehaltig, saftig, würzig usw. – als Richtlinie für deine Überlegungen nehmen und dann deinen Händen und deinem Herzen folgen.

Festmahl des Widders: Chorizo-Fleischbällchen mit Käsepolenta; Kirsch-Szechuanpfeffer-Trüffel

Wenn westliche Astrologen über die Nahrungsmittel der Sternzeichen nachdenken, scheint es, als ob der Widder immer eine vorhersehbare Speisekarte erhält: scharfe Chilis, rotes Fleisch, scharfer Senf, Zimt und all die anderen scharfen, mit dem Mars assoziierten Geschmacksrichtungen, die ihn als zentrales Feuerzeichen kennzeichnen. Aber es gibt mehr als nur Feuer, Widder! Es ist wichtig, sich daran zu erinnern, dass Mars im römischen Pantheon, aus dem er stammt, sowohl den Krieg als auch den Ackerbau, also sowohl das Eisen des Schwertes als auch das Eisen des Pfluges, regiert. Unter seiner Herrschaft stehen die Früchte des Feldes und der Weide – Getreide, Gemüse, Fleisch und Milchprodukte – sowie die für ihn typischen, Wärme spendenden Gewürze. Dieses Festmahl ist zwar gewürzbetont, aber bei diesen Rezepten liegt der Schwerpunkt auf kreislaufanregender Wärme statt auf übermäßiger Hitze, wobei süße und geräucherte Paprika und prickelnde, den Mund betäubende Sichuan-Pfefferkörner verwendet werden. Da Mars zusätzlich Eisen und Blutvergießen beherrscht, spielt auch Fleisch eine wichtige Rolle bei diesem Festmahl, ebenso wie Lebensmittel, die die Aufnahme von Eisen ins Blut fördern – Tomaten, Kirschen, dunkle Schokolade und Petersilie.

Da die Feuerzeichen für ihre kinetische und rasante Energie bekannt sind, ist dieses Festmahl überraschend einfach zuzubereiten. Abgesehen von der Zubereitungszeit der Trüffel ist der Rest dieses Gerichts in weniger als einer Stunde zubereitet und erfordert keine besonderen Fähigkeiten oder Geräte. Und obwohl einige der Aromen auffällig und kühn sind, wirken die Gerichte dennoch traditionell und gemütlich, mit käsigen Getreide und reichhaltiger Schokolade als Grundlage für die Entfaltung anderer Aromen. Ein kreatives Festmahl im Handumdrehen zu zaubern, das ist typisch für dich, Widder, und du wirst deine Gäste mit deiner mühelosen Beherrschung von Geschmack und Gewürzen in Erstaunen versetzen.

♈

WIDDER

♂ Mars ♈ Feuer △

Essbare Disteln
Lebensmittel mit hohem Eisengehalt
Wärmende, scharfe Geschmäcker
Aromatisches Wurzelgemüse
Grillen (Schmoren) & Rösten

Artischocke
Brennesseln
Scharfe Chilischoten
Ingwer und Galgant
Warme Gewürze
Senf
Lauchgemüse
Rotes Fleisch
Hochprozentige Getränke
Rote Bete

Für 4 Personen
Vorbereitungszeit: 4 Std.
Kochzeit: 45 Min.

FÜR DIE FLEISCHBÄLLCHEN

- 450 g gehacktes Schweinefleisch
- 225 g Chorizo, gehackt
- 1 mittelgroße Zwiebel, fein gehackt
- 4 Knoblauchzehen, fein gehackt
- 60 g Semmelbrösel
- 1 Ei, Größe L
- 1 Handvoll frische Petersilie, gehackt
- 3 Zweige Thymian, Stiele entfernt
- 3 EL Olivenöl
- 1 Dose à 400 g stückige Tomaten
- 1 TL Paprika
- ½ TL geräucherter Paprika
- 120 ml Hühnerbrühe
- 120 ml trockener Sherry
- Salz und Pfeffer, nach Belieben

FÜR DIE POLENTA

- 120 ml Hühnerbrühe
- 85 g steingemahlene Polenta
- 3 EL Olivenöl
- 30 g Manchego-Käse, gerieben

FÜR DIE TRÜFFEL

- 2 EL Szechuan-Pfefferkörner
- 240 g Crème double
- 55 g Zucker
- 40 g dunkle Schokolade, gehackt
- 20–25 Weinbrandkirschen, abgetropft, abgespült und trocken getupft
- 5 EL Kakaopulver
- 2 EL gefriergetrocknetes Kirschpulver (optional)
- ¼ TL Salz

1. Beginne mit deinen Trüffeln. Röste die Pfefferkörner in einer trockenen Pfanne bei mittlerer Hitze etwa 3 Minuten, bis sie aromatisch und warm sind. Mahle die Pfefferkörner mit einem Mörser und Stößel oder einer Kaffeemühle zu einem Pulver und stelle sie beiseite.

2. Erwärme Crème double und Zucker in einem kleinen Topf bei mittlerer Hitze, bis sich der Zucker auflöst, dabei darauf achten, dass die Crème double nicht kocht oder verbrüht. Nimm die Mischung vom Herd, füge die gemahlenen Pfefferkörner hinzu und lass die Mischung 10 Minuten ziehen. Seihe die Sahne ab und erhitze sie nochmal kurz auf dem Herd. Gib die Schokolade in eine Rührschüssel und gieße die warme Sahne darüber, um sie zu schmelzen. Rühre das Salz ein und rühre, bis die Masse glatt ist. Gieße diese Ganache in ein flaches Gefäß, bedecke die Oberfläche fest mit Frischhaltefolie und lass sie 4 Stunden lang im Kühlschrank abkühlen.

3. Sobald die Ganache fest ist, stich mit einem Löffel oder einem Melonenausstecher Kugeln von 1 TL Größe ab. Drücke in die Kugeln eine Vertiefung und setze eine Kirsche in die Mitte, dann schlage die Ränder ein. Bestreue die fertigen Trüffel mit Kakaopulver oder gefriergetrocknetem Kirschpulver und bewahre sie bis zum Servieren an einem kühlen, trockenen Ort auf.

4. Beginne nun mit den Fleischbällchen. Verknete in einer Rührschüssel Hackfleisch und Chorizo, Zwiebel, Knoblauch, Paniermehl und Ei, Petersilie und Thymian miteinander. Schmecke die Mischung mit Salz und Pfeffer ab und forme Fleischbällchen von 2,5 cm Durchmesser.

5. Erhitze in einer Pfanne das Olivenöl. Wenn es heiß ist, gibst du die Fleischbällchen hinein und brätst sie von allen Seiten an, damit sie gleichmäßig braun werden. Sobald sie gebräunt sind, gibst du die gehackten Tomaten und Paprikaschoten hinzu und rührst dann die Brühe und den Sherry ein. Lass die Sauce köcheln, bis sie dickflüssig ist. Halte sie anschließend warm.

6. Für die Polenta bringst du die Hühnerbrühe und 570 ml Wasser in einem Topf zum Kochen. Reduziere die Hitze und lass die Polenta unter ständigem Rühren einrieseln, bis sie anfängt einzudicken. Rühre das Olivenöl und den Käse ein, schmecke mit Salz und Pfeffer ab und rühre so lange, bis die Polenta glatt und cremig ist.

7. Zum Servieren richte die Käsepolenta mit den Fleischbällchen und einer großzügigen Portion Sauce an. Hebe die Trüffel für das Dessert auf.

Festmahl des Stiers:
Frühlingszwiebel-Gnudi mit geschmortem Blattgemüse; Panna cotta mit Kamille und Honigwabenbonbons

Mehr als andere von der Venus beherrschte Zeichen wird der Stier mit Sinnlichkeit und taktilem Vergnügen assoziiert. Stiermenschen neigen oft zu Erfahrungen, die die Sinne anregen, aber nicht unnötig kompliziert oder pingelig sind. Deine Einstellung zum Essen ist luxuriös, aber bedächtig und basiert auf traditionellen und verlässlichen Ansätzen. In diesem Sinne zeichnet sich dein Festmahl durch ein minimalistisches Geschmacksprofil aus, das darauf abzielt, die Aromen des Frühlings – Bärlauch, Frischkäse, Kamille und Honig – zu entwickeln und zu erkunden. Du wirst feststellen, dass deine Sinne und deine Liebe zum Prozess gestillt werden, denn dieses Festmahl fordert dich heraus, von Grund auf das zuzubereiten, was viele lieber als Fertigprodukt kaufen. Aber das ist für dich ja ohnehin keine große Herausforderung, lieber Stier, denn du schätzt die Magie des Selbstgemachten – besonders, wenn es um das Kochen geht.

Diese Rezepte sind zwar einfach, aber das Dessert wird dich aus deiner Komfortzone herausführen (ein schweres Verbrechen gegen Stiere). Das Honigwabenrezept ist anfängerfreundlich – und eines meiner Lieblingsrezepte. Es hat einen dramatischen Wow-Faktor, dauert aber nur 20 Minuten und erfordert wenige Geräte. Für dieses Rezept benötigst du ein Zuckerthermometer, um sicherzustellen, dass der Zucker fest und trocken statt weich und klebrig ist. Bereite deinen Arbeitsplatz sorgfältig vor, lies das Rezept sorgfältig durch und halte immer Ofenhandschuhe oder dicke Gummihandschuhe bereit, um deine Haut zu schützen, wenn du mit heißem Zucker arbeitest. Das klingt vielleicht einschüchternd, aber vertraue mir – dieser Ausflug ins Unbekannte wird sich lohnen. Wenn du erst einmal angefangen hast, Bonbons herzustellen, wirst du feststellen, dass es süchtig macht.

♉

STIER

♀ **Venus** 🜔 **Erde** 🜃

Süße Aromen
Zarte, aromatische Kräuter
Reichhaltige, cremige Texturen
Stärkehaltiges Gemüse
Nährstoffreiche Nahrung

Honig
Joghurt
Käse & Butter
Nudeln & Brot
Weizengras
Bohnen & Linsen
Mageres Fleisch
Nüsse & Samen
Steinobst
Kartoffeln & Süßkartoffeln

Für 4 Personen

Vorbereitungszeit für ein komplettes Festmahl: 4 Stunden
Kochzeit für ein komplettes Festmahl: 45 Minuten

FÜR DIE GNUDI

- 28 g Frühlingszwiebeln (Schnittlauch kann als Ersatz außerhalb der Saison verwendet werden), fein gehackt
- 225 g Ricotta
- 30 g geriebener Parmesan
- 1 Ei
- 130 g Mehl plus etwas zum Bestäuben
- ¼ TL getrocknete Nelken
- 4 EL Butter, gekühlt
- 115 g Brokkoli, Mangold oder Knoblauchsprossen
- 60 ml trockener Weißwein
- Schnittlauchblüten, zum Garnieren (wahlweise)
- Salz und Pfeffer

FÜR DIE PANNA COTTA

- 240 ml Milch
- 480 ml Sahne
- 6 Beutel Kamillentee
- 1 EL Gelatine ohne Geschmackszusatz
- 6 EL Honig
- Frische Kamillenblüten zum Garnieren (wahlweise)

FÜR DIE HONIGWABEN-BONBONS

- 200 g Zucker
- 120 ml Honig
- 2 TL Backpulver
- Speisestärke zum Aufbewahren

1. Beginne mit der Panna cotta, da diese einige Zeit um fest zu werden braucht. Erwärme Milch und Sahne in einem Topf bei mittlerer Hitze, achte darauf dass es nicht kocht oder verbrüht. Die Mischung vom Herd nehmen, die Kamillenteebeutel hinzufügen und 15 Minuten lang ziehen lassen. Entferne die Teebeutel, drück sie am Topfrand aus und entsorge sie dann. Von dieser Mischung 2 EL abnehmen und in eine kleine Schüssel geben, die Gelatine einrühren und 5 Minuten ziehen lassen.

2. Rühre den Honig in die aufgegossene Sahne in der Pfanne und erhitze die Mischung auf 82 °C, dann nimm sie vom Herd. Rühre die Gelatinemischung ein und verrühre sie mit einem Schneebesen gründlich. Seihe die Panna cotta ab und fülle sie in Gläser, bis sie zu zwei Dritteln gefüllt sind. Stelle die Gläser auf einem Tablett in den Kühlschrank, damit sie abkühlen und fest werden, ca. 4 Stunden.

3. Bereite als Nächstes deine Honigwabenbonbons vor. Lege zunächst eine tiefe Auflaufform (23 x 33 cm) mit Backpapier aus. Fette die gesamte Form großzügig mit Pflanzenöl oder Backtrennspray ein. Halte die Pfanne griffbereit, da die nächsten Schritte schnell gehen werden.

4. Verrühre in einem mittelgroßen Kochtopf Zucker, Honig und 120 ml Wasser, bis alles gleichmäßig vermischt ist. Erhitze die Mischung und lass den Zucker sich langsam auflösen. Es ist wichtig, beim Schmelzen des Zuckers nicht zu rühren, sondern die Pfanne nur zu schwenken, wenn es nötig ist, da der Zucker durch das Rühren kristallisieren könnte. Wenn du feststellst, dass dies an den Rändern des Topfes passiert, spüle die Wände des Topfes mit einem Pinsel oder einem feuchten Handtuch mit Wasser ab, um die Kristalle wieder aufzulösen. Mit zunehmender Hitze wird der Zucker dunkler und karamellisiert. Eine tiefe Bernsteinfarbe ist ideal, und du kannst den Topf vorsichtig schwenken, um die Farbe zu verteilen, wenn eine Stelle schneller erhitzt als der Rest. Erhitze den Zucker auf 150°C und nimm ihn vom Herd.

5. Rühre das Backpulver schnell in die Zuckermischung ein. Dadurch dehnt sich die Zuckermischung schnell aus. Deshalb ist es wichtig, die Masse zügig in die vorbereitete Pfanne zu geben und mit einem Spatel die Wände der Pfanne abzukratzen. Stell die Schale mit den Bonbons beiseite und lass sie bei Raumtemperatur abkühlen. (Um die Pfanne zu reinigen, fülle sie mit Wasser und bringe es zum Kochen, damit sich der Zucker auflöst. Das Wasser wegschütten und die Pfanne wie gewohnt reinigen).

6. Für die Gnudi vermischst du die Frühlingszwiebeln mit dem Ricotta, dem Parmesan, dem Ei, drei Vierteln des Mehls und den gemahlenen Nelken. Schmecke die Mischung mit Salz und Pfeffer ab. Knete so viel vom restlichen Mehl unter, dass der Teig eine glatte Kugel bildet. Wickle den Teig in Frischhaltefolie und stelle ihn 30 Minuten im Kühlschrank kalt.

7. Um die Gnudi zu formen, kannst du den Teig zu einer kleinen Rolle von 1 cm rollen. Dann teile diese mit einem Messer oder mit der Hand in 2,5 cm große Stücke. In jedem Fall solltest du die Gnödel mit etwas Mehl bestäuben und in einer einzigen Schicht auslegen, während du das Salzwasser vorbereitest.

8. Bringe einen großen Topf Salzwasser zum Kochen. Sobald das Wasser kocht, gibst du einige Gnudi nacheinander in den Topf und lässt sie 7 Minuten lang kochen, bis die Gnudi gar sind und an der Oberfläche schwimmen. Wenn du zu viele in den Topf gegeben hast, sinkt die Temperatur, daher solltest du nur 6–8 Gnudi auf einmal kochen, je nach Größe der Knödel und des Topfes. Seihe die Gnudi anschließend ab, schwenke sie in Olivenöl, damit sie nicht aneinanderkleben und stelle sie beiseite.

9. Erhitze nun 3 EL Butter in einer beschichteten Pfanne bei mittlerer bis hoher Hitze. Gib die Gnudi dazu und brate sie leicht an, bis sie gerade braun werden. Gib Brokkoli, Mangold oder Knoblauchzehen dazu und brate alles an. Verrühre Wein und die gleiche Menge Wasser und lösche damit die Gnudi ab. Lass die Sauce 3–6 Minuten einkochen, nimm sie dann vom Herd und rühre den restlichen EL Butter ein, damit die Sauce eindickt und eine samtige Konsistenz erhält. Serviere die Gnudi mit der Sauce sofort und garniere sie mit Schnittlauchblüten.

10. Zum Dessert nimmst du die Panna cotta aus dem Kühlschrank. Zerbrösele eine großzügige Handvoll Honigwabenbonbons und streue sie großzügig auf die Panna cotta. Garniere die Panna cotta mit Kamillenblüten und serviere sie. Um die übrig gebliebenen Honigwaben bonbonsaufzubewahren, bestäube sie leicht mit Speisestärke und bewahre sie an einem kühlen, trockenen Ort bis zu 2 Wochen auf.

Festmahl der Zwillinge: Kräuterfondue; Zitronengras-Pavlova mit Sommerbeeren

Wie verwandelt man eine Mahlzeit in ein Experiment oder sogar in ein Spiel? Das ist die Frage, die ich mit unserem Zwillingsfest zu beantworten versucht habe. Ich selbst habe drei Zwillinge in meinem Horoskop (Sonne, Aszendent, Venus) und weiß daher, wie sehr sich unsere temperamentvollen Geister nach Anregung, Aufregung und Abwechslung sehnen. Das Festmahl wurde in diesem Sinne kreiert und lässt die Dinge ein wenig offen, sodass du dein eigenes Abenteuer wählen kannst. Das klassische Fondue ist heutzutage das Prunkstück eines Festmahls und stellt das Teilen, das Experimentieren und die soziale Interaktion in den Mittelpunkt des Essens. Zum Dessert bietet eine helle, krautige Pavlova-Torte ein Bouquet aus Texturen und Aromen – knuspriges Baiser, köstliche Sommerfrüchte, säuerlicher Zitronenquark und weiche, ungesüßte Sahne – und macht alle Gäste satt, ohne übermäßig zuckersüß oder üppig zu sein.

Um eure Vorliebe für Trivialitäten zu wecken, Zwillinge, hier ein lustiger Fakt: Pavlovas, die kissenartigen Baiserkuchen aus Neuseeland, wurden vor fast einem Jahrhundert zu Ehren der russischen Ballerina Anna Pavlova erfunden. Ich liebe dieses Symbol der wirbelnden, kinetischen Ballerina als Inspiration für unser Zwillingsfest, und es schadet auch nicht, dass diese Kuchen im Wesentlichen aus Eiern und Luft bestehen – dem herrschenden Element der Zwillinge. Nach einem reichhaltigen ersten Gang mit Käsefondue und Rohkost ist diese Torte ein leichter, erfrischender Abschluss des Essens und beendet das Festmahl mit einem Gericht, das so viel mehr ist als ein Nachtisch im Nachgang an das Hauptgericht.

♊

ZWILLINGE

☿ **Merkur** ♈ **Luft** 🜁

Erfinderisches Aromenspiel
Essen für die Gesundheit von Gehirn & Nerven
Genussvolles, bewusstes Essen
Ganzheitliche, umfassende Nahrungsvielfalt
Aromatische Kräuter & Blumen

Pökelfleisch
Nüsse & Samen
Minze, Lavendel & Ysop
Brokkoli
Gebackener Fisch
Dunkle Schokolade
Beeren
Wein & Trauben
Haferflocken & Vollkorn
Nachtschattengewächse

VI
THE LOVERS.

Für 4 Personen
Vorbereitungszeit für ein komplettes Festmahl: 1 Stunde
Kochzeit für ein komplettes Festmahl: 3 Stunden

FÜR DAS FONDUE

- 1 EL Olivenöl
- 1 Knoblauchzehe, gehackt
- 2 EL fein gehackter Schnittlauch
- 2 EL fein gehackte Petersilie
- 2 EL getrockneter Majoran
- 1 EL getrocknete Lavendelblüten, zerdrückt
- 290 ml trockener Weißwein
- 450 g Gruyère, gerieben
- 1 EL Mehl
- Saft von ½ Bio-Zitrone
- Salz und Pfeffer, nach Belieben

ZUM DIPPEN

- Gemüsekorb, Kirschtomaten, knuspriges Brot, geröstete neue Kartoffeln,
- Brokkoli, Chicorée (Endivie) usw.

FÜR DAS LEMONCURD

- 4 Eigelb, Größe L
- 130 g Zucker
- 1 EL Zitronenschale
- 80 ml frisch gepresster Zitronensaft, abgeseiht
- 90 g weiche Butter

FÜR DIE PAVLOVA

- 4 Eiweiß, Größe L
- 1 Stängel Zitronengras, mit dem Messer abgeschlagen und in dünne Scheiben geschnitten
- 270 g Zucker
- 2 TL Maismehl
- 120 g Crème double
- Jeweils eine Handvoll deiner Lieblings-Sommerbeeren (Himbeeren, Brombeeren, Johannisbeeren, Stachelbeeren, Heidelbeeren, etc.)

1. Bereite zunächst das Lemoncurd zu. Dafür gibst du die Eigelbe in eine hitzebeständige Schüssel und verquirlst sie. Hänge die Schüssel über ein Wasserbad, füge noch Zucker, Zitronenschale und Zitronensaft hinzu und erwärme die Mischung unter ständigem Rühren mit einem Schneebesen 10–12 Minuten. Dabei dickt sie Sauce ein. Wenn die Sauce eine Konsistenz wie bei einer Hollandaise erreicht hat, nimm die Schüssel vom Herd.

2. Rühre die Butter sofort in die Sauce ein und rühre mit dem Schneebesen so lange weiter, bis sie vollständig geschmolzen und eingearbeitet ist. Fülle das Curd in eine Schüssel und stelle sie zum Festwerden in den Kühlschrank. Decke dabei die Oberseite mit Frischhaltefolie ab, sodass sie die Oberfläche des Curds berührt, damit sich keine Haut bildet. Lass das Curd mindestens 1 Stunde lang oder bis es festgeworden ist im Kühlschrank stehen.

3. Als Nächstes beginne deine Pavlova, indem du Eiweiß und Zitronengras in einen Mixer oder Küchenmaschine gibst und ca. 2 Minuten lang mixt. Die Eier sollten schaumig sein, aber nicht zu Eischnee werden. Lass die Mischung 5 Minuten ruhen, streiche sie dann durch ein feinmaschiges Sieb und drücke dabei so viel Eiweiß wie möglich aus dem Zitronengras heraus.

4. Heize den Ofen auf 180 °C Umluft vor. Gib das aromatisierte Eiweiß in eine Küchenmaschine und schlage es auf, bis sich weiche Spitzen bilden. Lass dabei nach und nach den Zucker einrieseln, bis sich sehr steife Spitzen bilden und die Schüssel umgedreht werden kann, ohne dass Eischnee herausläuft. Füge die Speisestärke hinzu und schlage das Eiweiß noch eine Minute weiter, bis sich alles verbunden hat.

5. Zeichne auf einem Stück Backpapier einen Kreis von 23 cm Durchmesser auf und lege diesen auf ein Backblech. Gib die Baisermasse mit einem Löffel in den Kreis und streiche sie mit einem Kuchenmesser oder Spachtel zu einem gleichmäßigen Kreis aus, wobei eine leichte Vertiefung in der Mitte bleiben sollte. Gib die Pavlova in den Ofen und drehe die Hitze sofort auf 100 °C Umluft herunter. Backe die Pavlova im Ofen 90 Minuten lang, schalte dann den Ofen aus und lass die Pavlova 2 Stunden lang im Ofen abkühlen. Diese Pavlova kann bis zu 24 Stunden im Voraus zubereitet und bis zum Servieren in Frischhaltefolie eingewickelt aufbewahrt werden.

6. Kurz vor dem Servieren beginnst du mit dem Fondue. Erhitze in einem Topf das Olivenöl und dünste den Knoblauch an, bis er weich ist und duftet. Füge die Kräuter hinzu und dünste sie weitere 30 Sekunden mit, dann lösche alles mit dem Wein ab und lass die Mischung aufkochen.

7. Vermenge in einer kleinen Schüssel den geriebenen Käse mit dem Mehl und füge den Käse langsam und unter ständigem Rühren in den Topf hinzu. Wenn der gesamte Käse hinzugefügt ist, rühre 2 Minuten weiter, um sicherzustellen, dass der Käse emulgiert ist. Rühre den Zitronensaft ein, schmecke das Fondue mit Salz und Pfeffer ab und halte es bis zum Servieren warm, rühre es dabei gelegentlich um.

8. Serviere das Fondue in einem Fonduetopf oder Kochtopf und halte es mit einer Wärmequelle ständig warm. Reiche zu dem Fondue die von dir ausgewählten Rohkostsorten und Snacks und gib deinen Gästen Fonduegabeln oder -spieße.

9. Zum Dessert schlage die Sahne steif (du brauchst keinen Zucker, der Kuchen ist süß genug).Verteile diese auf der Pavlova, gefolgt von dem Lemoncurd und einer großzügigen Portion Sommerfrüchte. Serviere die Pavlova sofort.

Festmahl des Krebses:
Mohn-Hähnchen-Auflauf;
Knusprige Kokosnuss-Lotussamen-Riegel

Für das Fest des Krebses ist es nur natürlich, dass wir mit Zutaten des Mondes arbeiten. Da der Mond das Wasser regiert, finden sich in diesen Gerichten vor allem Wasserpflanzen wie Reis und Lotussamen. Dieses Festmahl verlangt auch nach einer großzügigen Portion Mohn, der als Pflanze des Mondes gilt, weil er Schlaf, Beruhigung und Träume bringt. Mit deinen Mondverbündeten im Überfluss, Krebs, wird dieses Fest sicher die Wärme und Behaglichkeit bringen, die für dein Sternzeichen so charakteristisch ist.

Krebse sind für ihre Großzügigkeit und Fürsorge bekannt, und das macht dich wahrscheinlich auch zu einem hervorragenden Gastgeber. Ich bin sicher, dass niemand dein Fest hungrig verlässt. Damit dieses Festmahl deinem Charakter entspricht, liegt der Schwerpunkt auf Gemütlichkeit und familiärem Austausch. Die Rezepte sind bescheiden, aber traditionelle Lieblingsgerichte kommen immer gut an, und diese Gerichte haben genug Persönlichkeit, um sich von den üblichen Gerichten abzuheben. Vielleicht hast du schon einmal Hühnerauflauf und knusprige Leckerbissen gegessen, aber dieses Festmahl gibt den Klassikern ein paar neue Facetten. Der Mohn-Hähnchen-Auflauf wird mit frischen Kräutern aromatisiert und mit Wildreis angereichert, während die Riegel mit knusprigen, gepufften Lotussamen gefüllt und mit einer Prise Kardamom aufgewärmt sind. Diese Rezepte sind zwar immer noch traditionell, aber sie werden deine Gäste faszinieren und sie auf jeden Fall satt und zufrieden machen.

♋

KREBS

☽ Mond ♅ Wasser ▽

Wasserpflanzen
Kühlende Früchte & Gemüse
Süße, frische Geschmäcker
Gedünstete Gerichte
Wohlfühlessen

Reis & Bohnen
Meeresgemüse
Gurken
Wasserspinat & Brunnenkresse
Natürlicher Zucker
Melonen
Verschiedene Kohlsorten
Lotussamen & Wurzeln
Aloe & Agave
Kokosnuss

Für 4 Personen
Vorbereitungszeit für ein komplettes Festmahl: 30 Minuten
Kochzeit für ein komplettes Festmahl: 1 Stunde

FÜR DEN MOHN-HÄHNCHEN-AUFLAUF

- 100 g Butter
- 3 Hühnerbrüste
- 3 Knoblauchzehen, in Scheiben geschnitten
- 1 Schalotte, gewürfelt
- 1 Lauch, in Scheiben geschnitten
- 4 EL Mehl
- 480 ml Hühnerbrühe
- 120 ml trockener Weißwein
- 200 g Wildreis
- 5 EL Mohnsamen, plus mehr zum Bestreuen
- Saft von 1 Bio-Zitrone
- 4 EL fein gehackter frischer Dill
- 90 g Panko
- 35 g geriebener Parmesankäse
- 1 kleines Bund Petersilie, gehackt
- Salz und Pfeffer, nach Belieben

FÜR DIE RIEGEL

- Backtrennspray zum Einfetten
- 4 EL Butter
- 280 g Marshmallows
- 85 g gepuffter Reis
- 40 g gepuffte Lotussamen, geröstet
- Mark von 1 Vanilleschote
- ½ TL gemahlener Kardamom
- ¼ TL Salz

1. Beginne mit dem Mohn-Hähnchen-Auflauf. Heize dafür den Ofen auf 180 °C Umluft vor. Erhitze 1 EL Butter in einer großen Pfanne. Würze die Hähnchenbrüste mit Salz, gib sie in die Pfanne und brate sie 6–8 Minuten scharf auf jeder Seite an, bis sie goldbraun sind. Schalte die Hitze zurück und brate sie weitere 6–8 Minuten pro Seite, bis sie gar sind. Sobald die Hähnchenbrüste fertig sind, legst du sie auf ein Schneidebrett und zerpflückst die Hähnchenbrüste mit zwei Gabeln. Stelle das Hähnchen anschließend beiseite.

2. Brate in derselben Pfanne bei mittlerer Hitze den Knoblauch, die Schalotte und den Lauch an, bis sie zart und aromatisch sind – das dauert etwa 5 Minuten. Gib 2 weitere EL Butter hinzu und lass sie in der Pfanne schmelzen. Gib das Mehl dazu und schwitze es kurz an, dann rührst du langsam die Hühnerbrühe und den Wein ein und verrührst alles gründlich mit einem Schneebesen, damit keine Mehlklumpen zurückbleiben. Rühre den Wildreis und das Hähnchenfleisch ein, dann den Mohn, den Zitronensaft und den Dill. Würze mit Salz und Pfeffer und gib dann die Hähnchenmischung in eine Auflaufform.

3. Für das Topping vermischst du das Panko, den Parmesan und die Petersilie und würzt die Mischung mit Salz und Pfeffer. Schmelze die restliche Butter und rühre sie unter die Pankomischung. Bestreue den Auflauf mit dem Topping und backe ihn im Ofen 30–40 Minuten, bis die Füllung Blasen schlägt und der Belag goldgelb ist.

4. Als Nächstes bereite die knusprigen Riegel vor, indem du eine 23 x 33 cm Backform vorbereitest und den Boden und die Seiten großzügig mit Backtrennspray einfettest. Schmelze die Butter in einem Topf bei mittlerer Hitze. Rühre die Marshmallows ein und lass erhitze sie unter ständigem Rühren, bis sie vollständig geschmolzen sind. Nimm den Topf vom Herd und rühre den Puffreis, die Lotussamen, das Vanillemark, den Kardamom und das Salz ein.

5. Gib die Reismischung in die vorbereitete Form und drücke sie mit einem Spatel zu einer gleichmäßigen Schicht an. Lass die Mischung vollständig abkühlen und schneide sie dann in Riegel.

6. Diese beiden Gerichte werden am besten ganz legere serviert, wobei die knusprigen Riegel für das Dessert reserviert sind.

Festmahl des Löwen:
Heirloom-Tomaten-Salat mit Kapuzinerkresse-Vinaigrette; Cantaloupe und Champagner-Eis am Stiel

Für die Könige des Tierkreises ist es angemessen, ein Gericht zuzubereiten, das aussieht und sich anfühlt wie ein Teller voll glänzender Juwelen. Bei deinem Festmahl, Löwe, wirst du von Blumen, Champagner-Eis und den reifsten Früchten der Saison kosten. Diesen Salat esse ich den ganzen Sommer über, vor allem, wenn Mais und Tomaten gerade Saison haben und am schmackhaftesten und nahrhaftesten sind. Die Melonen-Pops sind ebenfalls ein Sommergericht, da sie einfach zuzubereiten sind, aber an einem heißen Tag trotzdem luxuriös schmecken. Sommergemüse ist ein so seltenes, jährliches Vergnügen, dass es sich anbietet, dieses Festmahl fast komplett roh zu servieren, damit jede Zutat ihren Platz hat. Nur das Beste für dich, Löwe.

Aber auch wenn dieses Festmahl die Essenz des Löwen in seiner Blüte abbildet, könnte es schwierig werden, einige dieser Zutaten zu bekommen, wenn der Sommer vorbei ist. Diejenigen, die ihr Festmahl außerhalb der Saison veranstalten, können Kapuzinerkresse durch anderes pfeffriges, zartes Grün, wie Brunnenkresse oder Rucola, ersetzen. Ansonsten können die Rezepte für Salat und Eis am Stiel an dein Lieblingsobst und -gemüse angepasst werden – halte einfach die Mengen gleich und passe die Aromen nach Bedarf an.

♌

LÖWE

☉ Sonne ♈ Feuer △

Farbenfrohe Früchte & Gemüse
Fruchtzucker & natürliche Süßstoffe
Reifes, saisonales Essen
Scharfe, pfefferige Geschmäcker
Kochmethoden mit offenem Feuer

Zitronen
Steinobst
Sonnenblumenkerne
Bitteres Blattgemüse
Gemüse und Tofu
Muscheln & Kaviar
Oliven
Rote Bete & Radieschen
Ananas
Quinoa & Supergetreide

Für 4 Personen
Vorbereitungszeit für ein komplettes Festmahl: 4 Stunden 15 Minuten
Aufbauzeit für ein komplettes Festmahl: 20 Minuten

FÜR DEN SALAT

- 60 ml Olivenöl
- 1 Handvoll frische Kapuzinerkresseblätter und -blüten plus extra Blüten zum Garnieren
- 30 ml Champagneressig oder Weißweinessig
- 2 TL Dijon-Senf
- 1 Maiskolben
- 1 kleine Schalotte, in Scheiben
- 2 Knoblauchzehen, fein gehackt
- 30 g Feta, zerbröckelt
- 680 g Heirloom Tomaten, gewürfelt oder in Spalten geschnitten
- 50 g Sonnenblumenkerne
- Salz und Pfeffer, nach Blüten

FÜR DAS EIS AM STIEL

- 175 g Zucker
- 1 EL gehackte frische Minze Blätter
- 1 EL gehackte frische Basilikumblätter
- 2 EL Honig
- 240 g Cantaloupe-Melone, gewürfelt
- 250 ml Champagner

1. Beginne mit dem Eis, da dieses einige Zeit zum Einfrieren benötigt. Bringe dazu in einem kleinen Kochtopf 250 ml Wasser mit dem Zucker und den frischen Kräutern zum Kochen. Rühre um, damit sich der Zucker auflöst, nimm dann den Topf vom Herd. Rühre den Honig ein, seihe die Mischung ab und lass sie auf Zimmertemperatur abkühlen.

2. Püriere die Melone in einem Mixer, bis sie glatt ist. Rühre sie unter die abgekühlte Zuckermischung, gefolgt von dem Champagner. Fülle 8–10 Stieleisformen mit der Champagnermischung und stecke in jede Form einen Holzstab. Friere das Eis mindestens 4 Stunden oder bis zum Servieren ein.

3. Bereite nun die Vinaigrette für den Salat vor. Gib Olivenöl, Kapuzinerkresseblätter und -blüten, Essig und Senf in einen Mixer. Püriere die Mischung, bis alles gleichmäßig eingearbeitet ist, und schmecke mit Salz und Pfeffer ab. Stelle die Vinaigrette beiseite.

4. Vor dem Servieren wäschst und trocknest du das Gemüse. Wenn du einen Grill hast, grille die Maiskolben, bis sie dunkel werden; andernfalls koche sie 3 Minuten lang in einem großen Topf mit Salzwasser. Schneide die Maiskörner nach dem Kochen vom Kolben ab. Gib diese zusammen mit Schalotten, Knoblauch, Feta, Tomaten und Sonnenblumenkernen in eine große Schüssel. Mische alles gut durch, vermische den Salat mit der Kapuzinerkresse-Vinaigrette und serviere ihn mit zusätzlichen Blüten garniert. Serviere die Eis am Stiel zum Dessert.

Festmahl der Jungfrau: Zitronen-Lavendel-Brathähnchen; Russischer Honigkuchen

Das Fest der Jungfrau enthält einige der spektakulärsten Rezepte in diesem Buch. Diese Gerichte beide auf ihre Art sind echte Hingucker – bewährte Lieblingsgerichte, die bei perfekter Zubereitung die Stars auf jeder Festtafel sind. Das liegt ganz in deiner Natur, Jungfrau – alle anderen so aussehen zu lassen, als hätten sie es nicht einmal versucht. Und obwohl dieses Festmahl sicherlich beeindruckend ist, ist es auch (fast) mühelos zuzubereiten, und du kannst es schnell zwischen deinen vielen anderen Projekten auf die Beine stellen. Auch wenn du vielleicht überrascht bist, dass die für die Jungfrau typische Zutat – Weizen – in diesem Festmahl nicht im Vordergrund steht, tritt sie zugunsten der Aromen ihres herrschenden Planeten Merkur in den Hintergrund: die Rede ist von Lavendel und kräftigem, würzigem Honig.

Ein kurzer Hinweis zum Dessert: Wenn du daran gewöhnt bist, deine Kuchen in Formen zu backen, wird dir dieser Honigkuchen anfangs wahrscheinlich etwas ungewohnt vorkommen. Jede Schicht dieses achtschichtigen Kuchens wird einzeln gebacken, indem der Teig auf Pergamentpapierbögen verteilt wird statt ihn in einer Kuchenform zu backen. Nach dem Backen lassen sich die dünnen Schichten leicht zusammensetzen und die Torte kann wie gewohnt glasiert werden. Es gibt ein paar zusätzliche Schritte, Jungfrau, aber ich weiß, dass dir das nichts ausmacht – du kennst den Wert von komplexen Gerichten, die perfekt umgesetzt werden, und dieses Festmahl stellt definitiv eine spannende Herausforderung und eine köstliche Belohnung dar.

♍

JUNGFRAU

☿ **Merkur** ♈ **Erde** 🜃

Simples, vollwertiges Essen
Fettige, nahrhafte Nüsse & Samen
Rotes Fleisch
Salat & Rohkost
Vitaminreiche Zutaten

Weizen und Vollkorn
Lamm, Rind und Kalb
Fruchtsäfte
Äpfel
Kurkuma
Haselnüsse & Pistazien
Granatapfel
Bohnen & Gemüse
Sprossen & gekeimter
Mais

Für 4 Personen

Vorbereitungszeit für ein komplettes Festmahl: 45 Minuten

Kochzeit für ein komplettes Festmahl: 90 Minuten

FÜR DAS HUHN

- 1 ganzes Huhn
- 4 EL frische oder getrocknete Lavendelknospen
- 2 Zweige Thymian, Blättchen abgezupft
- 90 g weiche Butter
- 1 Bio-Zitrone
- Salz und Pfeffer, nach Belieben

FÜR DEN KUCHEN

- 6 EL Honig
- 1 TL Backpulver
- 100 g Butter
- 3 Eier
- 175 g Zucker
- 260 g Mehl
- ½ TL Salz
- 300 g Crème double, kalt
- 180 ml gezuckerte Kondensmilch

1. Beginne mit deinem Honigkuchen. Heize den Ofen auf 180 °C Umluft vor und stelle einen kleinen Topf bei mittlerer bis niedriger Hitze auf den Herd. Gib den Honig hinzu, bringe ihn zum Köcheln und rühre dann das Backpulver ein. Lass die Mischung 4–5 Minuten kochen, bis der Honig dunkel wird und ein tiefes Karamellaroma annimmt. Rühre die Butter ein, bis sie vollständig geschmolzen ist, dann nimm die Mischung vom Herd und lass sie abkühlen.

2. Schlage die Eier in einer Küchenmaschine schaumig. Füge langsam den Zucker hinzu und schlage die Mischung auf, bis die Masse hell und luftig ist – etwa 6 Minuten. Gib die Honigmischung in die Schüssel dazu und rühre so lange, bis alles gut vermischt ist. Hebe Mehl und Salz in 3 bis 4 Portionen unter, dabei langsam arbeiten, damit so viel Luft wie möglich in den Eiern bleibt.

3. Wenn du bereit bist, die Schichten zu backen, zeichne mit einem Zirkel 23 cm große Kreise auf 9 Bögen Backpapier. Gib jeweils 4–5 EL Teig aufs Backpapier und verstreiche den Teig zu einem ½ cm dicken Kreis. Backe die Teigkreise nacheinander ca. 6–10 Minuten, bis der Teig fest ist. Am Ende solltest du insgesamt 9 Schichten haben.

4. Für die Glasur schlägst du die Sahne steif. Hebe die gezuckerte Kondensmilch unter und schmecke mit Salz ab.

5. Zum Zusammensetzen des Kuchens wähle den am wenigsten perfekten Kuchenboden aus und zerbrösele ihn. Gib einen Klecks Zuckerguss auf deinen Servierteller und lege dann den ersten Kuchenboden darauf. Verteile eine dünne Schicht Zuckerguss darauf, und lege dann eine weitere Kuchenschicht auf. Fahre fort, bis alle Schichten aufgebraucht sind, und bedecke dann die Oberseite und die Außenseite des Kuchens mit der Glasur. Bestreue den Kuchen mit den Krümeln und stelle ihn bis zum Servieren in den Kühlschrank.

6. Als Nächstes bereite dein Hähnchen zu. Heize den Ofen auf 180 °C Umluft vor (oder lass ihn einfach an, wenn du nach dem Kuchen weitermachst). Wasche das Huhn und trockne es ab. Rühre den Lavendel und den Thymian in die weiche Butter und bestreiche damit das Huhn großzügig, sowohl unter und über der Haut als auch im Inneren.

7. Halbiere die Zitrone und schneide von der Mitte aus 6–8 dünne Zitronenscheiben von der breitesten Stelle her ab. Schiebe diese Scheiben unter die Hühnerhaut, sodass sie elegant durchscheinen. Viertele die verbleibenden Zitronenenden und lege sie in die Bauchhöhle. Würze das Huhn mit Salz und Pfeffer und brate es im Ofen 45–60 Minuten, bis es goldgelb und durchgebraten ist.

8. Vor dem Servieren entferne die Zitronen aus der Bauchhöhle. Schneide das Hähnchen auf und serviere es zusammen mit Salat oder Beilagen, und hebe den Kuchen als süße Belohnung auf.

Festmahl der Waage: Florale Papardelle mit Pistaziensauce; Gebratene Ananas mit Basilikum-Mousse

Das Fest der Waage, die vom lachfreudigen Planeten Venus regiert wird, ist ein wahrer Genuss. Diese Gerichte sind reich an Kräutern, überraschend und beruhen auf natürlich kühnen und pflanzlichen Aromen, die den klassischen, gefälligen Charme der Waage in höchstem Maße zum Ausdruck bringen. Viel einfacher als Pasta und gebratene Früchte geht es nicht, aber dieses Festmahl kanalisiert das Gespür der Waage für Theater und ihre Liebe zur Ästhetik, indem sie etwas Einfaches in etwas Dramatisches verwandelt. Für einen raffinierten Look solltest du ein paar zusätzliche Blütenblätter von der Pasta aufheben, um den fertigen Teller zu garnieren. Für das Dessert verwende zwei warme Löffel, um eine glatte, gleichmäßige Schaufel oder „quenelle" aus dem Mousse zu formen. Diese kleinen Feinheiten werden deine Gäste beeindrucken, was kein Wunder ist, denn du bist ja bereits als fabelhafte Gastgeberin bekannt.

Aber es geht nicht nur ums Aussehen, Waage. Als Venus-Zeichen ist sensorischer Genuss das A und O. So wird dein Festmahl natürlich ein Genuss für die Augen, die Nase und natürlich auch für den Gaumen sein. Die zutiefst venezianischen Aromen von Pistazien, karamellisierter Ananas, Blütenblättern und Sahne sind unglaublich reichhaltig, sodass diese Gerichte fast wie Hausmannskost wirken – wenn sie nicht so offensichtlich ausgefallen wären. Aber diese Gerichte sind weder unnötig verschnörkelt, noch sind sie um ihrer selbst willen ausgefallen. Das Schöne an diesen Rezepten ist vielmehr, dass sie die natürlichen, exquisiten Formen und Texturen der Zutaten hervorheben.

Das ist eine deiner besten Eigenschaften, Waage – deine Fähigkeit, sich auf die Schönheit der gewöhnlichen Dinge zu konzentrieren. Das ist der Grund, warum alle nicht genug von dir bekommen können – und warum du nicht genug von diesem Festmahl bekommen kannst.

♎

WAAGE

♀ Venus ♈ Luft 🜁

Essbare Blüten
Ausgefallene, schicke Leckereien
Karamellisierte Früchte & Gemüse
Schönes Anrichten der Gerichte
Süße, säuerliche & pikante Aromen

Beeren & Waldfrüchte
Paprika
Äpfel, Birnen & Quitten
Geräuchertes Fleisch
Kuchen & Desserts
Olivenöl
Kürbis & Süßkartoffeln
Vanille
Mangos & Bananen
Erbsen

Für 4 Personen
Vorbereitungszeit für ein komplettes Festmahl: 4 Stunden
Kochzeit für ein komplettes Festmahl: 30 Minuten

FÜR DIE NUDELN
- 225 g Pastamehl
- 85 g Grießmehl, plus zum Bestäuben
- 3 Eier
- 85 g gemischte frische essbare Blumen und Kräuter (Rose, Borretsch, Ringelblume, Tigerlilie, Salbeiblätter, Kapuzinerkresse, Dill, Petersilie, Kornblume, Mohnblütenblätter usw.) plus zum Servieren

FÜR DIE SAUCE
- 200 g geschälte Pistazien, gehackt, plus 3 EL zum Servieren
- 1 Handvoll frische Petersilie, gewaschen und entstielt
- 2 EL Olivenöl
- 120 g Crème double
- 225 g Ricotta
- ½ TL zerstoßene Chiliflocke (roter Pfeffer)
- ½ TL Salz
- ½ TL schwarzer Pfeffer

FÜR DIE MOUSSE UND DIE ANANAS

- 1 Bund Basilikum
- 290 ml Milch plus 2 EL
- 2¼ TL pulverisierte Gelatine
- 115 g weiße Schokolade, gehackt
- 240 g Crème double
- 85 g Zucker
- 1 Ananas
- 3 EL Honig

1. Beginne mit der Mousse, da sie einige Zeit braucht um zu gelieren. Bringe einen kleinen Topf mit Wasser zum Kochen und blanchiere die Basilikumblätter 5 Sekunden, dann tauche sie in Eiswasser. Siehe die Blätter ab und trockne sie. Püriere die Basilikumblätter mit der Milch in einem Mixer, bis die Milch eine schöne grüne Farbe annimmt, dann seihe die Milch ab und entferne das Basilikum. Gib die Gelatine in die Basilikummilch und lass sie 5 Minuten quellen.

2. Schmelze die weiße Schokolade im Wasserbad. Rühre die Basilikummilch mit dem Schneebesen ein, bis die gesamte Gelatine aufgelöst ist. Nimm die Mischung vom Herd und lass sie auf Zimmertemperatur abkühlen.

3. Schlage die Sahne mit dem Zucker steif. Hebe die geschlagene Sahne vorsichtig unter die Schokoladenmasse und fülle die Mousse in einen großen Behälter. Stelle die Mousse für mindestens 3 Stunden oder so lange in d3en Kühlschrank, bis sie fest geworden ist.

4. Vermische die beiden Mehlsorten und füge dann die Eier hinzu. Mixe so lange, bis der Teig krümelig und sandig ist. Gib den Teig auf eine Arbeitsfläche und knete ihn, bis er sich zu einer weichen, glatten Kugel formt. Teile den Teig in 4 Stücke und decke sie mit einem feuchten Handtuch ab, damit sie nicht zu schnell trocknen.

5. Rolle mit einer Nudelmaschine eine Portion des Teigs auf 3 mm Dicke aus, dabei die anderen Teigportionen abdecken. Verziere dein Teigblatt mit einer einzigen Lage Blütenblättern und frischen Kräutern, aber drücke sie nicht in den Teig. Rolle eine weitere Teigportion auf eine Dicke von 3 mm aus, lege diese zweite Schicht auf die erste und drücke sie vorsichtig zusammen, damit sie haften. Achte besonders auf die Ränder des Teigs und vergewissere dich, dass beide Blätter vollständig aneinanderhaften, bevor du fortfährst. Teile den Kräuternudelteig in zwei Hälften und lass jede Hälfte durch die Nudelmaschine laufen, bis sie wieder 3 mm Dicke erreicht haben. Wiederhole diesen Vorgang mit den anderen beiden Teigportionen und schneide den Teig dann mit einem Pizzaschneider in 5 mm dicke Fettuccini-Streifen. Bestäube die Nudeln mit Grießmehl und stelle sie beiseite.

6. Heize den Ofen auf 200 °C Umluft vor und lege ein Backblech mit Backpapier aus. Entferne die Krone von der Ananas und schneide den Boden ab. Dann schneide die Seiten ab, um die gesamte Schale der Ananas zu entfernen. Schneide die Ananas von oben nach unten in 2,5 cm dicke Spalten und trenne dabei das Fruchtfleisch vom Strunk. Lege die Ananasspalten auf das vorbereitete Backblech. Mische den Honig mit 3 EL Wasser und bestreiche die Ananasstücke mit der Hälfte der Honigmischung. Röste die Ananas 15 Minuten lang im Ofen, dann drehe die Scheiben um, bestreiche sie mit der restlichen Honigmischung und röste sie weitere 15 Minuten, bis sie goldbraun und karamellisiert sind. Nimm die Ananas aus dem Ofen und stelle sie beiseite.

7. Für die Pistaziensauce zerkleinerst du die Pistazien und die Petersilie in einer Küchenmaschine. Erhitze das Olivenöl in einer Pfanne. Wenn es heiß ist, gibst du die Nussmischung dazu. Während sich die Mischung erwärmt, rührst du die Sahne, den Ricotta und die Gewürze ein und lässt sie köcheln, bis die Sauce eingedickt ist. Achte darauf, die Sauce nicht zu stark zu erhitzen, da die Sahne sonst zerfällt.

8. Bringe einen großen Topf mit Salzwasser zum Kochen und gib die Nudeln hinzu. Lass die Nudeln unter gelegentlichem Rühren 3–4 Minuten kochen, bis sie weich sind. Gieße die Nudeln ab, gib sie mit in die Pfanne und vermische sie mit der Pistaziensauce.

9. Serviere die Nudeln sofort und garniere sie mit gehackten Pistazien, Blütenblättern und Kräuterzweigen. Zum Dessert richte die karamellisierten Ananasscheiben auf Tellern an und garniere sie mit einer Kugel gekühlter Basilikum-Mousse.

Festmahl des Skorpions: Schweinelende mit eingelegten Senfkörnern; Blutorangensorbet mit Fernet-Branca

Das Fest des Skorpions ist ernsthaft und raffiniert – nicht übermäßig reichhaltig, aber tief durchdrungen von bitteren Aromen, die die Grenze zwischen herzhaft und süß überschreiten. Der Skorpion hat den Ruf, nach außen hin zurückhaltend, aber privat leidenschaftlich zu sein. Deshalb sind auch diese Gerichte viel komplexer, als sie auf den ersten Blick scheinen. Gebratene Schweinelende wird mit Kräutern und Gewürzen verfeinert, mit einem Hauch Honig gesüßt und von eingelegten Senfkörnern begleitet, die im Mund wie Kaviar aufplatzen und explodieren und dem Gericht eine spritzige, süße Säure verleihen. Wenn du noch nie Senfkörner eingelegt hast, bist du auf dem besten Weg, dein neustes Lieblingsgewürz zu entdecken, und es passt perfekt zu gebratenem Fleisch, Sandwiches, Salaten und zu Pökelfleisch. Zum Dessert treffen bitterere Winter-Zitrusfrüchte auf komplexen, sirupartigen Fernet – eine fruchtbetonte Abwechslung zu den traditionellen Desserts, ein Nachtisch irgendwo zwischen einem Cocktail und einem Reinigungsmittel für den Gaumen. Für dieses Rezept benötigst du eine Eismaschine.

Inspiriert von den Lebensmitteln der Skorpion-Jahreszeit, erkundet dieses Festmahl die dunklere Seite des Gaumens und arbeitet mit Aromen, die manchmal schwer zu kontrollieren sind – bittere Blutorange, botanischer Amaro und scharfe ganze Senfkörner. Aber so wie der Skorpion uns lehrt, das Verborgene zu mildern, werden diese dunklen und starken Aromen mit herbem Essig und süßem Honig so ausbalanciert, dass sie den Gaumen herausfordern, aber nicht dominieren. Selbst in ihrer Bitterkeit heben diese Gerichte die frühwinterlichen Aromen des Skorpions hervor und bleiben seiner Liebe zu Einfachheit und Sinnlichkeit treu.

♏

SKORPION

♇ **Pluto** ⚲ **Wasser** ▽

Scharfe, aromatische Gerichte
Schmoren & Pochieren
Reichhaltige Saucen
Rotes Fleisch & Muscheln
Bittere & komplexe Aromen

Spargel
Schwarze Bohnen
Dunkles Blattgemüse
Tintenfisch, Austern & Hummer
Geräuchertes Fleisch
Grapefruit
Bier & Hopfen
Brombeeren
Rind & Schwein
Meerrettich

Für 4 Personen
Vorbereitungszeit für ein komplettes Festmahl: 1 Stunde
Kochzeit für ein komplettes Festmahl: 1 Stunde

FÜR DIE SCHWEINELENDE

- 1,4 kg Schweinelende
- 3 EL Olivenöl
- 1 Zweig frischer Rosmarin, fein gehackt
- 1 TL Paprikapulver, edelsüß
- 4 Knoblauchzehen, gehackt
- 3 EL Honig
- 4 EL Sojasauce
- 1 EL Dijon-Senf
- Salz und Pfeffer

FÜR DIE SENFKÖRNER

- 120 ml Apfelessig
- 3 EL Zucker
- 1 TL Salz
- 30 g Senfkörner, weiß und schwarz

FÜR DAS SORBET

- 700 ml frisch gepresster Blutorangensaft
- 150 g Honig, Agavendicksirup oder leichter Maissirup
- 25 ml Wodka
- Fernet-Branca (oder ein anderer Bitter-Schnaps), zum Garnieren

1. Bevor du das Sorbet zubereitest, friere deine Eismaschine ein oder bereite sie gemäß den Anweisungen des Herstellers vor. Bringe in einem kleinen Topf bei mittlerer Hitze den Blutorangensaft zum Kochen. Rühre den Honig oder Sirup ein und rühre so lange mit dem Schneebesen weiter, bis er sich aufgelöst hat. Nimm die Mischung vom Herd und rühre den Wodka ein. Gib den Sirup in die Eismaschine und lass sie laufen, bis das Sorbet fertig ist (je nach Eismaschine etwa 1–2 Stunden). Bewahre das Sorbet anschließend bis zum Servieren im Gefrierfach auf.

2. Wasche deine Schweinelende, tupfe sie trocken und lege sie in einen Bräter. Heize den Backofen auf 190 °C Umluft vor. Erhitze das Olivenöl in einem kleinen Topf bei mittlerer Hitze. Gib Rosmarin, Paprika und Knoblauch hinzu und dünste die Zutaten an, bis der Knoblauch weich ist und duftet. Rühre Honig, Sojasauce und Dijonsenf ein und nimm den Topf vom Herd, sobald alles gut vermischt ist. Schmecke die Sauce mit Salz und Pfeffer ab.

3. Bestreiche die Schweinelende großzügig mit der Sauce und schiebe sie in den Ofen. Brate die Lende 60 Minuten lang oder bis die Lende durchgebraten ist. Bestreiche die Lende während des Bratens alle 20 Minuten mit weiterer Sauce. Wenn du eine größere oder kleinere Schweinelende verwendest, lautet die allgemeine Regel für die Garzeit 20 Minuten pro 500 g, plus weitere 20 Minuten. Bitte beachte dies.

4. Während die Lende brät, bereitest du die Senfkörner vor. Dafür gibst du Essig, Zucker, Salz und 120 ml Wasser in einen Topf und bringst es zum Kochen. Rühre dann die Senfkörner ein. Reduziere die Hitze und lass die Mischung 30 Minuten lang köcheln, bis die Senfkörner weich sind. Nimm die Senfkörner vom Herd und gib sie in ein Glas. Du kannst sie luftdicht verschlossen bis zu 1 Monat im Kühlschrank aufbewahren.

5. Schneide die Lende an und serviere sie mit den eingelegten Senfkörnern zusammen mit Salat oder Beilagen. Zum Dessert in jedes Glas eine Kugel Sorbet geben, jedes Glas mit 2 EL Fernet auffüllen und sofort servieren.

Festmahl des Schützen: Fladenbrote mit Feigen, Prosciutto und Blauschimmelkäse; Brownies mit Hibiskus

Als Zwilling kann ich mich mit vielen Eigenschaften der Schützen identifizieren – die Liebe zu Kultur und Reisen, das Streben nach neuen Ideen und die Sehnsucht, die ganze Welt auf sinnvolle, handlungsorientierte Weise zu erleben. Der Schütze, der von Jupiter regiert wird, liebt es, seinen Horizont zu erweitern, mit neuen Perspektiven zu experimentieren, und er zieht die praktische Auseinandersetzung mit seiner Umwelt theoretischen Überlegungen vor. Du willst nicht nur über die Welt nachdenken, Schütze – du willst sie mit eigenen Augen sehen! Aber da euer Streben nach Stimulation, Anregung und Erfahrung euch in Bewegung hält, seid ihr Schützen auch für eure entspannte und unkomplizierte Art bekannt – ihr lasst euch einfach treiben und nehmt jede neue Erfahrung so an, wie sie kommt.

Passend zu diesen Themen enthält eurer Festmahl intensive Jupiter-Aromen – Feigen, Prosciutto, Olivenöl – sowie eine Spur exotischen Hibiskus, der vom Jupiter regiert wird und den ansonsten klassischen Brownies eine natürliche Säure verleiht. Diese Rezepte sind unprätentiös und lustig und appellieren an den Spieltrieb des wissbegierigen Kindes in dir. Lasse jeden Gast sein eigenes Fladenbrot zubereiten und ihn bei der Auswahl der Aromen, Texturen und Zutaten sein eigenes Abenteuer erleben. Auch dieses Festmahl ist schnell zubereitet und macht eine ganze Gruppe satt. In weniger als zwei Stunden ist alles zubereitet, sodass du Zeit hast, dich wieder deinem vollen Reise-, Erfahrungs- und Erkundungsprogramm zu widmen. Ich hoffe, dass dieses Festmahl deine ansteckende Lebensfreude widerspiegelt und ein wenig von dem klassischen Schütze-Charme und der Verspieltheit auf deinen Tisch bringt.

♐

SCHÜTZE

♃ Jupiter 🜂 Feuer △

Gesammeltes & gejagtes Essen
Süße & herzhafte Gerichte
Tapas
Nährstoffreiche Zutaten
Gewagte Geschmackskombinationen

Wildgerichte
Gerösteter Knoblauch
Oliven & Feigen
Blauschimmelkäse
Nüsse & Körner
Zitrusfrüchte
Muskat
Fenchel
Salbei & Petersilie
Lamm

Für 4 Personen
Vorbereitungszeit für ein komplettes Festmahl: 30 Minuten
Kochzeit für ein komplettes Festmahl: 1 Stunde

FÜR DIE FLADENBROTE

- 4 Fladenbrote
- 1 EL Olivenöl
- 450 g frische Feigen, gewaschen und geviertelt
- 1 kleine rote Zwiebel, in Scheiben
- 115 g Blauschimmelkäse, gekühlt
- Nadeln von 2 Zweigen Rosmarin
- 225 g Parmaschinken, in dünnen Scheiben
- 1 Bund frischer Rucola
- 2 EL Balsamico-Reduktion (wahlweise)

FÜR DIE BROWNIES

- 30 g getrocknete Hibiskusblüten
- 225 g Butter, geschmolzen, plus zum Einfetten
- 280 g Zucker
- 170 g brauner Zucker
- 4 Eier, Größe L
- 85 g ungesüßtes Kakaopulver
- 130 g Mehl
- ½ TL Backpulver
- 1 TL Salz
- 120 g frische Himbeeren, halbiert
- 230 g dunkle Schokoladenstückchen
- 240 g Crème double

1. Bereite zunächst die Brownies vor. Heize den Ofen auf 180 °C Umluft vor und fette eine 23 x 33 cm große Backform ein. Zermahle die Hibiskusblüten mit einem Mörser und Stößel oder einer Gewürzmühle zu Pulver und stelle es beiseite, bewahre 1 EL in einer separaten Schüssel auf.

2. Verrühre in einer großen Schüssel die geschmolzene Butter und den Zucker miteinander. Rühre die Eier und dann das Kakaopulver unter. Vermische in einer separaten Schüssel Mehl, Backpulver, Hibiskuspulver und Salz und hebe die Mischung unter die Eimasse.

3. Fülle den Brownie-Teig in die vorbereitete Form. Verteile die Himbeeren auf dem Teig und backe ihn 35–45 Minuten, mache am Ende der Backzeit eine Stäbchenprobe. Nimm die Brownies aus dem Ofen und lass sie in der Form abkühlen.

4. Während die Brownies backen, lege die Fladenbrote auf ein mit Backpapier ausgelegtes Backblech und bestreiche sie mit Olivenöl. Backe die Fladenbrote neben den Brownies 8–10 Minuten im Ofen, bis sie an den Rändern knusprig sind. Nimm die Fladenbrote aus dem Ofen und stelle sie beiseite.

5. Gib die Zartbitterschokolade in eine große Schüssel und erwärme die Sahne in einem kleinen Topf bei mittlerer Hitze. Erhitze die Sahne, bis sie gerade anfängt zu blubbern, dann gieße sie über die Schokolade und lass die Mischung 10 Minuten lang ruhen. Verrühre es dann, bis alles gut vermischt ist, und gieße dann die Ganache über die abgekühlten Brownies. Garniere die Brownies mit etwas Hibiskuspulver und stelle die Form für mindestens 20 Minuten in den Kühlschrank, bis die Ganache fest geworden ist.

6. Belege die Fladenbrote mit Feigen, roten Zwiebeln, Käse, Rosmarin, Prosciutto und Rucola. Schiebe sie für weitere 10 Minuten in den Ofen, bis der Käse weich ist und schmilzt. Nimm die Fladenbrote aus dem Ofen, beträufle sie mit der Balsamico-Reduktion und serviere sie sofort. Schneide deine Brownies und stelle sie als Dessert bereit.

Festmahl des Steinbocks: Jäger-Eintopf mit Wurst und Pflaumen; Brombeerbaiser

Das Festmahl des Steinbocks ist eine einfache, reichhaltige Meditation über das Zeichen des Ziegenbocks, mit Qualitäten, die zu einem Tier der tiefen Erde und der Berghöhen wie dir passen. Dein planetarischer Herrscher, Saturn, deutet darauf hin, dass du einen sehr feinen Geschmack hast, aber einfache Zutaten und Zubereitungen bevorzugst. Dein unübertroffener Ehrgeiz und deine Liebe zum Detail verlangen nach Raffinesse in der Küche, aber dein Erdaspekt verlangt auch nach üppigen Aromen und Texturen. Auffällige Gerichte werden dich nicht beeindrucken, wenn es ihnen an Substanz fehlt, und dein anspruchsvolles Auge wird den Unterschied mit Sicherheit erkennen.

Dieses Festmahl enthält die klassischen Saturn-Zutaten – Pilze, Fleisch, Brombeeren und fermentierte Lebensmittel – die keinen Platz zum Verstecken finden. Es ist eine Kunst, sich zurückzuhalten, auch bei den Aromen, und Saturn lehrt dies gut. In diesem Sinne zeigt der Eintopf aus Fleisch und Wein seinen Reichtum mit cremigen weißen Bohnen, und die Baisers setzen spritzige, warme Brombeeren auf ein Kissen aus ungesüßter Sahne. Die Qualität der Zutaten wird sich im Endergebnis widerspiegeln, daher solltest du für dieses Festmahl nur hochwertige Produkte und Fleischsorten aussuchen. Sowohl Hauptgericht als auch Nachspeise werden langsam zubereitet, sodass auch die von Saturn geforderte Geduld eine wesentliche Zutat ist. Dieses Festmahl ist auf den ersten Blick unprätentiös, aber wenn jemand die Früchte der Erde zu großen Höhen erheben kann, dann du, Steinbock.

♑

STEINBOCK

♄ **Saturn** ♈ **Erde** 🜃

Intensive, luxuriöse Aromen
Dunkelfarbige Lebensmittel
Proteinreiche Gerichte
Langsame Garmethoden

Pilze
Geräuchertes Fleisch
Bier & Wein
Waldfrüchte
Lauchgemüse
Essig
Vollkorn
Gurken & Kraut
Ungesüßte Sahne
Wurzelgemüse

Für 4 Personen

Vorbereitungszeit für ein komplettes Festmahl: 30–40 Minuten

Kochzeit für ein komplettes Festmahl: 90 Minuten

FÜR DAS GEMÜSE

- 2 EL Olivenöl
- 1 große Schalotte, in Scheiben
- 225 g Austern- oder Maitake-Pilze, in Scheiben
- 2 Scheiben dick geschnittener geräucherter Speck, in 1 ½ cm breiten Streifen
- 450 g geräucherte Kielbasa (polnische Brühwurst) oder ähnliche grobe, geräucherte Wurst, in dicken Scheiben
- 2 Pflaumen, in Spalten
- 2 Knoblauchzehen, in Scheiben
- 350 g Rotkohl aus dem Glas, abgetropft
- 2 Prisen gemahlene Nelken
- ½ TL Backkakao
- 3 EL gehackter frischer Dill
- 350 ml trockener Rotwein
- 400 g Dose weiße Riesenbohnen oder Butterbohnen, abgetropft und abgespült
- 1 TL Salz
- schwarzer Pfeffer, nach Belieben
- Brot mit dicker Kruste zum Servieren

FÜR DIE BAISERS

- 225 g Zucker
- 1 EL Speisestärke
- 4 Eiweiß, Zimmertemperatur
- 1 TL geriebene Zitronenschale
- 60 g Brombeerkonfitüre

FÜR DEN BAISERBELAG

- 225 g frische Brombeeren
- 3 EL Honig
- 3 EL Balsamicoessig
- 240 g Crème double

1. Für die Baisers heize den Backofen auf 120 °C Umluft vor. Lege zwei Backbleche mit Backpapier aus und zeichne jeweils zwei Kreise von 10 cm Durchmesser auf. Drehe das Backpapier um, sodass sich die Markierungen auf der Rückseite des Papiers befinden, also von unten nach oben. Vermische in einer kleinen Schüssel den Zucker und die Speisestärke. Schlage das Eiweiß steif und gib nach und nach die Zuckermischung dazu. Hebe die Zitronenschale und die Brombeerkonfitüre unter, wobei violette Streifen in der Baisermasse zurückbleiben. Diese Streifen werden im Inneren der gebackenen Baisers sichtbar bleiben.

2. Spritze mit einem Spritzbeutel oder zwei Löffeln die Baisermasse auf das vorbereitete Backpapier, sodass in den vorgezeichneten Kreisen ein 5 cm hoher Baiserhügel entsteht. Mache mit einem Löffel eine Vertiefung in die Mitte jedes Häufchens. Backe die Baisers 60–75 Minuten, wobei du das Blech nach der Hälfte der Backzeit drehen solltest, backe sie weiter, bis sie leicht golden sind und sich fest anfühlen. Schalte den Ofen aus und lass die Baisers 2 Stunden lang im Ofen abkühlen.

3. Als Nächstes bereitest du den Baiserbelag zu. Vermenge in einem kleinen Topf die Brombeeren, den Honig, den Balsamicoessig und 2 EL Wasser. Bring die Mischung zum Kochen, reduziere dann die Hitze und lass es weiter bei niedriger Hitze köcheln. Wenn die Sauce dickflüssig ist, nimm sie vom Herd und stelle sie beiseite.

4. Für den Eintopf erhitze das Olivenöl in einer großen Pfanne. Füge Schalotten und Pilze hinzu und dünste beides, bis die Pilze Wasser verlieren und anfangen, braun zu werden. Füge den Speck hinzu und brate ihn an, dann fügst du die Wurst, die Pflaumen und den Knoblauch hinzu. Dünste alles, bis der Knoblauch weich ist, dann gib den Rotkohl in die Pfanne dazu. Lass die Zutaten ein wenig köcheln, dann gibst du die Nelken, den Kakao und den Dill hinzu und löscht mit Wein ab. Lass alles auf mittlerer Stufe köcheln, bis der Eintopf um die Hälfte eingekocht ist, etwa 20 Minuten. Rühre die Bohnen ein und lass alles solange köcheln, bis der Eintopf eingedickt ist, etwa 10–15 Minuten. Schmecke den Eintopf mit Salz und Pfeffer ab und serviere ihn mit knusprigem Brot.

5. Wenn du bereit bist, das Dessert zu servieren, schlage die Sahne auf. Nimm die Baisers aus dem Ofen und richte sie auf Tellern an. Gib die Sahne auf die Baisers und drücke mit der Rückseite des Löffels eine Vertiefung hinein. Verteile die Beeren darauf und träufle die restliche Sauce darüber.

Festmahl des Wassermanns: Entenbrust mit Heidelbeer-Balsamico-Sauce; Honig-Walnuss-Ziegenkäse-Torte

Einer der zentralen Archetypen für den Wassermann ist der verrückte Wissenschaftler – derjenige, der um der Kreativität willen erschafft, der Innovator und Außenseiter, der Revolutionär. Um deinen Erfindungsreichtum kulinarisch herauszufordern (ich weiß, dass du Herausforderungen liebst!), tausche bei diesem Festmahl das Abendessen mit dem Dessert aus, indem du eine süße, fruchtige Vorspeise und einen fast schon herzhaften letzten Gang servierst. Beide enthalten die bevorzugten Zutaten deines traditionellen planetarischen Herrschers Saturn, der natürliche Fermente wie Käse, Sojasauce, Essig und Wein liebt. Die Geschmäcker beider Gerichte sind komplex. Jede der fünf Geschmacksrichtungen ist vertreten, um den Gaumen mit neuen Erfahrungen herauszufordern – die salzige Karamellisierung der knusprigen Entenhaut, die Bitterkeit der gerösteten Walnüsse, die Süße der Blaubeeren und des Honigs, die Säure des Essigs und die Würzigkeit von fettem Fleisch und Käse. Es kommen auch spezielle Techniken zum Einsatz, die die Vorliebe der Wassermänner für technische Spielereien und das Erlernen neuer Fertigkeiten widerspiegeln. Ritze deine Entenbrust in einem klassischen Kreuzschraffur-Muster. Dies gelingt mit einem sehr scharfen Messer und wenn die Ente vorher gekühlt oder kurz gefroren wurde, damit das Fett steif wird und sich die Haut leichter einschneiden lässt. Für dieses Rezept werden außerdem Backerbsen benötigt, um die Tarteform blind zu backen. Wenn du keine Gewichte hast, kannst du die Tarteform mit trockenen Bohnen oder Reis beschweren, damit der Teig beim Backen seine Form behält. Wenn du natürlich eine eigene Erfindung hast, die du stattdessen verwenden möchtest, nur zu, Wassermann. Mit diesen Rezepten als Ausgangspunkt wird deine kreative Vision und dein Sinn für das Radikale dieses Festmahl in etwas wirklich Außergewöhnliches verwandeln.

♒

WASSERMANN

♅ Uranus ♈ Luft 🜁

Molekulargastronomie
Trocknungs- und Konservierungsmethoden
Komplexe süße & umami Aromen
Koffein & Stimulanzien
Probiotikreiche Lebensmittel

Cayennepfeffer
Kaffee & Tee
Kartoffeln & Kürbisse Melonen
Selleriestange & -wurzel
Tempeh, Tofu & Seitan
Krustentiere
Miso & Sojasauce
Cashewnüsse & Mandeln
Reis & Tapioka

Für 4 Personen
Vorbereitungszeit für ein komplettes Festmahl: 1 Stunde
Kochzeit für ein komplettes Festmahl: 1 Stunde

FÜR DIE ENTE UND DIE SAUCE

- 1 EL Olivenöl
- 450 g frische Heidelbeeren
- 90 ml Balsamicoessig
- 60 ml Rotwein
- 2 EL Honig
- 2 EL Sojasauce
- 4 Entenbrüste, mit Haut
- Salz und Pfeffer, nach Belieben

FÜR DIE TARTE

- 200 g ganze Walnüsse, geröstet
- 1 Tasse Mehl, plus zum Bestäuben
- 1 EL Zucker
- 4 EL Butter, gekühlt und in 5 mm große Würfel geschnitten
- 90–120 ml eiskaltes Wasser
- 115 g Frischkäse
- 175 g Ziegenkäse
- 115 g saure Sahne
- 4 EL Honig plus zum Beträufeln
- 1 großes Ei
- 70 g Walnusshälften
- Salz, nach Belieben

1. Heize den Ofen auf 180 °C Umluft vor. Bereite zunächst die Tarteform vor. Verwende eine Küchenmaschine oder einen Mörser und Stößel, um die gerösteten Walnüsse so fein wie möglich zu hacken. Vermische in einer großen Schüssel die Walnüsse, das Mehl und den Zucker. Schneide die Butter mit den Händen oder einem Teigschneider in die Mehlmischung, bis keine großen Butterklumpen mehr übrig sind. Gib langsam kaltes Wasser in den Teig, bis sich der Teig zu einer glatten Kugel zusammenfügt. Wickle den Teig in Frischhaltefolie ein und kühle den Teig 20 Minuten im Kühlschrank.

2. Nimm den Teig anschließend aus dem Kühlschrank und lege ihn zwischen zwei bemehlte Blätter Backpapier. Rolle den Teig zu einem 5 mm dicken Kreis mit einem Durchmesser von 30 cm aus. Gib den Teig vorsichtig in eine Tarteform mit lockerem Boden (25 cm) und drücke ihn fest. Schneide dann den überschüssigen Teig ab. Lege eine Lage Backpapier über den Teig und fülle die Tarteform mit Backerbsen. Backe den Boden 8 Minuten lang blind, nimm ihn dann aus dem Ofen und lass ihn abkühlen. Entferne nach dem Abkühlen das Backpapier und die Backerbsen.

3. Verrühre den Käse und die saure Sahne. Füge den Honig dazu, würze mit Salz und schlage dann das Ei unter. Fülle den Teig in die Tarteform und glätte die Oberfläche mit einem Spachtel. Lege die Walnusshälften vorsichtig um den Rand der Tarte. Backe die Tarte 25–30 Minuten, bis der Teig in der Mitte gerade fest ist. Nimm die Tarte aus dem Ofen und lass sie abkühlen.

4. Bereite nun die Blaubeersauce zu. Erhitze das Olivenöl in einem Topf bei mittlerer Hitze und gib die Blaubeeren hinzu. Rühre um, bis die Beeren dunkel werden und aufquellen, dann fügst du den Essig, den Rotwein, den Honig, die Sojasauce und 6 EL Wasser hinzu. Bring die Sauce zum Kochen. Reduziere dann die Hitze und lass die Sauce so lange köcheln, bis sie dick und sirupartig ist. Schmecke die Sauce mit Salz und Pfeffer ab und stelle sie beiseite.

5. Schließlich bereite die Entenbrüste vor. Direkt nachdem du sie aus dem Kühlschrank genommen hast, ritze die Haut in parallelen Linien quer über die Brust ein, dann drehe die Brüste um 90 Grad und ritze erneut in parallelen Linien ein, sodass ein schraffiertes Schnittmuster entsteht. Die Schnitte sollten nicht zu tief sein, etwa 5 mm tief. Würze die Entenbrüste mit Salz und stelle sie beiseite.

6. Lege die Entenbrüste mit der Hautseite nach unten in zwei kalte Bratpfannen, jeweils zwei Brüste pro Pfanne. Du kannst auch nur eine Pfanne verwenden, aber auf diese Weise sparst du Zeit und stellst sicher, dass das Essen punktgenau fertig ist. Schalte die Hitze auf mittlere bis niedrige Stufe und lass die Brüste leicht brutzeln. Halte die Hitze gleichmäßig, damit das Fett nicht spritzt. Gare die Entenbrüste 15 Minuten, bis die Haut knusprig und goldbraun ist, dabei das überschüssige Fett nach Bedarf abgießen. Erhöhe die Hitze, drehe die Entenbrüste um und brate sie weitere 3–5 Minuten, oder bis ein Thermometer eine Kerntemperatur von 60 °C anzeigt. Nimm die Entenbrüste aus der Pfanne und lass sie ruhen.

7. Vor dem Servieren schneidest du die Entenbrüste in Scheiben und servierst sie mit der Blaubeersauce. Beträufle die Tarte vor dem Servieren mit Honig. Du kannst die Tarte auch als Dessert servieren, aber dieses fast schon pikante Gebäck würde auch gut zur Ente passen. Mach deine eigenen Regeln, Wassermann!

Festmahl der Fische: Gebratener Blumenkohl mit Miso und Joghurt; Pâte de fruit mit Holunderblüte

Die Fische, die mit Neptun, der berauschenden Sphäre der Spiritualität und der Visionen, assoziiert werden, sind für ihre fantasievolle Lebenseinstellung bekannt, und ich wollte, dass dieses Festmahl ebenso verträumt wirkt. Diese Gerichte erscheinen wie aus einer anderen Welt, in Farben und Texturen, die exotisch und fremd wirken. In dicke Scheiben geschnittene Blumenkohlsteaks, die mit Miso und Honig bestrichen und mit Kräuterjoghurt beträufelt werden, ergeben ein Gericht, das vor Geschmack und Textur nur so strotzt. Zum Nachtisch gibt es perfekte Quadrate aus durchsichtigem Pâte de fruit, die wie geschnittene Edelsteine aussehen, aber auf der Zunge zergehen und den außergewöhnlich süßen Geschmack des Holunderblütenlikörs tragen. Dieses Festmahl wird deine Gäste an einen Ort entführen, der weit von zu Hause entfernt ist – an einen Ort, der tief im visionären Reich ihrer eigenen Schöpfung liegt.

Traumwelten auf der Erde zu erschaffen ist jedoch keine leichte Aufgabe, wie jeder Fisch bestätigen kann, und dieses Festmahl gehört zu den eher prozessorientierten Rezepten in meinem persönlichen Grimoire. Pâte de fruit, manchmal auch „Trockenmarmelade" genannt, ist ein französisches Konfekt, das aus Zucker, Apfelpektin und Zitronensäure hergestellt und so zu süßen und lebhaften Fruchtgelees wird, im Grunde wie ein erhabener Cousin der Gummibonbons. Das Rezept erinnert an die Vorliebe der Fische für Likör und Spirituosen und verwendet als natürliche Grundlage Birnen, die in Holunderblütenlikör gekocht werden. Wenn du noch nie mit Apfelpektin oder Zitronensäure gearbeitet hast, findest du beides in der Regel in der Backabteilung deines Supermarkts, und die meisten Naturkostläden führen sie. Für dieses Rezept benötigst du außerdem eine spezielle Ausrüstung – ein Backthermometer und eine Silikonbackmatte, die du beide in Backshops finden kannst. Auch wenn es sich kompliziert anhört, ist der Obstkuchen in nur wenigen Schritten zubereitet, sodass du etwas wirklich Außergewöhnliches schaffen kannst.

♓

FISCHE

♆ Neptun ♈ Wasser 🜄

Leichte, frische & salzige Aromen
Rohe oder gedämpfte Speisen
Einfache, schnörkellose Gerichte
Blumige & krautige Noten
Dämpfen, Pochieren und Schmoren

Joghurt & Kefir Blumenkohl
Kokosnussmilch
Meeresgemüse, Fisch & Schalentiere
Dill & Petersilie
Rosenkohl & Kraut
Zitrone & Limette
Weißwein & Brandy
Lotus- & Tarowurzeln

Für 4 Personen
Vorbereitungszeit für ein komplettes Festmahl: 3 Stunden
Kochzeit für ein komplettes Festmahl: 40 Minuten

FÜR DEN BLUMENKOHL

- 4 EL Olivenöl
- 2 EL weißes Miso
- 2 EL Tahini
- 1 EL Rotweinessig
- 2 TL Honig
- Ein Kopf Blumenkohl, in 2,5cm dicke „Steaks" geschnitten
- 175 g griechischer Naturjoghurt
- 4 EL gehackte frische Minze
- 4 EL gehackter frischer Dill
- 1 Knoblauchzehe, gehackt
- Saft von 1 Bio-Zitrone
- 1 EL Sesamsamen
- Salz und Pfeffer, nach Belieben

FÜR DIE PÂTES DE FRUIT

- 750 ml Holunderblütenlikör
- 2 Williams-Birnen (Bartlett), geschält, entkernt und in grobe Würfel geschnitten
- Backtrennspray zum Einfetten
- 500 g Zucker plus zum Bestreuen
- 23 g Apfelpektin-Pulver
- 90 g leichter Maissirup oder flüssige Glukose
- 1 TL Zitronensäure

1. Beginne mit den Pâtes de Fruit. Vermenge in einem mittelgroßen Topf den Holunderblütenlikör und die Birnen. Bringe die Flüssigkeit zum Kochen und reduziere dann die Hitze, sodass sie nur leicht köchelt. Reduziere die Flüssigkeit um die Hälfte und koche sie langsam ein, um sicherzustellen, dass so viel Alkohol wie möglich aus dem Likör ausgekocht wird. Wenn du fertig bist, gib die Mischung in einen Mixer. Püriere das Ganze und gib es wieder in den Kochtopf zurück. Du solltest 450 ml des fertigen Pürees haben – wenn es etwas weniger ist, kannst du eine kleine Menge Wasser hinzufügen, um dies auszugleichen.

2. Lege ein 46 x 33 cm großes Backblech mit einer Silikonbackmatte aus und sprühe es gründlich mit Backtrennspray ein. (Normalerweise würde es ausreichen, die Oberfläche des Blechs mit Pflanzenöl zu bestreichen, aber in diesem Fall ist eine gleichmäßige, gründliche Fettschicht unerlässlich, weshalb Backtrennspray vorzuziehen ist).

3. Bringe das Püree bei mittlerer Hitze zum Köcheln. Verrühre in einer separaten kleinen Schüssel 50 g Zucker und das Apfelpektin miteinander, dann rühre die Zuckermischung langsam in das köchelnde Püree ein, dabei ständig rühren, um sicherzustellen, dass keine Klumpen vorhanden sind. Rühre den restlichen Zucker, den Maissirup und die Zitronensäure mit dem Schneebesen ein und erhitze die Mischung auf 107°C. Halte die Mischung 2 Minuten lang auf dieser Temperatur und überwache dabei sorgfältig die Hitze. Gieße die Mischung dann auf das vorbereitete Blech, damit sie bei Raumtemperatur fest wird. Wenn die Mischung erkaltet ist, schneide sie in Würfel und lagere sie an einem kühlen, trockenen Ort für 3 Tage.

4. Um die Blumenkohlsteaks zuzubereiten, heize den Ofen auf 180°C Umluft vor und lege ein Backblech mit Backpapier aus. Vermische in einer kleinen Schüssel 2 EL Olivenöl mit Miso, Tahini, Essig, Honig und 1 EL Wasser Lege die Blumenkohlsteaks auf das vorbereitete Backblech und bestreiche sie mit einem Pinsel großzügig von beiden Seiten mit der Misosauce. Backe sie 30 Minuten oder bis der Blumenkohl weich ist, wenn man ihn mit einer Gabel durch den Strunk sticht. Ich empfehle, die Steaks nach der Hälfte der Backzeit zu wenden, damit sie knusprig und rundherum geröstet sind.

5. Während der Blumenkohl backt, bereite die Joghurtsauce zu. Vermische das restliche Olivenöl mit dem Joghurt, der Minze, dem Dill und dem gehackten Knoblauch in einem Mixer. Mixe auf höchster Stufe, bis alles gut vermischt ist, dann gib den Zitronensaft hinzu. Würze die Sauce mit Salz und Pfeffer und stelle sie beiseite.

6. Wenn die Blumenkohlsteaks gar sind, serviere sie sofort mit der Minz-Joghurt-Sauce beträufelt und mit Sesam bestreut. Biete deinen Gästen nach dem Essen die Pâtes de fruit als Gaumenschmaus an. Diese Bonbons halten sich bis zu 3 Tage, vor allem wenn sie kühl und trocken gelagert und mit Kristallzucker bestreut werden. Sie sind auch ein tolles Geschenk zum Mitnehmen für die Gäste!

Fest der Himmelskörper

Planetarische Magie in der Küche

Fest der Himmelskörper

Es gibt einen Antrieb am Himmel, eine ständig sprudelnde Quelle der Kraft, die in perfekter Synchronizität über unseren Köpfen wirbelt – älter als der Mensch, älter als die Magie. Dieser Mechanismus besteht aus unseren nächstgelegenen Planetensphären – Merkur, Venus, Mars, Jupiter und Saturn, zusammen mit dem leuchtenden Mond und der Sonne, um die sie alle kreisen. Die Kenntnis dieser Sphären und ihrer Eigenschaften bildet die Grundlage für die planetarische Magie, die ihre Kraft und Inspiration aus dem Gewebe des Kosmos bezieht.

Dieser Zweig der Magie hat seinen Ursprung tief in der antiken Geschichte und bewegt sich auf einer Linie zwischen Astrologie und praktischer Magie, wenn es darum geht, wie die Planeten für unsere Arbeit als Hexen genutzt werden können. Wenn wir über die Rolle dieser Planeten in der antiken Welt nachdenken, ist es wichtig, sich daran zu erinnern, wie sehr sich die Kosmologie der antiken Magier von der heutigen unterscheidet.

In ihrem Vorwort für Picatrix, einem Buch über astrologische Magie aus dem 11. Jh., das sich mit eben diesen Sphären befasst, beschreiben John Michael Greer und Christopher Warnock diese ältere Sichtweise und erklären, dass „die Quellen der magischen Kraft eher im Makrokosmos als im Mikrokosmos zu finden sind; die Kraft stammt aus dem Universum, nicht aus dem Magier."[6] Hier besteht die Kunst der Magie darin, die Ströme schöpferischer Kraft, die von oben kommen, zu studieren und zu interpretieren, und durch das richtige Timing und die Verwendung von sympathetischer Materie diese Kräfte für ihre eigenen Zwecke zu nutzen. Obwohl dies zwar keine vollständige Beschreibung ist, wie die Magie der Antike funktionierte, so beschreibt diese doch die Art und Weise, wie die Welt für die alten Planetenmagier funktionierte, besonders für diejenigen, die in der klassischen Antike praktizierten. Damals verfestigte sich die Praxis der Magie im westlichen System. Nach dieser Auffassung ist der Magier oder die Hexe nicht der Motor des Wirkens, sondern eher ein Jäger, der sein Wissen über Astrologie und Korrespondenzen nutzen, um himmlische Energien einzufangen, die durch die sieben Sphären gefiltert werden.

Wenn wir heute von planetarischer Magie sprechen, meinen wir damit ein bestimmtes Paradigma, durch das wir unsere Magie in der Welt manifestieren können. Jeder Aspekt der Magie und der menschlichen Erfahrung kann eine Entsprechung in den himmlischen Sphären finden, und wir können diese Planeten als archetypischen Schwerpunkt nutzen, um ihren spezifischen Einfluss für unsere Arbeit nutzbar zu machen. Wir können ihren Einfluss durch Riten der Verehrung und Anrufung in unsere Arbeit einbeziehen, bei denen der Planet durch Bitten und Opfergaben gepriesen wird, in der Hoffnung, seine wohlwollenden Kräfte zu empfangen. Viele Hexen versuchen zum Beispiel die unberechenbare und unangenehme Energie des rückläufigen Merkurs zu beruhigen, indem sie dem Planeten selbst Verehrung erweisen, in der Hoffnung, seine angenehmeren Aspekte zu kanalisieren. Eine Hexe könnte in dieser Zeit ein Merkur-Räucherstäbchen verbrennen, einen Zauberspruch lesen, in dem sie Merkurs Unterstützung erbittet, oder sogar einen Talisman herstellen, der Merkurs positivere Eigenschaften einfängt, in der Hoffnung, die herausfordernden Auswirkungen des Planeten abzuwehren.

Für unsere Zwecke in der Küchenhexerei könnte die planetarische Magie die sorgfältige Auswahl von Zutaten bedeuten, die mit den Sphären assoziiert werden. Diese Zutaten sind zu günstigen Zeiten mit den entsprechenden Symbolen zu zubereiteten, sodass die Mahlzeit den himmlischen Ehren würdig ist. Durch diese Arbeit des Zubereitens, Kochens und des Verzehrs von Speisen als Akt der Anrufung oder Verehrung, nehmen wir diese planetarischen Kräfte buchstäblich in uns auf und werden verwandelt, wenn sie mit dem Gewebe unserer Körper verschmelzen. Durch diese einfache Praxis können wir ihren Einfluss durch sympathetische Magie nutzen, um unsere gegenwärtige Realität zu verändern, den richtigen Zeitpunkt von Zaubern präzise zu planen, uns dabei zu helfen, bestimmte Aspekte ihrer Herrschaft zu verkörpern oder die Auswirkungen des astrologischen Wetters zu steuern.

Während des größten Teils der Menschheitsgeschichte kannten die Menschen nur die „klassischen Planeten" – Merkur, Venus, Mars, Jupiter und Saturn sowie die Sonne und den Mond. Die äußeren Planeten wurden erst im späten 18. Jh. entdeckt. Aus diesem Grund beschränkt sich ein Großteil unserer klassischen Schriften über die Assoziationen und Entsprechungen der Planeten in der Magie auf die sieben Planetensphären. Von diesen ursprünglichen sieben Sphären wurde jeder die Herrschaft über einen Wochentag zugewiesen, und die Etymologie unserer Wochentage spiegelt dies wider – Saturn regiert den Samstag, die Sonne den Sonntag, der Mond den Montag und so weiter. Das sind die Tage, an denen die Auswirkungen des jeweiligen Planeten am stärksten sind. Zaubersprüche, die an einem dieser Tage unter dem Einfluss des entsprechenden Planeten ausgeübt werden, verfügen über die stärkste energetische Prägung dieses Planeten.

Jeder Planet ist bestimmten Stunden des Tages zugeordnet, und die Berechnung dieser Planetenstunden kann unglaublich nützlich sein, um genaue Zeiten für Zaubersprüche unter idealen astrologischen Bedingungen zu finden. Zum Beispiel wäre es am besten, unsere Liebeszauber unter dem Einfluss der Venus auszuüben, vielleicht am Tag der Venus-Herrschaft (Freitag) und auch zur Stunde der Venus. In diesem Kapitel findest du ein komplettes Diagramm der planetarischen Korrespondenzen. Um diese Tabelle zur Berechnung der Planetenstunden zu verwenden, musst du die genauen Zeiten für Sonnenaufgang und Sonnenuntergang für den Tag ermitteln, den du berechnen möchtest. Dann teile die Zeit zwischen Sonnenaufgang und Sonnenuntergang in zwölf Abschnitte, die „Planetenstunden", ein und verwende die Tabelle, um das Herrscherhaus der betreffenden Stunde zu bestimmen. Die Verwendung dieser Korrespondenzen, zusammen mit den Mondphasen und anderen astrologischen Wetterdaten, kann uns dabei helfen, einen präzisen Zeitpunkt für unsere magische Arbeit zu wählen, der am besten mit unseren Wün-

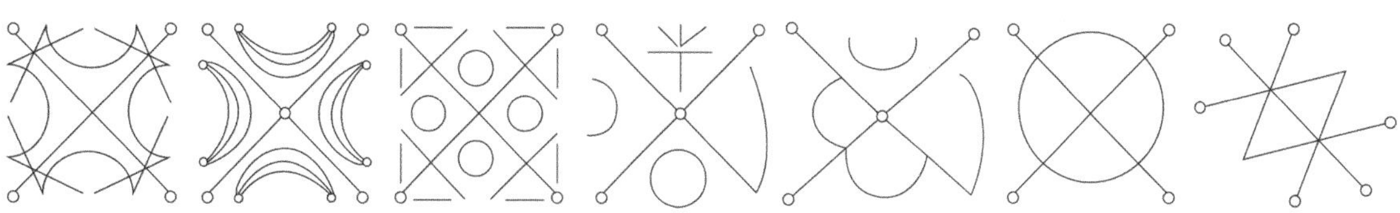

Sonne Mond Merkur Venus Mars Jupiter Saturn

Planetensiegel von Heinrich Cornelius Agrippa im 16. Jh., aus „De occulta philosophia libri tres" („Drei Bücher über Magie")

schen übereinstimmt – und der uns hoffentlich den energetischen Schub geben kann, den wir brauchen, um Ergebnisse zu erzielen.

☿ Merkur ist der „Erste in der Reihe" vom Zentrum aus, mit der kürzesten Umlaufbahn und der schnellsten Rotation durch das Sonnensystem. Merkur regiert Kommunikation, Reisen, Information, Sprache, Entscheidungsfindung und unser intellektuelles Selbst. Er wird mit dem Element Luft und dem Satz der Schwerter im Tarot in Verbindung gebracht, und herrscht über die Tierkreiszeichen Zwillinge und Jungfrau. Merkur verkörpert die Archetypen des Boten und des Magiers und regiert somit die Verwirklichung von Ideen und die Anwendung der Magie selbst. Aufgrund seiner Assoziation mit Gegensätzen und Zweideutigkeit wird Merkur auch als archetypisch zweigeschlechtlich, eher logisch als emotional und als amoralisch in seiner Verkörperung des Archetyps des Betrügers angesehen. In der klassischen Mythologie wird Merkur mit dem Seelenbegleiter Hermes gleichgesetzt, der die Sphären des Himmels und der Unterwelt mit Leichtigkeit durchquert. Hermes regiert die Straßen, die Medizin, die Mathematik, das Alphabet und andere intellektuelle Beschäftigungen, verkörpert aber auch den Aspekt des Betrügers, indem er seinem Halbbruder, dem Sonnengott Apollo, listige Streiche spielt. Diese enge Beziehung zwischen Hermes und Apollo spiegelt die Nähe von Merkur und der Sonne wider, die eigentlich nie zu weit voneinander entfernt sind.

♀ Von der Sonne aus an zweiter Stelle steht Venus, der berühmte Planet der Liebe, der Poesie und der taktilen Genüsse. Die Energie der Venus ist romantisch, häuslich, schön, harmonisch, widerstandsfähig, verschwenderisch bequem und angenehm für die Sinne. Wenn Merkur die Kräfte beherrscht, die die Menschen in der Kommunikation zusammenbringen, hält Venus die Menschen in der Gemeinschaft und in der Liebe zusammen. Venus ist archetypisch weiblich und wird mit dem Element Erde und den Tierkreiszeichen Stier und Waage verbunden. Sie spiegelt sich in der Herrscherinnen-Karte des Tarots wider, die ihr Symbol an prominenter Stelle trägt, und in der klassischen Göttin Aphrodite, die ihren Anhängern große Kräfte der Liebe, der Schönheit und der ekstatischen Freude schenkt. Im Allgemeinen, wenn Venus in Beziehungen auftaucht, bringt sie Frieden und Ruhe und fördert Komfort, Sicherheit und gleichberechtigte Lösungen für Konflikte. Aufgrund der äußerst charmanten und verführerischen Natur der Venus wird ihrem Archetypus jedoch manchmal eine amoralische Konnotation zugeschrieben, da ihre Kräfte sowohl dazu benutzt werden können, um Liebhabern Vergnügen zu bereiten als auch die emotionale Herrschaft über Menschen und Götter zu sichern. Eine Andeutung dieser Entsprechung finden wir in einer vermuteten Wurzel ihres Namens – venenum im Lateinischen, was „Gift" bedeutet; ein Präparat, das in manchen Dosen medizinisch wertvoll und in anderen tödlich sein kann.

♂ Unsere dritte Sphäre von der Sonne aus (außer der Erde natürlich) ist die des Mars, des starken, kriegerischen, archetypisch maskulinen Planeten. Mars steht für Grenzen, Verletzungen, Selbstbehauptung, Aggression, Sexualität, Abenteuer, Impulsivität, körperliche Stärke und Wettbewerb. Während Venus für Liebe und Verbundenheit steht, ist Mars Leidenschaft, Konflikt und Aktion. Mars wird mit dem Element Feuer und den Tierkreiszeichen Widder und Skorpion sowie mit der Tarotkarte Der Herrscher in Verbindung gebracht. In der klassischen Mythologie ist Mars der Gott des Krieges und des Blutvergießens und wird mit eisernen Waffen und rotem, eisenhaltigen Blut mit den eisenhaltigen Böden des Mars selbst – dem „roten Planeten" in Verbindung gebracht. Mars gilt als der schwächere der bösartigen Planeten, was bedeutet, dass Mars eine herausfordernde, restriktive und negativ besetzte Energie verbreitet, wo immer er auftaucht. Allerdings gewährt Mars auch den Segen des Schutzes, der sicheren Grenzen, des Vertrauens und der Sicherheit, sodass auch in dieser Sphäre durchaus wohlwollende Kräfte zu finden sind.

♃ Unser vierter Planet ist der große Herrscher Jupiter. Jupiter ist der gute König, der gerechte Richter, der große Beschützer und Wächter. Jupiters Energie ist megalithisch, was sich in seiner überragenden Größe unter den Planeten widerspiegelt, und er regiert Wachstum, Expansion, Chancen, Erfolg, Wunder, Wohlstand, Glück, Gerechtigkeit und Schicksal. Jupiter wird sowohl mit den Elementen Luft und Feuer als auch mit dem Rad des Schicksals im Tarot und in geringerem Maße auch mit dem Hierophanten in Verbindung gebracht. Während Mars ein bösartiger Planet ist, voller Einschränkungen und Herausforderungen, ist Jupiter der größere, wohlwollendere Planet, der in dieser Hinsicht stärker ist als Venus. Das bedeutet, dass seine Energie im Allgemeinen hilfreich, zufällig und großmütig ist und jederzeit zum größeren Wohl führt. Da sich Jupiter durch einen solch königlichen Archetyp bewegt, regiert er auch den Aufstieg durch höhere Bildung, spirituellen Fortschritt und beruflichen Erfolg. Während unsere vorherigen Planeten in ihren Korrespondenzen etwas amoralisch waren, ist Jupiter ein Planet, der sich sehr um das Gute, das Richtige und das Gerechte kümmert, und als solcher hat er auch viel mit dem Gesetz zu tun, rechtlich und moralisch.

♄ Schließlich kommen wir zum äußersten der klassischen Planeten, dem von Ringen umgebenen Saturn. In der klassischen Mythologie ist Saturn der proto-olympische Gott Kronos, ein Anführer unter den Titanen-Gottheiten, der das zyklische Säen und Ernten von Feldfrüchten, die soziale Ordnung, Präzision und Konformität beherrscht. Dieser Planet regiert den Steinbock und, in geringerem Maße, den Wassermann und ist der große Planet der Grenzen, der Konzentration, der Tradition, der Abrechnung, der Verantwortung, der Ausdauer, des Wertes harter Lektionen und der Einforderung von Schulden. Saturn wird mit dem Element Erde assoziiert, aber weniger mit der grünen Fruchtbarkeit des Venusreichs, sondern eher mit der ewigen Mineralität der Berge und Höhlen. Aufgrund dieser Tugenden wird Saturn zutiefst mit dem Tod als Funktion der kosmischen Gerechtigkeit assoziiert; wird Saturn als Gott Kronos dargestellt, ist sein Symbol die Sense. Wenn Mars den Akt des Sterbens und des Blutvergießens beherrscht, dann ist Saturn die unvermeidliche Fäulnis, die darauffolgt, wo die Bestandteile des Lebens für die künftige Verwendung aufgearbeitet und die geliehenen Elemente unseres Körpers wieder an den Planeten zurückgegeben werden. Dieser große bösartige Planet kann sicherlich schwierig und herausfordernd zu steuern sein, da viele seiner Aspekte schonungslos hart sind, aber die Rückkehr zu Saturns langsamen und oft schmerzhaften Lektionen hält Geschenke bereit, die die Zeit überdauern. Andererseits kann Saturn, wenn er wohlwollend betrachtet wird, unermesslich kreativ, unvergleichlich engagiert und fähig sein, alles zu überleben.

Bei der Rückkehr ins Zentrum des Sonnensystems treffen wir auf die mächtige Präsenz der Sonne, unseres Heimatsterns. Dieser Leuchtkörper gilt als „König des Kosmos", denn er ist nicht nur der große, unermesslich mächtige Motor unseres Sonnensystems, sondern auch die Sphäre, die sich am unmittelbarsten auf unser tägliches Leben auswirkt. Wir spüren die Zu- und Abnahme des Sonneneinflusses in den Zyklen von Tag und Nacht, im Lauf der Jahreszeiten und in den Strömungen der Winde und Ozeane – all das macht die Wirkung der

Sonnenenergie greifbarer als die der anderen Planeten. Diese Sphäre gilt als archetypisch männlich und entspricht der Reinigung, der Leidenschaft, dem Exorzismus, der Erleuchtung, der Erfüllung von Prophezeiungen und dem reinen schöpferischen Prinzip. Im Tarot repräsentiert eindeutig die Karte Die Sonne diese Sphäre, und sie regiert sowohl das physische Organ des Herzens als auch das Tierkreiszeichen Löwe.

☽ Wenn die Sonne unser äußeres Selbst und unser Ego darstellt, dann ist der Mond unser inneres Selbst und unsere Intuition. Der Mond ist der Trabant der Erde. Ein weiterer Himmelskörper, der aus der Erde selbst geformt wurde als Theia, ein Asteroid in der Größe des Mars, diese traf und somit eine erhebliche Menge verdampfter Erdmasse ins All schleuderte. Diese irdische Staubwolke

Planeten Stunden

	MONTAG	DIENSTAG	MITTWOCH	DONNERSTAG	FREITAG	SAMSTAG	SONNTAG
HERRSCHENDER PLANET	MOND	MARS	MERKUR	JUPITER	VENUS	SATURN	SONNE
Taghälfte	☽	♂	☿	♃	♀	♄	☉
2	♄	☉	☽	♂	☿	♃	♀
3	♃	♀	♄	☉	☽	♂	☿
4	♂	☿	♃	♀	♄	☉	☽
5	☉	☽	♂	☿	♃	♀	♄
6	♀	♄	☉	☽	♂	☿	♃
7	☿	♃	♀	♄	☉	☽	♂
8	☽	♂	☿	♃	♀	♄	☉
9	♄	☉	☽	♂	☿	♃	♀
10	♃	♀	♄	☉	☽	♂	☿
11	♂	☿	♃	♀	♄	☉	☽
12	☉	☽	♂	☿	♃	♀	♄
Nachthälfte	♀	♄	☉	☽	♂	☿	♃
2	☿	♃	♀	♄	☉	☽	♂
3	☽	♂	☿	♃	♀	♄	☉
4	♄	☉	☽	♂	☿	♃	♀
5	♃	♀	♄	☉	☽	♂	☿
6	♂	☿	♃	♀	♄	☉	☽
7	☉	☽	♂	☿	♃	♀	♄
8	♀	♄	☉	☽	♂	☿	♃
9	☿	♃	♀	♄	☉	☽	♂
10	☽	♂	☿	♃	♀	♄	☉
11	♄	☉	☽	♂	☿	♃	♀
12	♃	♀	♄	☉	☽	♂	☿

verschmolz durch die Schwerkraft zu dem Mond, den wir heute kennen, einem der größten Monde in unserem Sonnensystem. Der gewalttätige Ursprung deutet auf einige der archetypischen Eigenschaften des Mondes hin, die oft amoralisch und hinterhältig sein können. Während der Mond beispielsweise als Symbol für Beständigkeit und Licht in der Dunkelheit gilt, ist er auch tief in den Archetyp des Betrügers eingebettet, den er mit Merkur teilt. Auch im Tarot kommt diese Zweideutigkeit zum Ausdruck, denn der Mond entspricht sowohl der Karte Die Hohepriesterin als auch den Mondkarten. Erstere repräsentiert unser psychisches Selbst und all das tief verborgene Wissen, das es enthüllen kann, während letztere für die Angst vor dem Unbekannten und Ungewohnten stehen. Außerdem ist der Mond archetypisch weiblich und wird mit dem Element Wasser und dem Tierkreiszeichen Krebs assoziiert. Ihm wird nachgesagt, dass er über alle Träume und Prophezeiungen sowie über unser tief verborgenes emotionales und intuitives Selbst herrscht. Aus diesen Gründen, und wegen seiner Nähe zur Erde, wird der Mond als besonders mächtiger Verbündeter in der Zauberei und Hexerei angesehen.

Da der Mond die Erde umkreist, führt seine wechselnde Position zu den charakteristischen Mondphasen. Diese Phasen markieren das Leben und Sterben bzw. die Zu- und Abnahme des Mondzyklus und stehen für den zunehmenden und abnehmenden Einfluss des Mondes auf die Welt. Obwohl die Phasen zyklisch sind, wird der Neumond im Allgemeinen als Beginn des Zyklus betrachtet, wobei der Mond aus der Dunkelheit „geboren" zu werden scheint, wenn er ins Licht tritt. Während der Mond immer heller wird und an Kraft gewinnt, entwickelt er sich zum Halbmond, eine Zeit, in der der Mond zu gleichen Teilen dunkel und hell ist. Diese Phase überspannt einen Schwellenbereich, der uns eine Tür zum psychischen und intuitiven Selbst öffnet und die Kommunikation zwischen diesem Teil von uns und der Außenwelt stärkt. Schließlich, bevor der Mond wieder langsam in die Dunkelheit hinabsteigt, gipfelt er in seinem vollsten Ausdruck im Vollmond, dem Höhepunkt des Mondzyklus. Der Vollmond, dessen Energie typischerweise durch seine Position im Rad der Tierkreiszeichen gefärbt ist, ist eine Zeit erhöhter Erleuchtung, Kulmination, Ausdruck und Befreiung. Wenn wir bei Neumond unsere Absichten fokussieren und die Samen für zukünftige Magie pflanzen, ist der Vollmond die Erntezeit, in der wir das, was wir gehegt haben, ernten können.

Dies sind zwar sehr allgemeine Beispiele dafür, wie die Mondphasen und Planeten in die Magie einbezogen werden können, doch deine eigenen Erfahrungen und Experimente mit diesen Kräften werden komplexere Korrelationen ergeben, die für deine Arbeit von großer Bedeutung sein werden. Wenn dir diese Methode noch zu theoretisch erscheint, sollten die Tabellen auf der folgenden Seite als Spielwiese für deine Vorstellungskraft dienen, um zu sehen, wie diese planetarischen Korrespondenzen und Eigenschaften mit den Zutaten und Rezepten in diesem Kapitel zusammenpassen. Wie immer werden dein Glaube und deine Methode die Besonderheiten deiner Rituale prägen, aber diese Übersicht sollte sich als nützlich erweisen, um ein Verständnis dafür zu entwickeln, wie Planetenmagie funktioniert. Du kannst diese Übersicht als Beispiel dafür heranziehen, wie diese Methode in die Praxis umgesetzt werden kann – ein Ausgangspunkt für dich, um die planetarische Magie in der Küche vollständig zu erforschen. Bereite die Gerichte in Verehrung der Planeten zu, um ihre Gunst zu erlangen, weihe dein Kochgeschirr mit Sigillen und Symbolen der Planeten, und nutze deren Bewegungen, um überlegt und präzise zu arbeiten.

SONNE

THEMEN: Erfolg, Exorzismus, Ruhm, Freude, Prophezeiung, körperliche Heilung, Identität

GESCHMACKSARTEN: Hell, süß, aromatisch

KRÄUTER: Angelikawurzel/Engelwurz, Lorbeer, Kamille, Nelken, Ringelblume, Rosmarin, Safran, Sonnenblume

LEBENSMITTEL: Mandeln, Butter, Getreidekörner, Maissirup, Datteln, Mandelcreme, Stachelbeeren, Palmherzen, Limetten, Konfitüren, Maulbeeren, Nudeln, Erdnussbutter, Orangen, Quinoa, Hagebutten, Zuckerrohr, Kurkuma, Weizen, Whiskey

MOND

THEMEN: Reinigung, Hellsehen, Überwindung von Angst, Wahrsagen, Heilung von Traumata

GESCHMACKSARTEN: Mild, knackig, frisch

KRÄUTER: Anis, Pfefferkraut, Hopfen, Jasmin, Beifuß, Haferstroh, Mohn, Salbei, Schafgarbe

LEBENSMITTEL: Agave, Aloe, Bambus, Banane, Kohl, Käse, Kokosnuss, Gurke, Ente, Eier, Blattgemüse, Lotussamen, Marshmallow, Melonen, Milch, Kartoffel, Kürbis, Reis, Salz, Meeresalgen, Schalentiere, Süßkartoffel, Joghurt

MERKUR

THEMEN: Fortschritt, Inspiration, Kommunikation, Klarheit, Überzeugung, Transformation

GESCHMACKSARTEN: Blumig, krautig, komplex

KRÄUTER: Kümmel, Karottensamen, Dill, Ginkgo, Lavendel, Petersilie, Sassafras, Estragon

LEBENSMITTEL: Bohnen, Bohnensprossen, Karotte, Cashew, Blumenkohl, Sellerie, Kaffee, Süßigkeiten, Zucchini, Fenchel, Honig, Wildfleisch, Zitrone, Zitronengras, Hirse, Erbsen, Kaninchen, Spinat, Tamarinde, Teeblätter, Tofu, Weizengras

VENUS

THEMEN: Romantik, Vergnügen, Liebe, Heim, Segen, künstlerischer Ausdruck, Schönheit, Glamour

GESCHMACKSARTEN: Genießerisch, süß, karamellisiert

KRÄUTER: Bergamotte, Kardamom, Klee, Hibiskus, Zitronenmelisse, Minze, Orchidee, Rose

LEBENSMITTEL: Äpfel, Avocado, Gerste, Beeren, Brot, Klettenwurzel, Kakao, Kirsche, Schokolade, Klöße, Desserts, essbare Blüten, Bockshornklee, Fisch, Trauben, Hülsenfrüchte, Austern, Pfirsiche, Pistazien, Granatapfel, Sauerampfer, Wein, Veilchen

♂

MARS

THEMEN: Grenzen, Schutz, Flüche, Mut, Sexualität, Herrschaft, Sieg

GESCHMACKSARTEN: Pikant, würzig, warm

KRÄUTER: Basilikum, schwarzer Pfeffer, Borretsch, Zimt, Kapuzinerkresse, Kiefer, Distel, Wermut

LEBENSMITTEL: Alkohol, Artischocken, Spargel, rotes Fleisch, Bier, Kaktusfeige, Cranberry, Curry, Löwenzahngrün, Gebratenes, Ingwer, Meerrettich, Lauch, Senf, Brennnessel, Okraschote, (Glocken-) Paprika, Radicchio, Radieschen, Himbeere, rote Linsen, Brunnenkresse

♃

JUPITER

THEMEN: Appelle an die Autorität, Überfluss, Gerechtigkeit, Glück, Wachstum, Weisheit

GESCHMACKSARTEN: Nussig, reichhaltig, tiefgründig

KRÄUTER: Traubenblatt, Basilikum, Ysop/Eisenkraut, Süßholz, Linde, Muskatnuss, Sumach

LEBENSMITTEL: Aubergine, Brokkoli, Rosenkohl, Butternusskürbis, Huhn, Kichererbse, Feigen, Flachs, Ingwer, Grapefruit, Lamm, Melasse, Ahornsirup, Olivenöl, Birnen, rote und weiße Pflaumen, Ananas, Rhabarber, Roggen, Kurkuma

♄

SATURN

THEMEN: Überleben, Widerstandskraft, Wiedergeburt, Rückkehr, Disziplin, Grenzen, Überwindung von Abhängigkeiten

GESCHMACKSARTEN: Bitter, salzig, sauer

KRÄUTER: Koriander, Brombeerblätter, Holunder, Hanf, Königskerze, Thymian, Baldrian, Weide

LEBENSMITTEL: Amaranth, Rote Beete, Brombeeren, schwarze Pflaumen, schwarzer Reis, blauer Mais, Kapern, Mais, Aal, fermentierte Lebensmittel, Pappeln, Knoblauch, Gin, Hanfsamen, Hickory, Pilze, Zwiebeln, Gurken, Wachteln, Sesam, Essig

NEUMOND

Dunkelheit ♈ Wiedergeburt

MAGIE: Neue Projekte segnen, Schutzmagie, Altäre erneuern, Absichten setzen, Schattenarbeit

---

LEBENSMITTEL: Iss dunkle Lebensmittel und solche, die aus der Erde kommen: Feigen, Rote Beete, Pilze, Knoblauch, Kohl, schwarze Bohnen, Sepia Tinte, Meeresalgen, Pumpernickel

VOLLMOND

Licht ♈ Erfüllung

MAGIE: Zaubersprüche, Reinigung, Weihe, Traumarbeit, Liebesmagie, Kraft

---

LEBENSMITTEL: Iss helle, weiße oder silberne Lebensmittel: Honigtau, Weißkohl, Fenchel, Fisch, weiße Bohnen, Lotuswurzel, Joghurt, Eier, Salbei, Pinienkerne, Kokosnuss, Banane, Tofu

HALBMOND

Begrenzung ♈ Balance

MAGIE: Kommunikation mit Geistern, Wahrsagerei, Glamour-Magie, Prophezeiung, Zauberei

---

LEBENSMITTEL: Iss Kräuter und Lebensmittel, die den Körper entspannen und die die Intuition fördern: Beifuß, Schafgarbe, Huhn, Ente, Holunder, Zitronengras, Anis, Mandel

ZUNEHMENDER MOND

Wachstum ♈ Gewinn

MAGIE: Anziehungskraft, Finanzmagie, Glücksmagie, Manifestation, Wege eröffnen

---

LEBENSMITTEL: Iss Trockenfrüchte und Nüsse, Beeren, Vollkorn, Zucker, Honig, Wurstwaren, Chilis, Tempeh, Schlagsahne

ABNEHMENDER MOND

Verkleinerung ♈ Verlust

MAGIE: Verbannung, Bindung, Flüche, Exotik, Erdung, Unsichtbarkeit, Reinigung

---

LEBENSMITTEL: Iss bittere, reichhaltige, fermentierte Lebensmittel: Essiggurken, Sauerkraut, dunkles Gemüse, schwarzer Tee, Käse, Bier, Zwiebeln, Grapefruit, gebratenes Fleisch, dunkles Brot

Vollmondfestmahl: Pilz-Pastinaken-Suppe; Gnocchi mit Salbeiblütenpesto; Schwarzer-Sesam-Kuchen

Der Abend des Vollmonds ist für die europäischen Hexentraditionen und für die Religionen in der ganzen Welt von großer Bedeutung. In dieser Nacht ist das beleuchtete Gesicht des Mondes *nyktophaneia*, „nachtleuchtend", und zieht die Erde an, um die Gezeiten zu ihrem höchsten Stand anschwellen zu lassen. Sie schenkt der Nacht ein seltenes Licht und inspiriert die Herzen von Dichtern, Künstlern und Hexen, wenn sie ihren einzigartigen Schein auf die Erde wirft. Da der Mond eine vorhersehbare Umlaufbahn hat und sich so nah an der Erde befindet, ist sein Einfluss stärker spürbar als der aller anderen Planeten, und so sagt man, dass der Mond auf dem Höhepunkt seines Zyklus seine Gaben im Übermaß verteilt – Träume, Visionen und die Möglichkeit, der linearen Realität zu entgleiten.

In der antiken Welt wurde jede Verdunkelung des Mondes als böses Omen angesehen, wobei Sonnenfinsternisse und Neumonde besonders gefährlich waren. Andererseits galt der Vollmond als vollkommenes Dasein des Mondes als leuchtender Himmelskörper, aber auch er war nicht ungefährlich. Im alten Griechenland glaubte man, dass Menschen als direkte Folge des Vollmonds Symptome von Wahnsinn oder Verrücktheit aufweisen könnten. Im Mittelalter glaubte man, dass die europäischen Hexen bei Vollmond ihren Körper verließen, um in der Wildnis ihren teuflischen Geliebten zu treffen. Im Frankreich des 16. Jahrhunderts hatte ein Vollmond, der auf einen Freitag fiel, die Macht, Menschen allein durch seine leuchtenden Strahlen in Werwölfe zu verwandeln. Gefürchtet und verehrt, inspiriert uns der Vollmond auch heute noch und bietet modernen Hexen eine kraftvolle Zeit, in der sie ihre Rituale unter seinem jenseitigen Licht durchführen können. Das folgende Festmahl wurde für Vollmondzeremonien entwickelt und ist eine Meditation über Kräuter und Zutaten, die die Himmelskörper-Eigenschaften des Mondes teilen. Obwohl dieses Festmahl nur für zwei Personen gedacht ist, kannst du die Zutaten für die Suppe und die Gnocchi beliebig oft vervielfältigen, um den ganzen Hexenzirkel zu versorgen. Der Schwarze-Sesam-Kuchen hingegen ist für bis zu 10 Gäste geeignet. Denke also daran, wenn du die Gästeliste für dein nächstes Vollmondfest planst.

Für 2 Personen

Vorbereitungszeit für ein komplettes Festmahl: 1 Stunde
Kochzeit für ein komplettes Festmahl: 2 Stunden

FÜR DIE SUPPE

- 2 EL Olivenöl
- 225 g gemischte Pilze – braune Champignons, Austern, Shiitake, Maitake, Portobello, oder jede andere Mischung, die du magst
- 1 Lauch, geteilt, gewaschen, in 5 mm dicke Scheiben geschnitten
- 2 Knoblauchzehen, in Scheiben geschnitten
- 1 Staudensellerie, gewürfelt
- 2 Pastinaken, geschält und in 1 cm große Würfel geschnitten
- 1 Prise gemahlene Nelken
- 1 TL Salz
- ½ TL gemahlener weißer Pfeffer
- 700 ml Hühnerbrühe

FÜR DIE GNOCCHI

- 350 g Gnocchi aus dem Kühlregal
- 85 g frische Salbeiblüten oder -blätter plus zusätzliche Blüten zum Servieren
- 60 g frische Petersilie
- 1 große Knoblauchzehe, gehackt
- 40 g geriebener Parmesan
- 60 g Pinienkerne, geröstet
- 90 ml Olivenöl
- Salz und Pfeffer, nach Belieben

FÜR DEN KUCHEN

- Butter zum Einfetten
- 90 ml extra natives Olivenöl
- 200 g Zucker
- 3 Eier, Größe L
- 1 TL Vanilleextrakt
- 210 g Mehl
- 1½ TL Backpulver
- ¼ TL Salz
- 2 EL schwarze Sesamkörner
- 120 ml Buttermilch

FÜR DIE BUTTERCREME

- 115 g weiche Butter
- 225–280 g Puderzucker
- 3 EL Milch
- 6–8 EL schwarze Sesamsamen, fein gemahlen in einer Kaffeemühle oder mit Mörser und Stößel
- Salz, nach Belieben

Vollmondfestmahl

1. Beginne am Vorabend des Vollmonds mit dem Kuchen und der Glasur. Heize den Ofen auf 175 °C Umluft vor und bereite zwei runde Kuchenformen mit 15 cm Durchmesser vor, indem du sie mit Backpapier auslegst. Schneide für jede Form einen passenden Kreis aus dem Backpapier aus, der auf den Boden der Form passt und schreibe auf das Backpapier Agrippas Sigill des Mondes (Abb. siehe rechts). Lege die Backformen mit den Backpapieren aus und fette sie gut ein.

2. Gib Olivenöl und Zucker in eine Küchenmaschine und schlage sie leicht schaumig auf. Gib Eier und Vanille dazu und schlage die Mischung auf. In einer separaten Schüssel vermischst du Mehl, Backpulver, Salz und Sesamsamen. Gib abwechselnd die Mehlmischung und die Buttermilch zu der Öl-Ei-Mischung, ende mit der Buttermilch. Verteile den Teig gleichmäßig auf die vorbereiteten Kuchenformen und zeichne mit einem Messer oder einem Spieß das Mondsigill in die Oberfläche der beiden Kuchen. Backe die Kuchen 25–30 Minuten und mache am Ende eine Stäbchenprobe.

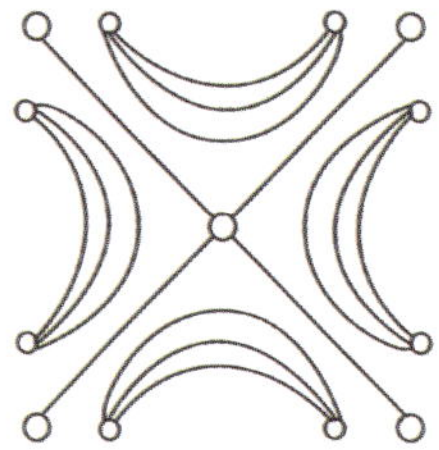

3. Gib die Butter in die Küchenmaschine und schlage sie schaumig auf. Füge den Puderzucker nach und nach dazu und achte darauf, dass er vollständig eingearbeitet ist, bevor du mehr hinzufügst. Rühre die Milch und das Sesampulver unter und schmecke mit Salz ab. Lass die Kuchen vollständig auskühlen, bevor du die Buttercreme auf ihnen verteilst. Lege dann einen Kuchenboden auf einen Servierteller und bestreiche ihn gleichmäßig mit einem Viertel der Buttercreme. Lege den zweiten Boden auf den ersten und bestreiche die Oberseite und die Seiten des Kuchens mit der restlichen Creme.

4. Für die Suppe erhitzt du das Olivenöl in einem mittelgroßen Topf, fügst die Pilze hinzu und brätst sie an, bis sie braun werden. Gib Lauch, Knoblauch und Sellerie dazu und dünste das Gemüse weich. Füge zum Schluss die Pastinaken, die Nelken und die Gewürze hinzu und dünste sie 2 Minuten mit an, bevor du die Brühe angießt. Bring die Brühe zum Kochen und stelle dann die Hitze herunter und lass die Suppe 20 Minuten köcheln, bis die Pastinaken weich sind. Nimm anschließend den Topf vom Herd und püriere die Suppe entweder mit einem Stabmixer oder in einem Standmixer.

5. Zum Schluss bereitest du die Gnocchi zu. Bringe einen großen Topf mit Salzwasser zum Kochen, gib die Gnocchi hinein und lass sie ca. 4 Minuten kochen, bis sie weich sind, oder bis die Gnocchi oben im Topf schwimmen. Wasche die Salbeiblüten und die Petersilie und schneide die Stiele ab. Gib die Kräuter zusammen mit dem Knoblauch, dem Parmesan und den Pinienkernen in einen Mixer. Püriere die Mischung und lass dabei das Olivenöl langsam einfließen. Püriere so lange, bis das Pesto eine sämige Konsistenz hat. Schmecke das Pesto mit Salz und Pfeffer ab. Beträufle die Gnocchi mit dem Pesto und garniere sie mit zusätzlichen Salbeiblüten. Serviere die Gnocchi.

6. Bevor du isst, lege eine kleine Opferportion der Mahlzeit beiseite und stelle sie auf deinen Arbeitsaltar, die Altäre der Mondgottheiten oder auf eine vom Mondlicht getränkte Fensterbank. Verbrenne Weihrauch und widme deine Mahlzeit dem Mond, indem du eine seiner zahlreichen Anrufungen, Zaubersprüche oder Hymnen laut vorliest. Zum Beispiel die „Homerische Hymne an Selene", die Göttin, die in der klassischen Antike den Mond verkörperte. Verwende diese Hymne sowohl als Anrufung als auch als kraftvolle Meditation über die Qualitäten des Mondes, wenn er sein Gesicht in seiner ganzen Fülle zeigt.

Und als Nächstes, Musen mit lieblicher Stimme … erzählt vom langgeflügelten Mond. Von seinem unsterblichen Haupt geht ein Strahlen vom Himmel aus und umgibt die Erde; und groß ist die Schönheit, die von seinem strahlenden Licht ausgeht. Die Luft, die vorher unbeleuchtet war, erstrahlt im Licht seiner goldenen Krone, und seine Strahlen leuchten klar, wenn die helle Selene, nachdem sie ihren lieblichen Körper in den Wassern des Ozeans gebadet und ihr weithin schimmerndes, glänzendes Gespann angezogen hat, geschwind auf ihren langmähnigen Pferden reitet, immer zur Monatsmitte: dann ist seine große Bahn voll, und dann leuchten seine Strahlen am hellsten, während er wächst. So ist er ein unverrückbares Symbol und Zeichen für die Sterblichen …

DER HOMERISCHE HYMNUS AN SELENE[7]

Sonne: Fritule mit Löwenzahn und Orange

Da die Sonne unsere Persönlichkeiten und Identitäten bestimmt, habe ich beschlossen, für dieses Fest ein besonderes Rezept aus dem Kochbuch meiner Vorfahren zu verwenden. Fritule sind Ricotta-Krapfen, ähnlich wie italienische Zeppole, nur kleiner und knuspriger, und sind an der dalmatinischen Küste Kroatiens, wo meine Familie herkommt, sehr beliebt. Die Grundlagen dieses Rezepts habe ich von meiner Großmutter erhalten, die Fritule macht, seit sie 10 Jahre alt ist. Dieses Rezept war mein ganzes Leben lang ein geschätzter Teil der Familienfeiern, und ich freue mich, es jetzt als Hommage an meine kroatische Identität und an die lange Reihe meiner Vorfahren zu präsentieren, die dieses Rezept durch die Geschichte getragen haben, um die Version zu liefern, die du auf dieser Seite siehst.

Während traditionelle Fritule mit Zitronenschale, Rosinen und Whiskey (alles Zutaten der Sonne) aromatisiert werden, erhält diese Version ein modernes, erfrischendes Update. Frischer Ingwer und kandierte Orangenschalen verleihen dem Rezept einen Hauch von Leichtigkeit, während der Teig selbst mit nussiger Sonnenblumenbutter und goldenen Löwenzahnblüten gefüllt ist. Diese kleinen Heliotrop-Blüten haben einen sanften Eigengeschmack, und die Blütenblätter ziehen Farbbänder durch den Teig, die wie kleine Lichtpunkte aussehen. Löwenzahn kann vom Frühjahr bis zum Herbst frisch gepflückt oder durch andere essbare Sonnenblumen wie Ringelblumen, Sonnenblumen, Akazien usw. ersetzt werden.

Serviere dieses Gericht am besten an einem Sonntag zur Sonnenstunde, begleitet von einem Räucherwerk aus Weihrauch, Labdanum, Engelwurz, Safran oder Rosmarin.

Ergibt etwa 50 Teigbällchen
Vorbereitungszeit: 30 Minuten
Kochzeit: 30 Minuten

- 700 ml Pflanzenöl
- 450 g Ricotta
- 3 EL pflanzliche Margarine
- 1 Ei, plus 1 Eigelb
- Schale von 2 Bio-Zitronen
- 3 EL Whiskey
- 260 g Mehl
- ½ TL Salz
- 120 ml Milch
- 4 EL Zucker
- 1 TL Backpulver
- 15 g frische Löwenzahnblütenblätter
- 115 g kandierte Orangenschalen, fein gehackt
- 1 EL fein geriebener frischer Ingwer
- Puderzucker zum Bestäuben

1. Erhitze in einem mittelgroßen Topf das Pflanzenöl.

2. Vermische in einer großen Schüssel den Ricotta, die Margarine, das ganze Ei, das Eigelb, die Zitronenschale und den Whiskey. Rühre mit einem Holzlöffel oder Spatel um, bis alles gut vermischt ist. Siebe Mehl und Salz über die Ricotta-Mischung und stelle sie beiseite.

3. Schlage in einer Tasse die Milch, den Zucker und das Backpulver mit einer Gabel schaumig und stelle die Mischung beiseite. Gieße die Milchmischung in die große Schüssel und verrühre alles gut miteinander. Gib Blütenblätter, Orangenschale und Ingwer dazu und knete den Teig so lange mit den Händen weiter, bis der Teig glatt und klebrig wird, das dauert etwa 10 Minuten.

4. Gib eine kleine Menge des Teigs in das Öl, um die Temperatur zu prüfen. Der Teig sollte bei Kontakt brutzeln, aber die Blasen sollten klein und sprudelnd sein, nicht rollend und spuckend. Wenn die Hitze zu hoch ist, werden die Teigbällchen ungleichmäßig gebacken, daher solltest du die Hitze auf ca. 160 °C einstellen.

5. Forme mit einem Löffel und den Fingerspitzen kleine Teigkugeln von 3 cm Durchmesser. Gib sie portionsweise ins Öl und frittiere sie 5–8 Minuten, bis die Außenseite golden ist und das Innere durchgebacken ist. Bestäube die Bällchen mit Puderzucker und serviere sie.

Mond:
Cremige Beifußsuppe

Dieses Gericht wird am besten abends serviert, einige Stunden vor dem Schlafengehen. Beifuß ist ein Kraut, das lebhafte Träume und Visionen hervorrufen kann, besonders bei Neu- und Vollmond, und so kann dieses Festmahl ein hilfreicher Auftakt für einen Abend der Traumdeutung sein. Beifuß selbst kann recht bitter sein die strengen Aromen werden allerdings durch die wohltuende Reichhaltigkeit von Kartoffeln, Pilzen und Sahne gemildert. Es ist definitiv ein exotischer Genuss, auch wenn wilde Lebensmittel wie Beifuß oft eine Herausforderung für den Gaumen darstellen können; diese Suppe fühlt sich immer noch herzhaft und vertraut an, wenn alles fertig ist – und der zusätzliche Schub durch die traumfördernde Kraft des Beifußes ist der perfekte Nebeneffekt für ein Mondfestmahl.

Um die Mondqualität dieser Mahlzeit zu maximieren, bereite dieses Rezept am Abend eines Montags zu, gemeinsam mit einem Räucherwerk aus Monddüften – Mohn, Storax, Seetang, schwarzer Weihrauch – begleitet von Trunk aus Mondpflanzen, wie bspw. Reiswein oder Beifußbier.

Für 4 Personen
Vorbereitungszeit: 15 Minuten
Kochzeit: 30 Minuten

- 180 g frischer, wilder Beifuß
- 60 g frischer Spinat
- 1 EL Butter
- 2 Knoblauchzehen, gehackt
- 200 g weiße Champignons, in Scheiben geschnitten (etwa 12–15 Champignons)
- 1 große, stärkehaltige Kartoffel, geschält und gewürfelt
- ¼ TL geriebene Muskatnuss
- 1,4 l Gemüsebrühe
- 240 g Crème double
- Salz und Pfeffer, nach Belieben

1. Wasche das Beifußkraut gründlich und trenne die Blätter vom Stängel. Hacke die Beifuß- und Spinatblätter und stelle sie beiseite.
2. Erwärme die Butter in einem Topf. Dünste den Knoblauch in der Butter an, bis er duftet. Gib die in Scheiben geschnittenen Pilze hinzu und dünste sie, bis sie ihr Wasser abgegeben haben und anfangen braun zu werden – das dauert etwa 8 Minuten.
3. Gib Beifuß und Spinat in den Topf, dann die Kartoffel und die Muskatnuss. Lass die Mischung 1 Minute lang dünsten, dann füge die Brühe hinzu. Bringe alles zum Kochen, reduziere die Hitze und lass die Suppe zugedeckt 20 Minuten lang köcheln.
4. Füge langsam die Sahne hinzu, dabei im Uhrzeigersinn umrühren, und schmecke die Suppe mit Salz und Pfeffer ab. Lass die Suppe weitere 3 Minuten sanft köcheln, rühre sie dabei gelegentlich um. Nimm den Topf vom Herd und püriere die Suppe entweder mit dem Stabmixer oder in einem Standmixer. Verteile die Suppe in Schüssel und serviere sie sofort.

Merkur:
Lavendelbutter mit Kräutersamen-Crackern

☿ Der Archetyp des Merkurs ist für seine rasante Energie bekannt, und so lag es nahe, zu Ehren des Merkurs dieses leichte und legere Gericht zu servieren. Es kann zu Beginn einer Party serviert werden, ist aber auch ein perfekter Nachmittagssnack, der Energie und Anregung für den Tag liefert. Die Kräutersamen-Cracker sind sehr aromatisch und bilden einen knusprigen Kontrast zu der weichen, mit Kräutern durchzogenen Butter. Ich empfehle, dieses Gericht zusammen mit frisch geschnittenem Merkur-Gemüse - vor allem Radieschen - oder als Beilage zu Pökelfleisch zu servieren, um das merkurtypische Experimentieren mit verschiedenen Geschmackskombinationen zu fördern.

Um den Merkur-Charakter dieser Mahlzeit zu maximieren, serviere dieses Gericht an einem Mittwoch, zusammen mit einem passenden Weihrauch aus Benzoe, Zitronengras, Anissamen oder Lavendel. Du kannst diese Mahlzeit mit einem kleinen Merkur-Ritual beginnen, z. B. Lesen, Tagebuchschreiben oder Rezitieren von Zaubersprüchen, denn Merkur regiert das gesprochene Wort. Ziehe in Erwägung, einige nützliche griechische Beinamen von Hermes (dem Gott, der im griechischen Pantheon mit Merkur verbunden ist) laut vorzulesen:

AGORAIOS - „Händler"
für Geldmagie
DIAKTOROS - „Bote, Führer"
für Klarheit und Kommunikation
FORTUNUS - „Günstling des Glücks"
für Glück
INTERPRES - „Der Vermittler"
für Versöhnung und Verhandlung

Für 6–8 Personen
Vorbereitungszeit: 30 Minuten plus Kühl- und Ruhezeit für den Teig
Backzeit: 10 Minuten

FÜR DIE BUTTER

- 115 g gesalzene weiche Butter
- je 2 EL gehackter frischer Dill und Salbei
- 1 EL gemahlener schwarzer Pfeffer
- 5 EL getrockneter Lavendel

FÜR DIE CRACKER

- 210 g Mehl plus zum Bestäuben
- 2 EL schwarze Sesamkörner
- 2 EL weiße Sesamsamen
- 2 EL Kümmelsamen
- 1 EL Anissamen
- 1 EL Mohnsamen
- 1 EL Salz
- 1 TL Zucker
- 1 TL schwarzer Pfeffer
- 2 EL Olivenöl

1. Schlage in einer großen Schüssel die weiche Butter mit den frischen Kräutern, dem Pfeffer und 1 EL des getrockneten Lavendels auf. Löffele die Butter auf ein Blatt Frischhaltefolie und rolle die Butter vorsichtig zu einer Rolle, wobei du darauf achten musst, dass die Butter fest eingerollt ist. Lege die geformte Butter zum Festwerden in den Kühlschrank.

2. Heize für die Cracker den Backofen auf 200 °C Umluft vor.

3. Vermische Mehl, Samen, Salz, Zucker und Pfeffer in einer großen Schüssel. Gib das Olivenöl und 120 ml kaltes Wasser langsam dazu und vermische alles so lange, bis sich bis sich die Zutaten gut verbinden. Den Teig zu einer glatten Kugel formen und 15 Minuten lang zugedeckt ruhen lassen.

4. Rolle auf einem bemehlten Stück Backpapier den Teig so dünn wie möglich aus – mindestens 3 mm dick. Lege die Teigplatte auf ein Backblech und backe die Cracker 8–10 Minuten, wende die Cracker dabei nach der Hälfte der Backzeit. Wenn die Cracker goldbraun sind, nimm sie aus dem Ofen und lass sie abkühlen. Nach dem Abkühlen brichst du die großen Platten mit den Händen in kleinere, grobe Stücke.

5. Nimm kurz vor dem Servieren die Butter aus dem Kühlschrank. Streue die restlich 4 EL Lavendel auf einen Teller. Rolle die Butter vorsichtig in den Blüten, sodass sie die Außenseite vollständig bedecken. Serviere die Butter mit den Crackern.

Venus: Dumplings mit Essblumen

♀ Bei der Ausarbeitung des Venus-Rezepts habe ich mir nicht die Frage gestellt, ob, sondern wie wir ein Fest der Blumen servieren sollten. Blumen, deren charismatische chemische Signale die Bienen zum Tanzen verlocken, sind der reproduktive Aspekt der Pflanzen, was sie enger mit der Venus in Verbindung bringt als andere Pflanzenarten. Venus ist jedoch mehr als nur ihr kokettes Erröten, sondern sie herrscht auch über alle taktilen Freuden und die Sinnlichkeit des Daseins. Vielleicht ist es die Amerikanerin in mir, aber wenn ich an die Sinnlichkeit der Existenz denke, denke ich an frittiertes Essen. Und wenn frittiertes Essen ein Ausdruck der venustypischen Sinnlichkeit ist, dann sind frittierte Dumplings der Gipfel von Luxus und Dekadenz.

Andererseits regiert die Venus auch die Gemütlichkeit und den Frieden, und so wusste ich, dass unser Venus-Rezept irgendwo zwischen Gemütlichkeit und prachtvoller Küche liegen sollte. Dieses Rezept schafft genau das, denn es ergibt ein hübsches, zartes, knuspriges Gebäck, hinter dem sich ein klebriges Päckchen aus Frischkäse und Blütenblättern verbirgt. Dieses Rezept ist seit meinem 16. Lebensjahr eine meiner Lieblingsspeisen, da es den Spagat zwischen einer Kuriosität und einem Publikumsliebling meistert. Die Dumplings sind unprätentiös, wirken aber dennoch aufregend und exotisch. Vor allem aber sind sie wunderschön, und als Opfergabe für die Königin der Ästhetik wird Venus sicher zufrieden sein.

Dieses Gericht wird am besten an einem Freitag zur Stunde der Venus zubereitet, begleitet von einer Räucherung mit Venusdüften: Ambra, Benzoe, Veilchen, Jasmin oder Rose.

Für 4 Personen
Vorbereitungszeit: 20 Minuten plus 20 Minuten Kühlzeit
Garzeit: 10 Minuten

FÜR DIE DUMPLINGS

- 225 g Frischkäse
- 3 EL Honig
- ½ TL Rosenwasser
- 1 EL geriebene Zitronenschale
- 60 g gehackte frische Blütenblätter (zum Beispiel Rosen, Lavendel, Kirschblüten, Geißblatt, Holunderblüten, usw.)
- 3 EL Erdbeermarmelade
- 450 g Wan Tan-Teigblätter, aufgetaut
- 2 EL Pflanzenöl

FÜR DIE SAUCE

- 6 EL Sojasauce
- 4 EL Reisessig
- 2 EL Honig

1. Verrühre in einer großen Schüssel Frischkäse, Honig, Rosenwasser und Zitronenschale. Hebe die gehackten Blütenblätter unter. Rühre die Marmelade ein. Stelle die Mischung 20 Minuten im Kühlschrank kalt.

2. Wenn die Füllung abgekühlt ist, nimm sie aus dem Kühlschrank. Befülle jedes Dumpling-Teigblatt mit 1–2 TL der Füllung. Achte dabei darauf, dass die Ränder der Dumplings befeuchtet werden müssen, bevor sie geschlossen und fest angedrückt werden, um sie zu versiegeln. Lege die Wan Tans in einer einzigen Schicht auf ein mit Backpapier ausgelegtes Backblech. (Du kannst die Dumplings so einfrieren und bis zu einem Monat aufbewahren, oder mit den folgenden Schritten fortfahren, wenn du sie sofort servieren möchtest).

3. Erhitze Öl in einer Pfanne und gib die Wan Tans hinein. Stelle eine hohe Temperatur ein und sobald die Dumplings zu brutzeln beginnen, füge 120 ml Wasser hinzu. Decke die Pfanne ab und dämpfe die Dumplings 3 Minuten (4 Minuten, wenn sie gefroren sind). Nimm dann den Deckel ab und brate sie, bis die Unterseite knusprig und golden ist.

4. Verrühre die Zutaten für die Sauce in einer kleinen Schüssel. Serviere die Dumplings mit der Sauce.

Mars:
Gebratene Artischocken mit Feta und Harissa-Aufstrich

♂ Mars, der Kriegerplanet, steht für das Blut im menschlichen Körper. Dieses martialische Fest konzentriert sich auf Kräuter und Pflanzen, die das Blut unterstützen – eisenhaltige rote Paprika und Artischocken sowie kreislaufanregende Chilis und Zitrusfrüchte. Artischocken sind besonders martialisch, da sie die Blüten einer stacheligen, distelähnlichen Pflanze sind, die in einem Dornenkreis wächst.

Dieses Rezept ist zwar recht schnell zubereitet, aber es erfordert zwei ungewöhnliche Zutaten, die vorweg erwähnt werden sollten. Harissa ist eine nordafrikanische Gewürzmischung, die aus scharfen Chilis, geräuchertem Paprika und Kreuzkümmel besteht. Es ist eines meiner Lieblingsgewürze, aber diejenigen, die empfindlich auf Gewürze reagieren, sollten die Gewürze nach Bedarf anpassen, denn Harissa ist dafür bekannt, dass es feurig ist. Ein weiteres nordafrikanisches Grundnahrungsmittel ist hier zu finden, dass ich immer in der Speisekammer habe – eingelegte Zitronen. Sie sind salzig-süß und werden mit Lorbeer und Meersalz fermentiert, bis die Schale weich und genießbar ist. Wenn du für dieses Rezept keine eingelegten Zitronen zu Hause hast, kannst du die Aromen nachahmen, indem du 2 EL Zitronen-Fruchtfleisch, 1 EL Salz und 1 TL Zitronenschale mischst und die Mischung 15 Minuten ziehen lässt.

Serviere dieses Gericht an einem Dienstag zu einer martialischen Stunde, begleitet von einem für den Mars passenden Räucherwerk – Drachenblut, Zimt, Kardamom, Färberdistel oder Wermut.

Für 4 Personen
Vorbereitungszeit: 20 Minuten plus Marinierzeit
Kochzeit: 30 Minuten

FÜR DIE ARTISCHOCKEN

- 400 g Artischockenherzen aus der Dose oder aus dem Glas, abgetropft und getrocknet
- 2 EL Olivenöl
- 1 TL gemahlener schwarzer Pfeffer
- 3 EL gehackte eingelegte Zitrone

FÜR DEN DIP

- 1 rote Paprika, entkernt
- 175 g Fetakäse
- 3 EL Olivenöl
- 2 TL Harissa-Pulver oder 1½ TL Harissa-Paste
- 1 Knoblauchzehe, gehackt
- Saft von 1 Bio-Zitrone
- Salz und Pfeffer, nach Belieben

1. Heize den Ofen auf 200 °C Umluft vor und lege ein Backblech mit Backpapier aus.

2. Mische in einer großen Schüssel die Artischocken mit dem Olivenöl, dem Pfeffer und der eingelegten Zitrone. Lass die Artischocken 20 Minuten marinieren, dann verteile die Artischocken auf dem vorbereiteten Backblech. Beträufle sie mit der restlichen Marinade und backe die Artischocken 15 Minuten lang im Ofen. Nimm das Backblech aus dem Ofen, drehe jede Artischocke um und backe sie weitere 10–15 Minuten, bis die Artischocken knusprig und gebräunt sind.

3. Beginne deinen Feta-Dip mit dem Rösten der Paprika (wenn du keinen Gasherd oder Grill hast, kannst du geröstete rote Paprika im Voraus kaufen). Schwärze die Paprika zunächst über der mittleren Flamme an und wende sie dabei mit einer Zange, um sicherzustellen, dass sie vollständig verkohlt ist. Wenn du einen Grill/Bräter verwendest, stelle die höchste Stufe ein und grille/brate die Paprika 15 Minuten lang, wobei du sie einmal wendest. Gib die Paprika in eine Schüssel und bedecke sie mit einem Deckel. Lass die Paprika 15 Minuten ausdampfen, dann nimm den Deckel ab und wische die verkohlte Haut der Paprika mit einem Papiertuch ab.

4. Schneide die Paprika in Scheiben und gib sie zusammen mit Feta, Olivenöl, Harissa, Knoblauch und Zitronensaft in einen Mixer. Püriere die Masse, bis sie glatt ist und schmecke sie mit Salz und Pfeffer ab.

5. Serviere die gerösteten Artischocken mit dem Dip.

Jupiter: Geschmorte Lammhaxen mit Wacholder und Rotwein

♃ Jupiter wird oft als der gerechte König und wohlwollender Herrscher beschrieben, und so ist dieses Festmahl ein Fest des Luxus. Die geschmorten Lammhaxen wirken wie eine majestätische Ergänzung der Festtafel und werden hier von einer Reihe jovianischer Verbündeter begleitet – allen voran von Wacholderbeeren. Diese winzigen, aromatischen Früchte besitzen Jupiters herrschendes Metall, das Zinn, und werden verwendet, um den für Jupiterkräuter so typischen heiligenden und reinigenden Duft zu verbreiten. Jupiter liebt aber auch die Tradition, wie seine Verbindung mit der Tarotkarte des Hierophanten zeigt, und so ist auch dieses Rezept den klassischen, zeitlosen Geschmäckern – Lamm, Rosmarin, Rotwein – verpflichtet, die seit der Renaissance zu den Grundnahrungsmitteln der europäischen Gourmetküche gehören.

Serviere dieses Gericht am Donnerstag zu einer jovianischen Stunde, insbesondere bei Festen des Fortschritts – Abschlussfeiern, Preisverleihungen, Geburtstagen, Beförderungen etc. Verwende ein gelbes Tischtuch und verbrenne ein Räucherwerk aus Storax, Lorbeerrinde, Eichenblättern oder Wacholder.

Für 4 Personen
Vorbereitungszeit: 15 Minuten
Kochzeit: 3 Stunden 30 Minuten

- 4 Lammhaxen á 450 g
- 2 EL Olivenöl
- 1 Schalotte, fein gewürfelt
- 4 Knoblauchzehen, in Scheiben
- 1 Karotte, geschält und gewürfelt
- 1 Stange Staudensellerie, fein gehackt
- 3 Lorbeerblätter
- 2 EL Wacholderbeeren
- 2 Zweige Rosmarin
- 1 EL ganze schwarze Pfefferkörner
- 1 75-cl-Flasche Rotwein
- 120 ml rubinroter Portwein
- Salz und Pfeffer, nach Belieben

1. Heize den Ofen auf 170 °C Umluft vor und würze die Haxen mit Salz und Pfeffer. Erhitze in einem großen Bräter das Olivenöl. Brate die Haxen von allen Seiten scharf an, bis sie gleichmäßig gebräunt sind. Gib sie anschließend auf einen Teller und stelle sie beiseite.

2. Gib die Schalotte und den Knoblauch in den Bräter und dünste sie, bis sie duften und weich sind. Füge die Karotte und den Sellerie hinzu und dünste das Gemüse ebenfalls weich. Gib Lorbeerblätter, Wacholder, Rosmarin und Pfefferkörner dazu und lösche das Ganze mit dem Wein ab. Lege die Haxen in eine Kasserolle und übergieße sie mit der Schmorflüssigkeit. Decke sie mit einem Deckel ab und schmore sie im Ofen 3 Stunden, bis das Fleisch zart und durchgebraten ist.

3 Wenn das Lammfleisch gar ist, nimm die Haxen aus dem Schmortopf und lege sie auf ein Serviertablett. Seihe die Schmorflüssigkeit in einen Kochtopf ab und rühre den Portwein ein. Bring die Flüssigkeit zum Köcheln und lass sie dann bei mittlerer Hitze auf 250 ml einreduzieren. Schmecke die Sauce mit Salz und Pfeffer ab, träufle die Sauce über die Haxen und serviere sie sofort.

Saturn: Pulled-Pork-Sandwiches mit Brombeeren

♄ Als der große Bösewicht unter den Himmelskörpern herrscht Saturn über alles, was verboten und tabu ist. Und so ist es nur richtig, dass unser Saturnfest eines der am verpöntesten Lebensmittel beinhaltet: die Brombeere. Diese Beeren haben in der Folklore einen äußerst schlechten Ruf, da sie demjenigen, der sie isst, Unglück und Krankheit bringen sollen. In Europa glaubte man, dass Brombeeren Früchte der Feen seien und der Teufel in den Brombeeren lauere. In der biblischen Überlieferung war es die Brombeere, die Luzifer nach seinem Sturz aus dem Himmel abfederte, und es heißt, dass er sie jedes Jahr zum Michaelsfest zurückfordert, weshalb das Essen von Brombeeren dämonische Belästigung und sogar den sofortigen Tod mit sich bringen kann. Brombeerstöcke wurden außerdem als apotropäische Glücksbringer verwendet, die auf Fensterbänken platziert wurden, um eindringende Dämonen zu zwingen, stehen zu bleiben und jeden einzelnen Dorn zu zählen, was sie von ihrer Zerstörungswut abhalten sollte.

Neben den Zutaten der saturnischen Magie und Weisheit ist für dieses Festmahl auch eine weitere klassische saturnische Komponente erforderlich – Zeit. Denke daran, dass für dieses Rezept ein Schongarer erforderlich ist, in dem das Schweinefleisch 8 Stunden lang sanft gebraten wird, bis es zart ist und seinen Geschmack voll entfaltet hat. Das Warten wird sich lohnen, wie Saturn stets suggeriert.

Für 6–8 Personen
Vorbereitungszeit: 20 Minuten
Garzeit: 9 Stunden

FÜR DAS SCHWEIN

- 2 EL Olivenöl
- 1 EL gemahlener Kreuzkümmel
- 1 EL gemahlener Zimt
- 1,8 kg Schweineschulter mit Knochen
- 260 g Brombeeren
- 3 EL Tomatenmark
- 60 ml Balsamicoessig
- 50 g brauner Zucker
- 120 ml Scotch Whisky (Laphroaig oder ähnlich)
- 6 Knoblauchzehen, gehackt
- Brötchen zum Servieren

FÜR DEN KRAUTSALAT

- 2 EL Mayonnaise
- 2 EL Apfelessig
- 1 EL Honig
- 1 EL Dijon-Senf
- 1 TL fein gehackter frischer Dill
- 1 Prise gemahlene Nelken
- 140 g Rotkohl, in dünnen Scheiben
- Salz und Pfeffer, nach Belieben

1. Erhitze in einer großen Bratpfanne bei mittlerer Hitze das Olivenöl. Mische Kreuzkümmel und Zimt und reibe das Schweinefleisch damit ein. Wenn das Öl heiß ist, brätst du das Schweinefleisch von allen Seiten scharf an. Nimm das Fleisch anschließend vom Herd und stelle es beiseite.

2. Erhitze in einem kleinen Kochtopf 120 ml Wasser und füge die Brombeeren hinzu. Lass die Brombeeren unter gelegentlichem Rühren einkochen, bis sie zusammengefallen sind und die Flüssigkeit eingedickt ist – etwa 15 Minuten. Seihe die Beeren durch ein feinmaschiges Sieb in eine Schüssel ab und wirf die Kerne weg. Rühre das Tomatenmark, den Essig, den Zucker, den Scotch und den Knoblauch in den Beerensaft ein.

3. Gib das Schweinefleisch in einen Slow Cooker und übergieße es mit der Brombeermischung. Koche das Fleisch 8 Stunden, bis es durchgegart ist und auseinanderfällt.

4. Verrühre kurz vor dem Servieren Mayonnaise, Essig, Honig, Senf, Dill und Nelken für den Krautsalat in einer großen Schüssel. Hebe den Kohl unter und schmecke den Salat mit Salz und Pfeffer ab.

5. Nimm das Schweinefleisch aus dem Slow Cooker und zerteile es mit zwei Gabeln vollständig, wobei du die Knochen und Knorpel entfernst. Gib die Kochflüssigkeit in einen kleinen Topf geben und lass sie einkochen, bis die Sauce dickflüssig ist. Schmecke die Sauce mit Salz und Pfeffer ab und rühre sie unter das zerkleinerte Fleisch.

6. Das Schweinefleisch und den Salat in ein aufgeschnittenes Brötchen schichten und servieren.

Saturn: Pulled-Pork-Sandwiches mit Brombeeren

Neumondfestmahl

Neumondfestmahl:

Grünkohlsalat mit Haselnüssen und schwarzem Knoblauch; Gebratene Fünf-Gewürze-Pilze; Schokoladen-Mohnkuchen

Der Neumond ist ein Punkt im Mondzyklus, der die chthonische, verdunkelte Seitendes Mondes repräsentiert. Er wird manchmal auch „der dunkle Mond" genannt und ist der Zeitpunkt, an dem der Mond „verschwindet", da ihm seine übliche leuchtende Anmut vollständig fehlt. Es ist auch eine Zeit, die furchterregenden, chthonischen Mondgottheiten wie Hekate bei den Alten Griechen oder Khonsu bei den Alten Ägyptern heilig ist – beide werden in bestialischer und kannibalischer Form dargestellt.

Da diese Mondphase traditionell mit einer Art Urangst einhergeht, wird sie oft auf introspektive Weise gefeiert. Während der Vollmond eine Periode der Sinne und äußerer Aktivität ist, wendet sich der Neumond stattdessen nach innen und konzentriert sich auf Meditation, Wahrsagerei und fromme Arbeit.

Dieses Festmahl enthält Lebensmittel, die diesen hauptsächlich dunklen, erdverbundenen Teil des Mondzyklus repräsentieren. Schwarzer Knoblauch, Essig, dunkles Blattgemüse, wilde Pilze und narkotische Mohnsamen sind dem Mond heilig und entsprechen den chthonischen Themen der Verwesung und Wiedergeburt. Serviere diese Mahlzeit mit deinem Hexenzirkel am Vortag des Neumonds, als Auftakt zu Wahrsageriten oder während du Strategien für den kommenden Mondzyklus entwickelst.

Für 4 Personen
Vorbereitungszeit für ein komplettes Festmahl: 1 Stunde
Kochzeit für ein komplettes Festmahl: 90 Minuten

FÜR DEN SALAT

- 6 schwarze Knoblauchzehen
- 120 ml Olivenöl
- 60 ml Rotweinessig
- ½ TL Dijon-Senf
- ½ Schalotte, fein gehackt
- 1 Bund Grünkohl, gewaschen und entstielt
- 3 Zweige Thymian, ohne Stiele
- 30 g geröstete Haselnüsse, gehackt
- 1 Handvoll gehobelter Parmesankäse
- Salz und Pfeffer, nach Belieben

FÜR DIE PILZE

- 450 g Pilze – Buchenpilze, Maitake, Austernpilze, Enoki oder Huhn des Waldes
- 2 EL Sojasauce
- 2 EL Balsamicoessig
- 700 ml Pflanzenöl
- 50 g Speisestärke
- 3 EL chinesisches Fünf-Gewürze-Pulver
- 2 Knoblauchzehen, geviertelt
- 8–10 frische Salbeiblätter
- Saft von ½ Bio-Zitrone
- 225 g Mayonnaise
- Salz und Pfeffer, nach Belieben

FÜR DEN KUCHEN

- 300 g Mohnsamen
- 180 ml gezuckerte Kondensmilch
- 170 g kalte Butter
- 40 g Grießmehl
- Schale von 1 Bio-Zitrone
- 6 EL Zucker
- 1 Ei
- 200 g Mehl
- 25 g Kakaopulver
- ½ TL Salz
- Puderzucker zum Bestäuben

1. Beginne mit deinem Kuchen. Heize den Ofen auf 180 °C Umluft vor. Fette eine Springform mit 25 cm Durchmesser oder eine 23 x33 cm große Backform ein und stäube sie mit Mehl aus.

2. Bringe in einem mittelgroßen Topf den Mohn und 700 ml Wasser zum Kochen. Lass die Mischung 5 Minuten lang kochen. Dann seihst du den Mohn durch ein feinmaschiges Sieb ab. Gib den Mohn in einen Mixer, füge die Kondensmilch und 45 g der Butter hinzu und mixe so lange, bis der Mohn teilweise gemahlen ist. Gib die Mohnmischung in eine mittelgroße Schüssel und rühre das Grießmehl und die Zitronenschale ein. Stelle die Mischung beiseite.

3. Rühre in einer anderen Schüssel den Zucker und die restliche Butter cremig. Schlage das Ei unter. In einer separaten Schüssel vermischst du das Mehl, das Kakaopulver und das Salz. Rühre die Mehlmischung unter die Buttermischung und forme den Teig zu einer glatten Kugel.

4. Verteile den Teig auf dem Boden der Form und gib die Mohnmischung oben auf. Drücke die Mohnmischung mit einem Löffelrücken flach. Backe den Kuchen 25–35 Minuten im Ofen, oder bis die Oberfläche trocken und fest ist. Lass den Kuchen in der Form vollständig auskühlen und bestäube ihn mit Puderzucker.

5. Als Nächstes putze die Pilze. Schneide alle dicken Pilzstiele ab, spüle die Pilze ab und trockne sie auf Papiertüchern. Gib die Pilze in eine große Schüssel und übergieße sie mit der Sojasauce und dem Balsamicoessig. Schwenke die Pilze in den Saucen und mariniere sie 5 Minuten lang.

6. Erhitze in einer tiefen Pfanne das Öl bei mittlerer bis hoher Hitze. Vermische auf einem Teller die Speisestärke und das Fünf-Gewürze-Pulver. Schüttele überschüssige Marinade von den Pilzen ab, dann überziehe die Pilze gründlich mit der Stärkemischung. Gib die Pilze sofort in das heiße Öl und brate sie, bis sie goldgelb und knusprig sind.

7. Wenn die Pilze fertig gebraten sind, gibst du den Knoblauch und den Salbei in das Öl und brätst die Zutaten weitere 3 Minuten an. Nimm Knoblauch und Salbei heraus und lass beides abkühlen, dann zusammen mit dem Zitronensaft und der Mayonnaise in einen Mixer geben. Püriere die Zutaten mit dem Mixer, bis alles gleichmäßig vermischt ist, dann schmecke die Sauce mit Salz und Pfeffer ab und stelle sie beiseite.

8. Zum Schluss ist der Salat dran. Gib den schwarzen Knoblauch, das Olivenöl, den Essig, den Senf und die Schalotte in einen Mixer und püriere alles, bis es glatt und emulgiert ist. Würze das Dressing mit Salz und Pfeffer und stelle es beiseite.

9. Zupfe die Grünkohlblätter von den dicken Stielen und gib sie in eine große Schüssel, dann massiere sie mit den Händen, bis sie weich sind. Mische den Grünkohl mit Thymian, Haselnüssen, Parmesan und schwarzem Knoblauch-Dressing. Serviere die gebratenen Pilze zusammen mit dem Grünkohl und der Salbei-Aioli. Den Mohnkuchen für das Dessert aufheben.

Fest der Erde

Saisonale Mahlzeiten zu den Sonnenwenden und Tagundnachtgleichen

Fest der Erde

Wenn wir die Religionen der Antike untersuchen, finden wir oft die Rhythmen der Natur personifiziert, sogar vergöttlicht, um verschiedene Aspekte des spirituellen Geheimnisses zu offenbaren. In Griechenland steigt Persephone aus der Unterwelt auf und bringt mit ihrer Rückkehr den Frühling auf die Erde. In Ägypten stirbt Osiris und wird wiedergeboren, wenn das Wasser des Nils über die Ufer tritt und die fruchtbare Wachstumsperiode beginnt. Doch hinter diesen verschiedenen Dramen und kulturellen Ausdrucksformen können wir einen einzigen Rhythmus erkennen, der die Erde sanft zwischen den Extremen der Jahreszeiten wiegt. Dies ist der Rhythmus der Sonne, die Königin des Kosmos und das Zentralgestirn in unserer galaktischen Nachbarschaft. Die Sonne hält die Erde in ihrer Gravitationsumarmung und sendet durch ihre eigene Selbstverbrennung in der Kernfusion Licht- und Wärmegeschenke an unseren Planeten. Das fantastische Uhrwerk dieser Sonnenbewegungen hat die Menschen der Antike nicht nur vor ein unlösbares Rätsel gestellt, sondern auch ihr tägliches Leben fest im Griff gehabt. Da die Bewegungen der Sonne eisige Winter, sengende Sommer, heftige Winde, Stürme und Blitze mit sich brachten, lebten und starben die Menschen schon immer in ihren Zyklen.

Deshalb nahm die Sonne in den Kosmologien der antiken Religionen oft eine zentrale Stellung ein. Zwar sind große Sonnenkulte wie im alten Ägypten und im aztekischen Mexiko selten, doch finden sich Motive der Sonnenverehrung in praktisch jeder Kultur, insbesondere in bäuerlich geprägten Landschaften. In diesen Kulturen wird die Sonne als Spenderin des Lebens auf der Erde, als Herrscherin des Himmels und als Schiedsrichterin der kosmischen Gerechtigkeit angesehen. Sie verkörperte die Vitalität des Lebens, symbolisierte das Streben nach Weisheit und Erleuchtung und galt als ständige Begleiterin des Menschen. Viele dieser alten Kulte zeichneten die Bewegungen des Sonnenzyklus auf und verehrten die Sonne an ihren extremsten Punkten – die Sonnenwenden und die Tagundnachtgleichen. Diese Ereignisse markierten die Höhepunkte im Zyklus des Zu- und Abnehmens der Sonne. An den Sonnenwenden sind die Auswirkungen der Sonne gegensätzlich, sie bescheren uns sowohl die längsten als auch die kürzesten Tage des Jahres. An den Tagundnachtgleichen sind Tag und Nacht gleich lang und die Sonne hält die Erde in einem perfekten Gleichgewicht von Licht und Dunkelheit. Diese Tage werden als Phasen angesehen, in denen die gewöhnlichen Gesetze der Realität außer Kraft gesetzt sind. Die Grenze zwischen der materiellen und der subtilen Sphäre wird aufgeweicht, und die Kräfte der Wahrsagerei, der geistigen Kommunikation und der Zauberei werden gestärkt. In den europäischen Traditionen waren die Sonnenwenden und Tagundnachtgleichen oft von extremer religiöser Bedeutung, und es wird angenommen, dass viele Kulte im Lauf der Geschichte ihre rituellen Kalender um diese Zeitpunkte organisiert haben, um den jahreszeitlichen Zyklus zu verfolgen und die Liminalität und Magie dieser seltenen Momente zu nutzen. Überall auf der Welt errichteten antike Gesellschaften massive Tempel und Steingebilde, um die heiligen Lichtstrahlen dieser kostbaren Tage einzufangen und zu bündeln, so wie in Stonehenge, Machu Picchu, den großen Pyramiden und vielen anderen sonnenorientierten Megalithbauten, die heute noch stehen.

Obwohl komplexe astrologische Berechnungen in der Antike eine Herausforderung darstellten, wurden die Bewegungen der Sterne genutzt, um genaue Daten für diese Himmelsereignisse zu berechnen. Im tropischen Tierkreis, der von der Bewegung der Sonne beherrscht wird, beginnt das Frühlingsäquinoktium traditionell im Frühling, wenn die Sonne in den ersten Grad des Widders eintritt. Hier rutscht das Sternzeichen des Orion, des Jägers, in die südliche Hemisphäre und macht Platz für seinen Nachfolger, Boötes den Hirten. Im Juni tritt die Sonne in den ersten Grad des Krebses ein und bringt die Sommersonnenwende und den längsten Tag des Jahres mit sich. Im September kehrt der Orion an den Nachthimmel zurück, und wenn die Sonne in den ersten Grad der Waage eintritt, stehen Tag und Nacht an der Herbst-Tagundnachtgleichen gleichberechtigt nebeneinander. Schließlich, im tiefen Winter, tritt die Sonne in den ersten Grad des Steinbocks ein und sorgt für die Wintersonnenwende, die längste Nacht des Jahres. In den heidnischen Traditionen Nordeuropas markieren viele Rituale auch die Mittelpunkte zwischen diesen Ereignissen, die mit Festen und religiösen Feiern, den Jahreslauf der Sonne ehren und verfolgen sollen. Auch wenn sie keine großen Himmelsereignisse darstellen, haben diese Vierteljahres-Tage für viele Traditionen eine große religiöse Bedeutung, wobei die Feste im Frühling und Herbst die „Scharnier"-Daten sind, um die sich der Rest des Jahres dreht. Es sei jedoch darauf hingewiesen, dass das tropische System der Astrologie auf den Positionen der Sternbilder in der antiken Welt beruht, die sich in den vergangenen Jahrtausenden erheblich verschoben haben. Infolge der sich drehenden Erdachse hat sich die traditionelle Zuordnung der astrologischen Zeichen für diese Ereignisse verschoben – das Frühlingsäquinoktium steigt jetzt im Wassermann, die Sommersonnenwende in den Zwillingen.

Da dieses Buch rein aus meiner Sicht der nördlichen Hemisphäre geschrieben ist, werden nicht alle Regionen diese Sonnenereignisse auf die gleiche Weise erleben. Viele dieser traditionellen Feste richten sich nach dem Jahreszeitenzyklus in Europa, während die Menschen der südlichen Hemisphäre diese Feiertage in umgekehrter Weise erleben. Wenn zum Beispiel die Sommersonnenwende die nördlichen Hemisphären in blühendem mit blühendem Grün erstrahlen lässt, wird die südliche Halbkugel in die Dunkelheit der Wintersonnenwende getaucht.

Frühlings-Tagundnachtgleiche

Die Frühlings-Tagundnachtgleiche wird auch Ostara genannt, mythisch abgeleitet von der germanischen Göttin des Frühlings, Eostre. Während der Kult um Eostre in Europa nur bis ins 2. Jh. n. Chr. zurückreicht, soll ihr Name auch die Wurzel einer anderen traditionellen Frühlingszeremonie bilden, und zwar vom Osterfest. In den nördlichen Hemisphären findet die Frühlings-Tagundnachtgleiche statt, wenn das Land die ersten warmen Tage nach dem Winter erlebt. Im ganzen Land bricht die Erde auf, und Triebe und Blüten brechen aus ihrem unterirdischen Schlummer hervor. Schlangen winden sich aus ihren unterirdischen Nestern, Kaninchen strampeln mit den Füßen gegen die Erde, und die Landschaft erwacht zu einer kinetischen, lebendigen, neuen Saison. Es ist eine Zeit, in der frisches Gemüse und zartes Grün endlich wieder verfügbar sind und essbare Blumen in psychedelischen Farbkombinationen vor dem Grün-Grau des Vorfrühlings blühen. Mit der neuen Farbe kommen auch die Vitamine, Nährstoffe und Heilkräuter zurück, die seit dem letzten Herbst in der Landschaft gefehlt haben. Der einst ruhige Planet erwacht zum Leben, und alle Lebewesen der Erde – Menschen, Tiere und vor allem Pflanzen – werden durch die erste lebensspendende Sonnenwärme wiederbelebt. In vielen volkstümlichen Traditionen geht diese Zeit der Wiedergeburt mit (Selbst-)Reinungsritualen einher. Wir können uns das heute als „Frühjahrsputz" vorstellen, aber in vielen Traditionen hatte diese Reinigung einen ganzheitlichen Ansatz. Fenster wurden geöffnet, Häuser gefegt, und sogar der Körper selbst wurde gereinigt, in der Regel durch die Einnahme von Abführkräutern, um das Blut von Fett, Salz und der Stagnation des Winters zu reinigen. Diese Entgiftung war notwendig, um das neue Jahr frisch zu beginnen, da die Frühjahrstagundnachtgleiche vielerorts als der wahre Beginn des Kalenderjahres angesehen wurde.

Das älteste aufgezeichnete Neujahrsfest des babylonischen Kalenders aus dem Jahr 2000 v. Chr. datiert den Beginn des Jahres auf die Frühlings-Tagundnachtgleiche. Diese Wiedergeburt und Erneuerung wird sehr schön in einem der stärksten europäischen Symbole für die Tagundnachtgleiche beschrieben, dem Ei, in dem die harte Erde des Winters (die Schale) zerbricht und den Weg frei gibt für das neue Leben des Frühlings (das nahrhafte Ei im Innern). In den slawischen Ländern wird die Tagundnachtgleiche mit einer Reihe von Eiersuchspielen gefeiert, bei denen Kinder Lieder zum Lob des auferstandenen Heiligen Lazarus singen und Eier gegeneinanderschlagen, um zu sehen, welches zuerst zerbricht. Diese Eierrituale sind in ganz Europa verbreitet und werden in der Regel mit Gebeten und Segenssprüchen verbunden, um das Land zu öffnen und denjenigen eine fruchtbare Ernte zu bescheren, die sie zum Überleben benötigen. Aus diesem Grund sind Eier ein traditioneller Bestandteil

FRÜHLINGSÄQUINOX

März ♈ Widder

THEMEN: Reinigung, Säuberung, Segen, Belebung, Vorbereitung, Wachstum, Erwecken von Land und Boden Rohkost, essbare Blumen, zartes Grüngemüse, frische Kräuter, Salate

KRÄUTER: Dill, Minze, Ysop, Wacholder, Klee, Löwenzahn, Wegerich, Rohrkolben, Brennnessel, Weide, Schafgarbe, Lavendel, Flieder, Elfenblume, Schnittlauch

LEBENSMITTEL: Kirschblüten, Kopfsalat, Rucola, Eier, Lammfleisch, Bambussprossen, Spargel, Frühlingszwiebeln, Bärlauch, Waldpilze, Kohl, Artischocken, Kirschen, Karotten, Erbsen, Fiddleheads, neue Kartoffeln, Radieschen, Rhabarber, Fenchel, Pflaumen, Aprikosen, Saubohnen, Brunnenkresse

- 20.-22. März **FRÜHLINGSÄQUINOX**
- Ende März **HOLI** das farbenfrohe hinduistische „Fest der Liebe"
- Anfang April **ADONIA** das antike griechische Fest zu Ehren von Adonis, Aphrodite und Persephone
- 30. April **HEXENNACHT** „Nacht der Hexen" oder das Fest der Heiligen Walburga
- 1. Mai **BELTANEE**
- June 7th **VESTALIA** the Roman festival of Vesta, goddess of the hearth

der Rituale zur Frühlings-Tagundnachtgleiche auf der ganzen Welt und spielen eine wichtige Rolle bei den Festlichkeiten zu diesem Feiertag

SOMMERSONNENWENDE

Juni ♈ Krebs

THEMEN: Kreativität, taktile Genüsse, Bewegung, Aktion, Wahrsagerei, Verzauberung, Liebeszauber

Kochmethoden am offenen Feuer, Beeren, Nachtschattengewächse, Getreide, süßes Gemüse

---

KRÄUTER: Rose, Ringelblume, Basilikum, Lorbeer, Sonnenblumenmohn, Melisse, Johanniskraut, Wilde Möhre, Borretsch, Oregano, Dittany

---

LEBENSMITTEL: Sommerkürbisse, Mais, Himbeeren, Tomaten, Paprika, Erdbeeren, Auberginen, Kürbisblüten, Melonen, Pfirsiche, Gurken, Knoblauch, Blaubeeren, Okra, Sellerie, Rote Bete, Avocado, Meeresfrüchte, Kiwi, Mango, Hühnchen, Grünkohl, Kohlgemüse, Mangold, Palmherzen, Chilis, Limetten

Sommersonnenwende

Die Sommersonnenwende wird auch als Mittsommer oder Litha bezeichnet und war eines der wichtigsten Feuerfeste der alten Völker Nordeuropas. Der englische Begriff „solstice“ leitet sich vom lateinischen sol (Sonne) und sistere (stillstehen) ab. Während die Frühlings-Tagundnachtgleiche in den meisten Ländern als Beginn des neuen Jahres angesehen wurde, war in weiten Teilen des antiken Griechenlands die Sommersonnenwende der erste Tag des Kalenders. In Athen wurde die Sonnenwende im Zuge der Kronia gefeiert, dem Fest des Kronos (Saturn), der dort unter Hervorhebung seiner landwirtschaftlichen Prägung als Erntegott geehrt wurde – inklusive seines Markenzeichens, der Sense. Später, in der römischen Ära, wurde die Sommersonnenwende mit Vestalia – dem Fest von Vesta als Göttin des Herdes, des Heims und des Feuers – eröffnet, die von ihren Brot backenden jungfräulichen Priesterinnen begleitet wurde. Im alten Ägypten läutete die Sommersonnenwende das Hochwasser des Nils ein und wurde mit dem Neujahrsfest Wepet Renpet gefeiert, einem großen Fest, bei dem mehrere Tage lang gesungen, getanzt und ausgelassen gefeiert wurde.

Dieser Tag ist der Höhepunkt des Sonnenkalenders und markiert den längsten Tag und die kürzeste Nacht des Jahres. Zur Sommersonnenwende steht die Erde in voller Blüte und bringt Früchte, Blumen, Gemüse und Pflanzenmedizin hervor. Im liturgischen Jahr wird der Hochsommer mit dem Fest des Heiligen Johannes des Täufers am 24. Juni mit anderen Religionen und Philosophien vermischt. Da es sich hierbei um ein christliches Fest handelt, wird die Überlieferung über die mystische Bedeutung dieser Nacht in den Traditionen des Johannistages bewahrt, zu denen Schutzrituale, Wahrsagungsrituale

- 20.-22. Juni **SOMMERSONNENWENDE**
- 4. Juni Fest des Heiligen Johannes des Täufers
- 1. August **LAMMAS**
- 10. August Fest von Sankt Lorenz, Schutzpatron der Köche
- 21. August **CONSUALIA** Das römische Fest des Consus, der den Menschen die Kunst des Erntens und Lagerns von Getreide lehrte
- Mitte September **DOZINKY** Das slawische Erntedankfest, nahe der Tagundnachtgleiche

und die Herstellung magischer Amulette aus Johanniskräutern und dem Gänseblümchen gehören, die beide dem Heiligen Johannes dem Täufer heilig sind. Die Sommersonnenwende verkörpert die Vorstellung, dass diesen heiligen Tagen eine magische Kraft innewohnt, wobei der Mittsommertag der Tag mit den meisten volkstümlichen Überlieferungen ist, die seine grenzüberschreitende Natur bezeugen. Hexen und Geister überwinden die Welten, Jungfrauen werden von Visionen zukünftiger Liebhaber heimgesucht, und selbst dem Morgentau der Sommersonnenwende werden wundersame Heilkräfte nachgesagt. Es ist ein Tag, an dem sterbliche Menschen die Beschränkungen der materiellen Realität ablegen, Prophezeiungen und Schätze empfangen und Pakte und Bündnisse mit Geistern schließen können. In Europa wird dieses Fest auch heute noch mit riesigen Lagerfeuern, farbenfrohen Theatervorstellungen und Ritualen des Schutzes und der Wahrsagerei sowie mit Astralreisen gefeiert.

Herbst-Tagundnachtgleiche

Im Herbst lässt die Hitze des Sommers nach und die Herbst-Tagundnachtgleiche teilt den Tag wieder gleichmäßig in Licht und Dunkelheit. Das Wort „Äquinoktium" leitet sich von den lateinischen Begriffen aequus (gleich) und nox (Nacht) ab und beschreibt das Gleichgewicht von Tag und Nacht, das die Tagundnachtgleiche mit sich bringt. Dieser Feiertag trägt auch den Namen Mabon und verkündet den Übergang zum Winter und den bevorstehenden Tod der Erde. Viele alte Religionen feierten zu dieser Zeit des Jahres die Mysterien des Todes und der Wiedergeburt, wobei der Schwerpunkt auf dem Abstieg des Herbstes in die Dunkelheit lag. In der sumerischen Legende stirbt die Erdgöttin Inanna im Herbst durch die Hand ihrer eifersüchtigen Schwester und begibt sich in die Unterwelt, wo sie auf ihre Wiedergeburt im Frühling wartet. Im antiken Griechenland wird Persephone beim

HERBST-ÄQUINOX

September ♎ Waage

THEMEN: Spirituelle Kommunikation, Sammeln, Ahnenmagie, Ernten, Opfern, Schutzzauber, Danken

Gebratenes, Gebackenes, Baumfrüchte, stärkehaltiges Gemüse, Kohlgemüse

---

KRÄUTER: Holunder, Hagebutte, Wilde Traube, Weißdorn, Sumach, Königskerze, Beifuß, Sassafras, Goldrute, Malve, Ingwer, schwarze Walnuss

---

LEBENSMITTEL: Äpfel, Kürbisse, Nüsse, Weintrauben, Brombeeren, Kürbis, Birnen, Granatäpfel, Feigen, Honig, Rosenkohl, Fenchel, Knollenblätterpilze, Brokkoli, Sojabohnen, Meerrettich, Kaki, Radicchio, Quitte, Steckrübe, Süßkartoffeln, Schalotten, Litschis, Maulbeeren, Spinat, Kohlrabi

- 20.-22. September **HERBST-TAGUNDNACHTGLEICHE**
- 29. September **MICHAELSFEST** Das Fest des Heiligen Erzengels Michael
- 31. Oktober **SAMHAIN**
- 17. November Fest der Heiligen Elisabeth von Ungarn, Schutzpatronin der Bäcker
- 17. Dezember SATURNALIA Das römische Fest der Dekadenz und der Gegensätzes
- 19. Dezember OPALIA Das römische Fest zum Abschluss des landwirtschaftlichen Jahres

Blumenpflücken in den Hades verschleppt. Zur Frühlings-Tagundnachtgleiche darf sie zurückkehren, muss aber zur Herbst-Tagundnachtgleiche wieder in den Hades hinabsteigen und als Königin der Toten herrschen. In Kulturen auf der ganzen Welt ist dieser Tag ein Zeitpunkt, um den Mysterien des Todes Raum zu geben und den Verlust und das Ende als einen natürlichen, notwendigen Aspekt der menschlichen Erfahrung zu feiern.

In den Volksbräuchen der Herbst-Tagundnachtgleiche wird diese Nacht in Europa mit Festmählern, Tanzen, Musik und Buchführung gefeiert. Große Bälle und Feste wurden veranstaltet, um die Ernte des Sommers zu teilen und ein letztes Mal zusammenzukommen, bevor die Winterkälte einsetzt. Das Michaelsfest, das katholische Fest des Heiligen Erzengels Michael, wurde manchmal zusammen mit der Tagundnachtgleiche gefeiert. Als einer der wichtigsten Abschlusstage des Finanz- und Gerichtsjahres war das Michaelsfest eine Zeit, in der Schulden beglichen, Knechte bezahlt und Arbeit für den bevorstehenden langen Winter gesichert wurde. Es war auch eine Zeit, in der die Gärung von Spirituosen gefeiert wurde, denn die Tagundnachtgleiche läutete das Ende der Trauben- und Hopfenernte ein, sodass traditionell Wein gekeltert und Bier gebraut werden konnte. Die Herbstfeste waren dafür bekannt, dass sie ausgelassen und fröhlich waren, doch die Todesströmung, die diese Jahreszeit durchzieht, ist unausweichlich. Daher dient die Herbst-Tagundnachtgleiche in erster Linie der Ahnenverehrung und zur Versorgung der geliebten Verstorbenen. Bei vielen Erntedankfesten ist es deshalb üblich, Tische und Stühle frei zu lassen, um den Geistern der lieben Verstorbenen Platz zu bieten.

Wintersonnenwende

Wenn die Wärme des Sommers in Vergessenheit gerät und die Erde in Schnee und Eis gehüllt ist, bietet die Wintersonnenwende

WINTERSONNENWENDE

Dezember ♑ Steinbock

THEMEN: Selbstreflexion, Licht in die Dunkelheit bringen, Geschichtenerzählen, Schutzmagie, Überleben, Widerstandsfähigkeit, Prophezeiung

Fermente, langsame Kochmethoden, Fleisch, Milchprodukte, getrocknete Bohnen und Körner

KRÄUTER: Kiefer, Rosmarin, Thymian, Salbei, Ampfer, Klette, Seegemüse, Kiefer, Flechte, Wintergrün, Sauerampfer, Kümmel, Birke

LEBENSMITTEL: Pilze, Wurzelgemüse, Zwiebeln, Schweinefleisch, Preiselbeeren, Zitronen, Orangen, Grapefruit, Rüben, Lauch, Pastinaken, Kartoffeln, Rindfleisch, Essiggurken, Sauerkraut, Vollkornprodukte, getrocknete Bohnen, Käse, Pökelfleisch, Papaya, Passionsfrucht, Johannisbeeren, Datteln, Winterkürbisse

- 20.–22. Dezember **WINTERSONNENWENDE**
- 23. Dezember **LARENTALIA** Das römische Fest der Laren, der Ahnengeister des Hauses
- 22. Januar Fest des Vinzenz von Saragossa, Schutzheiliger der Winzer und Essighersteller
- 2. Februar **IMBOLC**
- 17. Februar **FORNACALIA** das römische Fest des Brotesd
- Mitte Februar **MARDI GRAS** oder **Fetter Dienstag**, das Karnevalsfest vor der Fastenzeit
- Anfang März **MASLENITSA** Das russische Butterfest

das Versprechen von Licht in der Dunkelheit. Nach der Tagundnachtgleiche, dem Balanceakt zwischen Tag und Nacht, übernimmt die Dunkelheit den Sonnenzyklus und sorgt für kürzere Tage und längere Nächte. In der längsten dieser kalten, dunklen Nächte findet die Wintersonnenwende statt – der Höhepunkt der abnehmenden Sonne und der tiefste Punkt in der Unterwelt des Jahres. Hier macht die Sonne auf dem Absatz kehrt und die Tage werden wieder länger, während die Erde in den Frühling aufsteigt. Bei den Heiden wird die Wintersonnenwende Yule oder Jul genannt und ist eine Zeit, die von lästigen Geistern, der Verkündung von Prophezeiungen und einer Umkehrung der gesellschaftliche Normen geprägt ist. Im antiken Griechenland wurde die Sonnenwende im Dezember mit zwei Festen gefeiert – dem kleineren Fest Haloea, das dem lasziven Gott Poseidon gewidmet war, und dem einwöchigen Rummel der Saturnalien, dem verrückten und wilden Fest des Saturns. Während Haloea wurden die Frauen von den Männern getrennt und zum Hedonismus ermuntert – sie tranken Wein und aßen Kuchen in Genitalform, während Priesterinnen ihnen sapphische Andeutungen ins Ohr flüsterten. Nach einer Nacht gesellten sich die Frauen wieder zu den Männern, die turmhohe, feierliche Lagerfeuer errichtet hatten. Während der Saturnalien wurden kleine Geschenke zwischen Freunden und Familienmitgliedern ausgetauscht. Tabuisierte Verhaltensweisen wie Glücksspiel und öffentliche Trunkenheit waren erlaubt, und die Machtstrukturen wurden auf den Kopf gestellt. Die Diener konnten ihren Herren Dinge befehlen, die Versklavten liefen frei herum, und einer von ihnen wurde zum „König der Saturnalien" gewählt, der den Tag leitete und Befehle erteilte, um weitere Ausschweifungen zu fördern. Obwohl dies ein seltsames Fest für den Gott Saturn zu sein scheint, der normalerweise für Begrenzung und Verantwortung steht, wurde dieser Feiertag von einigen im Römischen Reich als Anspielung auf das goldene Zeitalter der Herrschaft Saturns als König der Götter angesehen, als es auf der Erde Ordnung und Frieden gegeben haben soll. Nach der Christianisierung Europas lebten viele dieser Traditionen weiter und wurden in den christlichen Festen fortgeführt. Die saturnischen Traditionen des rituellen Festmahls, der Trunkenheit, des Schenkens und des Feierns eines Trickster-Königs oder „Lord of Misrule" wurden zu etablierten volkstümlichen Traditionen von Weihnachten und des Dreikönigsfestes, die beide um die Wintersonnenwende herum stattfinden. Darüber hinaus wurden spezielle Birken- oder Eichenscheite zu Yule-Scheiten geschnitzt, die im Haus verbrannt und deren Schatten als Vorzeichen für das kommende Jahr gelesen wurden. In dieser Übergangszeit waren die Menschen besonders anfällig für lästige Geister, und man achtete sehr darauf, das Haus und seine Bewohner vor deren Einfluss zu schützen. Kümmelsamen wurden in Eingänge gestreut, unter Wiegen gelegt und um Butterfässer gestreut, um zu verhindern, dass Hexen Lebensmittel und Kinder stahlen. Oft wurde ein großes Brot gebacken – rund und geflochten, in Form eines Kranzes -, als Opfergabe für die Geister des Landes. Die wichtigste dieser Traditionen war jedoch das Zusammensein mit geliebten Menschen. Ein Festmahl, ein gutes Getränk und fantastische Geschichten sollten unterhalten und inspirieren, während die Welt in Stille auf die Rückkehr der Sonne im Frühling wartete.

Es liegt eine große Schönheit und magische Kraft im Verfolgen dieser elementaren Zyklen, aber es liegt auch eine tiefe Weisheit darin. Die lebendige Erde ist ein intelligentes Wesen, das uns das Notwendige gibt, wenn wir es am meisten brauchen. Im Frühjahr liefert die Rückkehr von frischem Gemüse und Kräutern dringend benötigte Vitamine, Enzyme und Ballaststoffe nach einer Saison voller Salz, Fett und Stärke. Im Sommer sind frisches Obst und Gemüse kühlend und feuchtigkeitsspendend für den Körper. Sie helfen uns, die sengende Hitze zu ertragen und liefern Energie für den schnellen Rhythmus des Sommers. Mit der Rückkehr des Herbstes kommen reichhaltigere Lebensmittel auf den Tisch – fette Nüsse, stärkehaltiges Gemüse, Fleisch und Käse, die den Körper auf das langsame Tempo und die kalten Temperaturen der kommenden Jahreszeit vorbereiten. In dieser Zeit kehren auch fermentierte Lebensmittel auf unseren Speiseplan zurück – Essiggurken, Kraut, Essig und Wein –, die in einer Jahreszeit mit einer geringen Anzahl an frischen Lebensmitteln wichtige Enzyme und Probiotika liefern. Selbst im tiefen Winter versorgt uns die Erde weiterhin mit nährstoffreichem Gemüse und Lebensmitteln, die sich leicht bei niedrigen Temperaturen lagern lassen, z. B. Rote Bete, Kürbisse und Karotten, sodass die Ernte des Herbstes uns den ganzen Winter über versorgt. Der Verzehr dieser Lebensmittel in der jeweiligen Jahreszeit sorgt nicht nur dafür, dass sie am köstlichsten und nährstoffreichsten sind, sondern stärkt auch nachweislich das Immunsystem und hilft unserem Körper, den Wandel der Jahreszeiten zu bewältigen. Auch wenn saisonale Ernährung in den letzten Jahren zum Trend geworden ist, ist diese Weisheit uralt und geht auf die tiefe Verbundenheit unserer Vorfahren mit dem Land zurück, das ihnen das Leben schenkte.

Bei deinen eigenen Ritualen und Praktiken solltest du die Rolle der Traditionen und Zusammenhänge bei Sonnenwenden und Tagundnachtgleichen berücksichtigen. Auf den folgenden Seiten findest du ein einzigartiges Verzeichnis mit Korrespondenzen und Assoziationen sowie ein komplettes Festmahl für jeden dieser Höhepunkte im Sonnenzyklus. Diese Gerichte feiern saisonale Lebensmittel, Kräuter und Kochmethoden und sie enthalten einige der besten Rezepte aus meinem persönlichen Grimoire. Verwende diese Gerichte und die jeweils mitgelieferte Festtagstafel als Vorlage, um dich bei der Planung deiner eigenen Sonnenwende- und Äquinoktialfeste kreativ inspirieren zu lassen und so die uralte Tradition fortzusetzen, die Sonne zu ihren kraftvollen, beeindruckenden Übergangszuständen zu ehren.

Festmahl zur Frühlings-Tagundnachtgleiche

Festmahl zur Frühlings-Tagundnachtgleiche:

Ricotta-Frühlingserbsen-Aufstrich; Kräuter-Lauch-Quiche mit Kartoffelkruste; Gehobelter Rettichsalat mit einer Kirschblütenvinaigrette; Jasmintee-Shortbread

Eines meiner Lieblingsrituale zur Frühlings-Tagundnachtgleichen ist die Herstellung von Eier-Talismanen, die in Osteuropa und in meinem Heimatland Kroatien Tradition haben. Diese werden üblicherweise sowohl für die Frühlings-Tagundnachtgleiche als auch zu Ostern hergestellt und dienen als Symbol der Erneuerung in der langsam grüner werdenden Landschaft des frühen Frühlings. In meinen Praktiken sind diese Eier eine Opfergabe, im Austausch für das frühlingshafte Versprechen der Wiedergeburt. Ich beschrifte die Eier mit Wachs und zeichne Symbole und Sigillen mit Bezug auf meine Wünsche für das kommende Jahr, aber genauso für die Dinge, die ich loswerden möchte. Die Eier, die für die Wünsche stehen, werden mit schwarzem Tee, Alantwurzel und Essig blutrot gefärbt, und die Eier, die für die verworfenen Dinge stehen, werden mit schwarzen Walnüssen, Myrrhe und Essig schwarz gefärbt. Ich bereite diese Talismane am Tag vor der Tagundnachtgleiche vor und stehe am nächsten Tag früh auf, um die Arbeit fortzusetzen.

Wenn ich aufstehe, ziehe ich mir saubere, helle Kleidung an und stecke mir Blumen ins Haar. Ich packe die Eier in einen Rucksack, zusammen mit frischem Brot, Kerzen und etwas Gutem zu trinken, und eile in den Wald. Dort angekommen, suche ich mir einen Platz, an dem Wildblumen zu wachsen beginnen – zu dieser Jahreszeit also Löwenzahn, Krokusse und Veilchen. Der geeignete Ort ist ruhig, versteckt und offenbart sich in der Regel nach einigem Umherstreifen. Wenn ich ankomme, lege ich die Eier in einem kleinen Kreis um die Wildblumen und beginne mit dem Sammeln von Knospen, Pilzen und aromatischen Blättern in meiner Umgebung. Ich umkreise die Eier in diesen gesammelten Gaben, zünde Kerzen an, reiße das Brot in zwei Hälften und lege jede Hälfte auf eine Seite der Eier – eine Hälfte für alles Vergangene und eine für alles Zukünftige. Ich spreche offen und ehrlich mit den Geistern dieses Ortes, schildere sowohl meine Wünsche als auch mein Bedauern und bitte um Unterstützung für das kommende Jahr. Ich beschrifte die Brote mit Sigillen, die den jeweiligen Zweck zum Ausdruck bringen, grabe mit einem Kupferlöffel zwei Löcher in die Erde und vergrabe dort die beiden Brote. Ich teile den Trank mit den Pflanzen, mit dem Wald, mit der ganzen Eigenartigkeit des Daseins und schütte mehr als die Hälfte in die offenen Löcher mit den Broten. Wenn alles gesagt und gesungen ist, schließe ich die Löcher, lösche die Kerzen und lasse die Eier zurück, um die Blumen heimlich zu umkreisen, und kehre schweigend nach Hause zurück, während der Tag über das Land kriecht.

Dieses Festmahl ist als Meditation über die Aromen und Früchte der Frühlings-Tagundnachtgleiche gedacht und es hebt die für Frühlingsfeste heiligen Zutaten hervor – Eier, Milchprodukte und frische Kräuter. Für unser Festmahl benötigen wir eine besondere Zubereitung von Pflaumen – die Umeboshi, eine in Salz eingelegte Pflaumenart aus Japan. Wir verwenden sowohl den Essig der Umeboshi als auch die Früchte selbst, zusammen mit japanischen, in Salz eingelegten Kirschblüten. Diese Zutaten sind in den meisten Märkten für asiatische Spezialitäten erhältlich, können online bestellt oder zu Hause auf altmodische Weise zubereitet werden, wenn du Pflaumen und Blüten zur Hand hast.

Für 4 Personen

Vorbereitungszeit für ein komplettes Festmahl: 2 Stunden

Kochzeit für ein komplettes Festmahl: 2 Stunden

FÜR DEN ERBSENAUFSTRICH

- 1 Baguette
- 4 EL Olivenöl, plus zum Servieren
- 125 g frische oder gefrorene Erbsen
- 1 Handvoll frischer Minzblätter, plus zum Servieren
- 115 g Ricotta
- Schale und Saft von 1 Bio-Zitrone
- 1 TL grob gemahlene rosa Pfefferkörner (wahlweise)
- Salz, nach Belieben

FÜR DIE QUICHE

- 1 große Schalotte, in 6 mm dicke Ringe geschnitten
- 85 g Perlzwiebeln
- 60 ml Umeboshi-Essig (Aprikosenessig)
- 1 Knoblauchzehe
- 1 EL Olivenöl
- 3 große, stärkehaltige Kartoffeln von ähnlicher Größe
- 6 Eier
- 700 ml Ziegenmilch oder Vollmilch von der Kuh
- 240 g Crème Double
- 3 EL gehackter frischer Schnittlauch
- 3 EL gehackter frischer Oregano
- 2 EL gehackter frischer Dill
- 1 Prise gemahlene Nelken
- 225 g Gruyère-Käse, gerieben
- Salz und Pfeffer, nach Belieben

FÜR DEN SALAT

- 60 ml Olivenöl
- 60 ml Umeboshi-Essig (Aprikosenessig)
- 2 Umeboshi-Pflaumen, entkernt und gehackt oder zu einer Paste zerkleinert
- ¼ Schalotte, gehackt
- 2 kleine Radieschen, Sorte Wassermelone
- 1 Grapefruit oder 2 Orangen
- 1 großer Bund Rucola
- 37 g zerbröckelter Ziegenkäse
- 33 g geröstete Pinienkerne
- 10 g gesalzene Kirschblüten
- Frische Kirschblütenblätter, zum Garnieren (wahlweise)
- Salz und Pfeffer, nach Belieben

FÜR DAS SHORTBREAD

- 3 EL Jasminteeblätter
- 225 g weiche Butter
- 100 g Puderzucker
- 1 TL Vanilleextrakt
- 240 g Mehl
- ½ TL Salz
- 3 EL grobkörniger Zucker

1. Beginne mit dem Mürbeteig. Heize den Ofen auf 150 °C Umluft vor und fette eine 23 cm große Springform mit herausnehmbarem Boden ein. Zerkleinere die Teeblätter mit einer Gewürzmühle oder einem Mörser und Stößel zu einem Pulver. In einer großen Schüssel vermischst du die Teeblätter mit der weichen Butter und dem Puderzucker. Schlage die Buttermischung leicht und schaumig und hebe dann Vanille, Mehl und Salz unter, bis sich der Teig gerade so zusammenfügt.

2. Drücke den Teig in die vorbereitete Form. Bestreue den Teig mit dem Zucker und drücke die Kristalle leicht an. Schneide den Teig in 12 lange, schmale Tortenstücke und backe den Kuchen 10 Minuten lang, bis er anfängt, braun zu werden. Nimm den Kuchen aus dem Ofen und stelle das Gebäck noch in der Form auf ein Kuchengitter. Schneide mit einem Buttermesser entlang der Rillen, solange das Gebäck noch warm ist, und lass es auf Zimmertemperatur abkühlen.

3. Beginne nun mit der Quiche. Vermische in einer mittelgroßen Schüssel Schalotten, Zwiebeln und Umeboshi-Essig und lass die Mischung 10 Minuten ziehen. In der Zwischenzeit heizt du den Ofen auf 200 °C Umluft vor und fettest eine 23-cm-Springform leicht ein. Wenn die Zwiebeln fertig sind, gießt du den Essig ab und verteilst die Zwiebeln auf einem mit Backpapier ausgelegtes Backblech.

4. Schneide die Knoblauchzehe kreuzweise ein und lege sie auf ein Blatt Alufolie. Beträufle den Knoblauch mit 1 EL Öl, wickle ihn fest in die Folie und lege ihn auf das Backblech mit den Zwiebeln. Backe Zwiebeln und Knoblauch 20 Minuten lang, oder bis der Knoblauch weich ist und die Zwiebeln anfangen, braun zu werden. Wickle den Knoblauch aus der Alufolie und drücke die Zehen heraus.

5. Als Nächstes schneidest du die Kartoffeln mit einem scharfen Messer der Länge nach in gleichmäßige Scheiben, so dünn wie möglich. Die Kartoffeln sollten biegsam und glasig sein, aber nicht zerfallen. Lege die vorbereitete Springform mit den Kartoffeln aus, sodass eine Kuchenkruste entsteht. Fächere zunächst eine einzelne Schicht über den Boden und dann schichte sie die Seiten der Form hinauf, sodass die Form vollständig bedeckt ist, wobei jede Scheibe die letzte um mindestens 1 cm überlappen sollte. Schichte so lange, bis alle Scheiben verbraucht sind. Stelle die Tarte beiseite.

6. Verquirle in einer mittelgroßen Rührschüssel die Eier und die Milch, bis eine homogene Masse entsteht. Rühre Sahne, frische Kräuter, gemahlene Nelken und geröstete Zwiebeln und Knoblauch unter und schmecke mit Salz und Pfeffer ab.

7. Streue in der mit Kartoffeln ausgelegten Form eine Schicht geriebenen Käse auf den Boden der Kruste. Backe die Kruste 15 Minuten lang und lass sie dann auf fast Zimmertemperatur abkühlen. Drehe den Ofen auf 180 °C Umluft herunter.

8. Rühe den restlichen Käse in die Creme, dann fülle die Tarte so hoch wie möglich. Wenn die Kartoffelkruste versucht sich mit der Creme zu verbinden, halte sie mit der Rückseite eines Löffels unten. Backe die Quiche 30 Minuten lang, oder bis die Eier fest sind und die Kartoffelkruste gebräunt ist. Lass die Tarte anschließend auskühlen.

9. Beginne nun mit dem Aufstrich. Schneide das Baguette mit einem scharfen Messer in 1,5 cm dicke Scheiben und lege diese in einer einzigen Lage auf ein Backblech. Bestreiche das Brot mit 2 EL Olivenöl, salze und pfeffere es und röste es 8–10 Minuten im Ofen.

10. In der Zwischenzeit gibst du die Erbsen, die Minze, den Ricotta, die Zitronenschale und den Saft sowie das restliche Olivenöl in einen hohen Rührbecher. Püriere die Mischung mit einem Stabmixer, dann schmecke sie mit Salz und ggf. etwas rosa Pfeffer ab. Wenn die Würzung perfekt ist, gibst du den Aufstrich in eine flache Servierschale und garnierst ihn mit Minzblättern, rosa Pfeffer und etwas Olivenöl.

11. Zum Schluss bereitest du den Salat zu. Vermenge in einer Schüssel das Olivenöl, den Umeboshi-Essig, die zerkleinerten Pflaumen und die gehackte Schalotte. Schmecke mit Salz und Pfeffer ab und stelle das Dressing beiseite.

12. Schneide die Radieschen mit einem sehr scharfen Messer in dünne Scheiben. Lege diese in eine Schüssel mit Wasser, während du die restlichen Zutaten vorbereitest. Schneide als Nächstes die Grapefruit oder die Orange oben und unten ab und entferne dann mit einem scharfen Messer die Schale und die Haut. Schneide jede Scheibe der Frucht aus. Kombiniere die Radieschen und die Scheiben der Zitrusfrucht deiner Wahl in einer großen Schüssel mit dem Rucola, dem Ziegenkäse, den Pinienkernen und den Kirschblüten. Beträufle den Salat mit dem Dressing, schwenke ihn einmal durch und garniere ihn ggf. mit frischen Kirschblüten.

13. Beim Servieren stellst du eine kleine, flache Schale mit Wein auf den Tisch, in der du Veilchen oder andere früh blühende Blumen schwimmen lässt, und legst einen Kranz aus Weidenzweigen darum. Stelle eine Reihe von Kerzen auf, die den als Symbol für das Licht der Sonne, das die dunkle und die helle Hälfte des Sonnenjahres überspannt. Verbrenne ein Räucherwerk aus Fingerkraut, Zedernholz, Löwenzahn, Weihrauch, Walderdbeerblättern und getrocknetem Geißblatt. Serviere den Salat, den Erbsenaufstrich und die Quiche zusammen und hebe das Shortbread für das Dessert auf.

Festmahl zur Sommersonnenwende

Festmahl zur Sommersonnenwende: Italienischer Brotsalat mit Burrata und Zitronenmelissen-Vinaigrette; Sommerliches Maisrisotto mit Basilikum und Oliven; Geröstete Rote Bete mit Labneh, Sumach und knusprigen Schalotten; Gebackene Pfirsiche mit Buttermilch-Gelato

Die Sommersonnenwende ist zweifelsohne der Höhepunkt des Sonnenjahres, sowohl astronomisch als auch magisch. Die Tage sind lang, Nahrung ist im Überfluss vorhanden und die Menschen sind in einer Weise energetisiert, wie es nur der warme, sanfte Sommer ermöglichen kann. Jedes Jahr zur Sonnenwende, führe ich ein kleines Ritual der Wahrsagerei durch, denn man glaubt, dass die Prophezeiung an diesem Tag mehr als an jedem anderen offenbart wird. Ich verbringe den Tag vor der Sonnenwende damit, über meine Fragen zu meditieren, sie sorgfältig auszuwählen und an ihren Worten zu feilen, damit ich bei meinen Ritualen keine Zeit verliere.

Wenn ich bereit bin, ziehe ich mich in Weiß und Gold an und gehe in den Wald, um Blumen zu pflücken. Ich pflücke eine großzügige Menge, lasse dabei Opfergaben zurück und stelle mir einen bunten Strauß aus Blüten zusammen. Diese bringe ich an den vorgesehenen Ort, wo ich einen stabilen Kessel oder eine Feuerstelle mit Birkenrinde und getrockneten Haselblättern aufgestellt habe. Ich zünde das Feuer an, und wenn es endlich brennt, lege ich meine frisch gepflückten Blüten in den Kessel oder die Feuerstelle, wo sie sofort in Flammen aufgehen. Ich nippe an einem Tee aus Visionen gebenden Kräutern – Damiana, Calendula und Lorbeer – und beobachte aufmerksam die brennenden Blumen, die auf den Kohlen und in den Rauchwolken braten, während ich die Fragen vorlese, die ich vorbereitet habe. Wenn ich meine Antworten erhalten habe, brenne ich das Feuer vollständig nieder und nehme die Holzkohle mit nach Hause um sie als Räucherwerk und zur Herstellung von für göttliche Rituale im kommenden Jahr zu verwenden.

Auch wenn dieses Fest auf dem Papier recht anspruchsvoll erscheinen mag, versichere ich dir, dass es schnell zubereitet ist und mit den reifen Früchten und dem Gemüse des Sommers kann man geschmacklich kaum etwas falsch machen. Allerdings erfordert dieses Rezept die Herstellung von geräucherter Buttermilch, und das Räucherverfahren mag für einige ungewohnt sein. Befolge die Anweisungen sorgfältig, und wenn du erst einmal den Dreh raushast, wirst du dich in dieses einfache Verfahren verlieben, das verspreche ich dir! Es gibt wirklich keinen typischeren Geschmack für den Sommer als die reichhaltige Rauchnote von Speisen, die über offenem Feuer zubereitet und perfekt gegrillt werden, und dieses Festmahl tut sein Bestes, um diese kräftigen Aromen zu Hause einzufangen.

Für 4 Personen

Vorbereitungszeit für ein komplettes Festmahl: 2 Stunden

Kochzeit für ein komplettes Festmahl: 2 Stunden

FÜR DEN BROTSALAT (PANZARELLA)

- 6 EL Olivenöl
- 60 ml Champagneressig oder Weißweinessig
- 1 Bund frische Zitronenmelisse, Stiele entfernt
- Saft von 1 Bio-Zitrone
- 1 TL Zitronenschale
- 85 g Croûtons
- 1 Bund Brunnenkresse, gewaschen
- 2 große Tomaten, in Spalten geschnitten
- 1 Handvoll frische Rosenblütenblätter
- 2 große Kugeln Burrata
- Salz und Pfeffer, nach Belieben

FÜR DAS RISOTTO

- 3 frische Maiskolben
- 60 g Sahne
- 60 ml Vollmilch
- 280 g Kirschtomaten
- 2 EL Olivenöl
- 950 ml Hühnerbrühe
- 3 EL Butter
- 280 g Risottoreis
- 2 Knoblauchzehen, in Scheiben
- 1 Lorbeerblatt
- 23 g geriebener Parmesankäse
- 1 Handvoll frischer Basilikumblätter, gehackt
- 85 g entsteinte grüne Oliven
- 1 EL gehackte eingelegte Zitrone

FÜR DIE ROTE BETE

- 2 große rote Beten, geschält und gewürfelt
- 2 große gelbe Beten, geschält und gewürfelt
- 2 EL Olivenöl
- 1 kleine Schalotte, in dünnen Scheiben
- 2 EL Speisestärke
- Pflanzenöl zum Braten
- 225 g Labneh (libanesischer Frischkäse)
- 2 EL frische Minze
- 2 EL fein gehackter Schnittlauch
- 1 TL gemahlener Sumach
- Saft von 1 Bio-Limette

FÜR DIE PFIRSICHE UND DAS GELATO

- 55 g Räucherchips, Apfelholz oder ähnlich, eingeweicht über Nacht
- 300 ml Buttermilch
- 240 ml Crème Double
- 200 g Zucker
- 3 EL Speisestärke
- 1 EL Whiskey
- 4 Pfirsiche, entkernt und halbiert
- 4 EL Butter, in 8 Stücke geschnitten
- 8 TL brauner Zucker
- Salz, nach Belieben

1. Beginne mit dem Gelato, da es am längsten dauert, bis es richtig fest wird. Friere deine Eismaschine ein oder bereite sie gemäß den Anweisungen des Herstellers vor.

2. Stelle einen großen Suppentopf mit Deckel auf den Herd und lege den Boden des Topfes mit Alufolie aus. Lege zwei kleine Schüsseln in den Topf – eine mit der Oberseite nach unten und eine mit der Unterseite nach oben, sodass sie wie eine Sanduhr übereinander liegen. Lege die eingeweichten Apfelholzspäne auf den Boden des Topfes und fülle die Schale mit der Buttermilch. Decke den Topf ab und stelle ihn auf mittlere Hitze, bis die Späne ihren duftenden Rauch abgeben. Räuchere die Buttermilch 10 Minuten lang, dann führe den Geschmackstest für die gewünschte Rauchnote durch. Für einen kräftigeren Geschmack kannst du noch 5–7 Minuten weiterräuchern. Wenn die Buttermilch den gewünschten Geschmack erreicht hat, nimm sie aus dem Topf und entsorge die Holzspäne.

3. In einem mittelgroßen Topf verrührst du die geräucherte Buttermilch, die Sahne und den Zucker bis auf 3 EL. Lass die Mischung bei schwacher Hitze unter ständigem Rühren köcheln, bis sich der Zucker aufgelöst hat, dann nimm den Topf vom Herd. Verrühre den restlichen Zucker und die Speisestärke in einer kleinen Schüssel, dann rühre die Zuckermischung in die Mischung im Topf ein und achte darauf, dass sich keine Klumpen bilden. Zum Schluss rührst du den Whiskey ein und gibst die Mischung in die Eismaschine. Lass die Maschine 1 Stunde langlaufen, oder bis das Eis fest ist. Fülle das Eis dann in einen Behälter mit Deckel und friere es bis zum Servieren ein.

4. Bereite als Nächstes das Risotto vor. Heize den Backofen auf 180 °C Umluft vor. Grille auf einem Grill oder auf einem Herd den Mais, bis er schwarz wird. Schneide den Mais von den Kolben. Püriere den gegrillten Mais und die Sahne. Seihe die pürierte Sahne ab und stelle sie beiseite. Lege die Kirschtomaten auf ein Backblech, beträufle sie mit Olivenöl und würze sie mit Salz und Pfeffer. Röste die Tomaten 30 Minuten lang, dann stelle sie beiseite.

5. Gieße die Hühnerbrühe in einen mittelgroßen Topf und halte die Brühe auf kleiner Hitze warm, sie soll aber nicht kochen. Erhitze in einer tiefen Pfanne die Butter und gib den Reis und den Knoblauch dazu. Dünste beides 2 Minuten, bis der Reis einen nussigen Duft verströmt, dann füge 120 ml der warmen Brühe und das Lorbeerblatt hinzu. Lass die Brühe kochen, bis die Flüssigkeit größtenteils aufgesogen ist, dann füge eine weitere ½ Tasse Brühe hinzu. Fahre auf diese Weise fort, bis die gesamte Brühe aufgebraucht ist (etwa 40 Minuten), und rühre dann Parmesankäse und Mais-Sahne ein. Lass das Risotto nochmal kurz köcheln, schmecke es mit Salz und Pfeffer ab und nimm es vom Herd. Halte es bis zum Servieren warm.

6. Als Nächstes beginne mit der Roten Bete. Lege die gewürfelten Rüben auf ein Blatt Alufolie beträufele sie mit Olivenöl und wickele sie dann fest ein. Stich die Folie mit einer Gabel ein, um Dampflöcher zu schaffen, und röste die Rote Bete 30–45 Minuten lang oder bis sie weich ist. Wenn du das ganze Festmahl auf einmal zubereitest, kannst du die Rüben zusammen mit den Tomaten rösten, um die Effizienz zu steigern. Stelle die Beten nach dem Rösten zum Abkühlen beiseite.

7. In der Zwischenzeit schwenke die Schalottenscheiben in der Speisestärke. Frittiere die Schalotten in einer Heißluftfritteuse, einer Fritteuse oder einer 1 cm tief mit Pflanzenöl gefüllten Pfanne knusprig. Stelle die Zwiebeln auf einem mit Küchenpapier ausgelegten Teller zum Abtropfen und Abkühlen beiseite.

8. Bevor deine Gäste eintreffen, bereite den Festtagstisch vor; streue zerstoßene Rosen oder Lorbeerblätter spiralförmig auf den Tisch und stelle so viele Kerzen wie möglich auf. Verbrenne ein Räucherwerk aus Johanniskraut, Sonnenblumenblättern, Baumharz, Rosen und Eisenkraut, und öffne alle Fenster, um den Rauch in die Wohnung herausziehen zu lassen, wenn deine Gäste eintreffen.

9. Bereite zum Schluss den Panzanella vor. Püriere Olivenöl, Champagneressig, Zitronenmelisse, Zitronensaft und Zitronenschale zusammen mit einem Stabmixer und würze die Vinaigrette mit Salz und Pfeffer. Dann stelle sie zur Seite.

10. Vermische in einer Servierschüssel die Croûtons, die Brunnenkresse, die Tomaten und die Rosenblütenblätter. Beträufle den Salat mit dem Dressing und mische alles einmal gut durch. Reiße die Burrata in grobe Stücke, lege sie auf den Salat und serviere ihn sofort.

11. Zum Servieren der Rüben eine dicke Schicht Labneh auf einer Servierplatte verteilen. In einer mittelgroßen Schüssel vermengst du geröstete Rote Bete, frische Minze und Schnittlauch, Sumach und Limettensaft. Häufe die Rüben in der Mitte des Tellers auf dem Labneh an und garniere sie großzügig mit den knusprig gebratenen Schalotten.

12. Zum Servieren des Risottos vermischst du in einer mittelgroßen Schüssel die warmen, gerösteten Tomaten, die frischen Basilikumblätter, die gehackten Oliven und die eingelegte Zitrone. Fülle das Risotto in eine Servierschüssel um, garniere es mit dem Gemüse und serviere es.

13. Für den Nachtisch lege die Pfirsiche mit der Schnittfläche nach oben in einer einzigen Lage auf ein Backblech. Gib in die Mitte jeder Pfirsichhälfte einen Würfel Butter und bestreue die Pfirsiche mit je 1 TL braunem Zucker. Röste die Pfirsiche 15–20 Minuten bei 190 °C Umluft, bis die Pfirsiche weich und gebräunt sind. Serviere die Pfirsiche sofort mit einer Kugel von deinem geräucherten Buttermilch-Eis.

Festmahl zur Herbst-Tagundnachtgleiche

= Festmahl zur Herbst-Tagundnachtgleiche: =

Crostini mit gerösteten Weintrauben; Gerösteter Kürbis mit Wurst-Fenchel-Wildreis-Füllung; Curry-Apfel-Suppe; Tarte Tatin mit Birne und Rotwein

Die Herbst-Tagundnachtgleiche ist ein Symbol für viele Dinge – Tod, Verantwortung, Ende – und in meinen Praktiken steht sie auch für Unsichtbarkeit. Für die meiste Zeit des Jahres sind meine botanischen und spirituellen Verbündeten in der wilden Welt leicht zugänglich, mit ihren Blättern, Zweigen und Blüten, die als greifbare Manifestationen ihrer selbst in die Realität hineinreichen. Wenn die Herbst-Tagundnachtgleiche kommt, ist dies eine letzte Gelegenheit für mich, diese greifbaren Manifestationen der Natur zu berühren, zu erleben und mich durch das Ritual der Nachtwanderung wieder mit ihrer immateriellen Intelligenz anzufreunden.

Dieses Ritual wurde von meinem Freund und Mentor Damon Stang inspiriert, der im Venefica Magazine (Band 2) in Bezug auf die Herbst-Tagundnachtgleiche über diese Praktik schrieb. In seiner Schrift empfiehlt Damon, den Körper am Vorabend der Tagundnachtgleiche durch ein Bad bei Kerzenlicht in einem Aufguss aus Birkenrinde vorzubereiten. Er schlägt dann vor, „in so viel Dunkelheit wie möglich" zu meditieren, um sich dafür bereit zu machen, die psychischen Sinne in der düsteren Nacht auszudehnen und zu erweitern. Wenn der richtige Zeitpunkt gekommen ist, muss man sich erheben und geeignete Opfergaben – Früchte, frisches Brot und ein gutes Getränk – sammeln und diese zu einem Ort der Macht bringen, den man gut kennt. Während der Wanderung ist das Ziel, ohne Augen zu sehen und ohne Zungen zu sprechen; Wissen und ein Gemeinschaftsgefühl mit den subtilen und göttlichen Geistern zu gewinnen, die im eigenen Hinterhof wohnen – von denen einige bekannt und andere noch nicht bekannt sind. In meiner persönlichen Praktik ist dieses Ritual eine aufregende Gelegenheit, die immaterielle Beziehung mit meinen Verbündeten, insbesondere den Pflanzen, zu beginnen, wenn sie für die Dauer der Wintermonate in die Unterwelt zurückkehren.

Das kommende Festmahl der Herbst-Tagundnachtgleiche ist eine üppige Darbietung der dekadentesten Herbstaromen, die durch Rösten und Backen bis hin zur karamellisierten Perfektion gebracht werden. Das Verfahren ist zwar recht einfach, aber für Leser, die noch nie eine Tarte Tatin zubereitet haben, ist dieser Schritt vielleicht nicht ganz so intuitiv. Tartes Tatin sind wunderbare Kuchen, die mit der Oberseite nach unten gebacken werden, sodass die Früchte während des Backes auf dem Boden der Form anbraten und karamellisieren können. Das Aussehen ist sicherlich rustikal, aber die Aromen sind mit keinem anderen Gebäck vergleichbar. Abgesehen von dieser ungewöhnlichen Komponente ist dieses Festmahl das schnellste von allen und lässt selbst Kochanfänger wie Profis aussehen, wenn diese Leckereien auf der Festmahlstafel serviert werden.

Reicht für 4 Gäste
Vorbereitungszeit für ein komplettes Festmahl: 2 Stunden
Kochzeit für ein komplettes Festmahl: 1 Stunde

FÜR DIE CROSTINI

- 900 g kernlose rote Weintrauben
- 4 EL Olivenöl
- 3 Knoblauchzehen, in Scheiben
- 2 Zweige Rosmarin
- 1 Baguette
- 225 g Brie-Käse
- Honig zum Beträufeln

FÜR DEN KÜRBIS

- 2 EL Butter
- 2 Stangen Staudensellerie, in Scheiben
- ½ Zwiebel, in Scheiben
- 1 Fenchelknolle, entkernt und gewürfelt
- 450 g geräucherte Wurst, in 5 mm dicken Scheiben
- 195 g Wildreis
- 450 ml Hühnerbrühe
- 85 g getrocknete Kirschen
- 1 mittelgroßer Kürbis, oben abgeschnitten, Kerne und Fruchtfleisch entfernt
- Salz und Pfeffer, nach Belieben

FÜR DIE SUPPE

- 1 EL Olivenöl
- ½ Zwiebel, in Scheiben
- 2 Stangen Staudensellerie, in Scheiben
- 1 Stück Ingwer (ca. 2,5 cm), geschält und gehackt
- 2 Knoblauchzehen, geschält und fein gehackt
- 1½ EL Currypulver
- 2 TL Chilipaste
- 2 große Äpfel, geschält, entkernt und in Würfel geschnitten
- 1 mittelgroße, stärkehaltige Kartoffel, geschält und gewürfelt
- 700 ml Hühnerfond (Brühe)
- 120 g Crème double
- 1 Handvoll gehackter Koriander
- 120 g saure Sahne

FÜR DIE TARTE TATIN

- 60 g Butter
- 4 EL Zucker
- 2 EL Rotwein
- 450 g ausgerollter Blätterteig, aufgetaut, falls er gefroren ist
- 7 Birnen von ähnlicher Größe, geschält, halbiert und entkernt
- ½ TL gemahlener Zimt
- ½ TL geriebene Muskatnuss

1. Beginne mit dem Kürbis, da dieser am längsten braucht, bis er gar ist. Heize den Ofen auf 180 °C Umluft vor. Schmelze die Butter in einer Pfanne bei mittlerer Hitze und gib den Sellerie und die Zwiebel hinein. Dünste das Gemüse bis es glasig und weich ist, dann füge den Fenchel hinzu und dünste das Gemüse weitere 2 Minuten. Gib die Wurst in die Pfanne und brate weiter, bis sie braun wird – etwa 5–8 Minuten.

2. Gib anschließend den Wildreis in die Pfanne und dünste ihn 1 Minute lang. Rühre die Brühe und die getrockneten Kirschen ein und koche alles weitere 2 Minuten, rühre dabei immer wieder um. Schmecke mit Salz und Pfeffer ab. Fülle die Mischung in den Kürbis und setze den Kürbis in eine Kasserolle oder Auflaufform. Backe den Kürbis 50–60 Minuten, bis der Reis gar und der Kürbis weich ist, wenn man ihn mit einer Gabel anpikst. Halte den Kürbis bis zum Servieren warm.

3. Beginne nun mit der Tarte Tatin. Verrühre in einer ofenfesten Pfanne (Ø 23 cm) die Butter, den Zucker und den Rotwein und erhitze die Mischung, bis sich der Zucker aufgelöst hat und die Mischung zu karamellisieren beginnt. Lege in der Zwischenzeit deinen Blätterteig aus und zeichne einen 28 cm großen Kreis in den Teig. Schneide diesen Kreis aus und bewahre ihn bis zur Verwendung im Kühlschrank auf.

4. Vermenge in einer Rührschüssel die Birnen mit Zimt und Muskatnuss und lege sie mit der Schnittfläche nach unten in den Topf mit dem Rotweinkaramell. Lass das Karamell köcheln, bis der Karamell sprudelt und seine Farbe annimmt, das dauert etwa 5 Minuten. Bedecke die Birnen mit dem Blätterteig, dabei rolle dabei die Ränder ein und drücke sie fest, sodass eine Kruste entsteht. Schiebe die Pfanne in den Ofen und backe die Tarte 30–40 Minuten, bis der Teig golden ist.

5. Beginne nun mit der Suppe. Erhitze das Olivenöl in einem 4-Liter-Topf bei mittlerer bis hoher Hitze. Gib die in Scheiben geschnittene Zwiebel und den Sellerie in den Topf und dünste sie an, bis sie glasig sind, dann füge den Ingwer, den Knoblauch, das Currypulver und die Chilipaste hinzu. Dünste die Zutaten 2 Minuten an, dann fügst du die gewürfelten Äpfel und Kartoffeln hinzu. Dünste die Zutaten weitere 2 Minuten, dann rühre die Hühnerbrühe ein. Lass die Suppe 20 Minuten lang zugedeckt köcheln und rühre dann die Crème double. Lass die Suppe weitere 3–5 Minuten sanft köcheln, halte dabei die Temperatur niedrig, damit die Sahne nicht gerinnt. Püriere die Suppe mit einem Stabmixer, bis sie glatt ist. Halte die Suppe bis zum Servieren warm.

6. Beginne dann mit den gerösteten Trauben. Wasche die Trauben und entferne sie von den Stielen. Dann vermenge die Trauben in einer Schüssel mit dem Olivenöl, dem Knoblauch und dem Rosmarin. Verteile die Trauben in einer einzigen Schicht auf einem Backblech und röste sie im Ofen bei 180 °C Umluft 20 Minuten.

7. Während die Trauben garen, schneide das Baguette in Scheiben und lege es in einer einzigen Lage auf ein Backblech. Schneide den Brie in Scheiben und lege je eine Scheibe auf jede Brotscheibe. Backe das Brot im Backofen 10 Minuten, bis das Brot geröstet und der Käse geschmolzen ist.

8. Bereite deinen Festtagstisch vor, indem du ein Räucherwerk aus Myrrhe, Salomonssiegel-Wurzel, getrocknetem Milchkraut, Goldrute und Weinblättern anzündest. Stelle eine kleine, flache Schale mit Wein auf den Tisch, in der du Asterblüten schwimmen lässt und einen Ring aus Beifuß-Zweigen um den Tisch legst. Stelle eine Reihe von Kerzen auf, die den Tisch der Länge nach teilen, als Symbol für das Licht der Sonne, das die dunkle und die helle Hälfte des Sonnenjahres überspannt.

9. Zum Servieren richte die Crostini auf einem Tablett an und beträufle sie mit Honig. Schneide den gefüllten Kürbis für jeden Gast in Scheiben und präsentiere ihn als Tafelaufsatz auf dem Festtagstisch. Garniere die Suppe mit gehacktem Koriander und saurer Sahne und stelle sie zusammen mit dem Rest des Festessens auf den Tisch, wobei du die Tarte Tatin für das Dessert reservierst.

Festmahl zur Wintersonnenwende

Festmahl zur Wintersonnenwende:
Eingelegte Fire-Cider-Eier; Linsen und geröstete Wurzeln in Walnusssauce; Käse-Sellerie-Püree; Preiselbeer-Gewürzkuchen

Eine meiner persönlichen Lieblingspraktiken zur Wintersonnenwende ist das Nähren der Erde. Da dieser Feiertag noch mehr als andere zum Feiern einlädt, nehme ich mir am Julfest stets auch die Zeit, meine nicht-menschliche Familie zu ehren. In der Abenddämmerung packe ich eine Tasche, um sie in den Wald zu bringen – rote Äpfel, Kuchen, Honig, Butter, Vogelfutter, Tannenzapfen, süßer Likör oder Wein, rote Kerzen und Weihrauch. Ich packe mich ein und mache mich auf den Weg in die Nacht, um nach einem kurzen Spaziergang bei einem wohlbekannten Baum anzukommen. Ich begrüße ihn mit Küssen und zünde meinen Weihrauch und Kerzen zu seinen Füßen an. Ich erzähle ihm die Geschichte meines Jahres, seine Dramen und Freuden, während ich einen Schluck trinke und Spirituosen anbiete. Ich schneide die Äpfel, bestreiche die Kuchen mit Butter und die Tannenzapfen mit Honig und Vogelfutter. Wenn ich nichts mehr über das vergangene Jahr zu berichten habe, schlage ich auf die Erde und rufe alle zum Mahl – Tiere, Pflanzen und Geister gleichermaßen: jene, die ich mit Namen kenne, und jene, die mir noch unbekannt sind. Mit hölzernen oder kupfernen Werkzeugen öffne ich die Erde, vergrabe die gebutterten Kuchen und lege die Äpfel und Tannenzapfen unter den Baum. Für mich ist es wichtig, dass dieses Festmahl als Opfergabe darzubieten, und so stelle ich keine Bitten. Stattdessen singe ich, was mein Herz begehrt, lausche auf die Stimme des genius loci und gehe nach Hause zu einem ganz anderen Festmahl mit ganz anderen Gästen.

Obwohl diese Rezepte dafür gedacht sind, am Vorabend der Sonnenwende serviert zu werden, beginnen die Weisen viel früher mit der Zubereitung. Der Winter ist die Zeit der Konservierung von Lebensmitteln, und unser Mahl zur Sonnenwende nutzt ein traditionelles Heilmittel, um diese meisterhafte Kunst zu unterstreichen. Fire Cider ist eine Kräutermedizin aus Neuengland, bei der Apfelessig mit scharfen Gewürzen und Honig als Mittel gegen Erkältungen und jahreszeitlich bedingte Krankheiten aufgegossen wird. Hier wird dasselbe Rezept verwendet, um die proteinreichen Wachteleier zu konservieren, indem man sie mit den Nährstoffen des traditionellen Fire Ciders versetzt und den Gaumen so mit leuchtenden Farben und würzigen Aromen verwöhnt

Die Eier sollten vor dem Servieren mindestens für eine Woche eingelegt werden, aber auch die anderen Rezepte in dieser Liste brauchen Zeit für die Zubereitung. Gehe langsam vor, so langsam wie der Winter selbst, und nutze diese Gerichte als Meditation über die Kraft verschiedener Kochmethoden, die selbst einfache Wurzeln und getrocknete Bohnen in Komfort und Genuss für die längste Nacht des Jahres zu verwandeln wissen.

Für 4 Personen
Vorbereitungszeit für ein komplettes Festmahl: 2 Stunden, plus 1 Woche Einlegen
Kochzeit für ein komplettes Festmahl: 3 Stunden

FÜR DIE EINGELEGTEN EIER

- 825 ml Apfelessig
- 1 Stück Ingwer 7,5 cm lang, geschält und in Scheiben
- 1 Stück frische Kurkumawurzel 5 cm lang, geschält und in Scheiben
- 1 mittelgroße Jalapeño-Schote, entkernt und in Scheiben
- ½ kleine weiße Zwiebel, in Scheiben
- 6 Knoblauchzehen, geschält und zerdrückt
- 3 EL gehackter frischer Rosmarin
- 1 EL schwarze Pfefferkörner
- 12 Eier, Größe L oder 18 Wachteleier, hart gekocht und gepellt

FÜR DIE WURZELN MIT WALNUSSSAUCE

- 6 kleine Rote Beeten, geschält und halbiert
- 8 kleine Möhren, geschält und halbiert
- 175 g Perlzwiebeln, geschält und halbiert
- 1 kleine Fenchelknolle, entkernt und in 1 ½ cm dicken Scheiben geschnitten
- 4 EL Olivenöl
- ½ TL gemahlener Zimt
- 60 g gehackte, geröstete Walnüsse
- 4 EL steingemahlener Senf
- 2 EL Ahornsirup
- 2 EL Rotweinessig
- Salz und Pfeffer, nach Belieben

FÜR DIE LINSEN

- 2 Lorbeerblätter
- 280 g getrocknete französische grüne Linsen
- 2 EL Olivenöl
- 1 kleiner Lauch, halbiert, abgespült und in Scheiben geschnitten
- 2 Knoblauchzehen, in Scheiben
- Saft und Schale von 1 Bio-Zitrone
- 1 TL gemahlener Sumach
- 1 Handvoll Minzblätter, zerzupft
- 3 EL geröstete Kürbiskerne
- 4 EL frische Thymianblätter

FÜR DAS KNOLLENSELLERIE-PÜREE

- 1 ganzer Knollensellerie (Sellerieknolle), geschält und in 2,5 cm große Würfel geschnitten
- 2 mittelgroße Kartoffeln, geschält und in 2,5 cm große Würfel geschnitten
- 4 EL Butter
- 140 g Gruyère, gerieben
- ¼ TL geriebene Muskatnuss
- 185 ml Milch, warm

FÜR DIE GEWÜRZKUCHEN

- 225 g frische oder gefrorene Preiselbeeren
- 115 g Butter, plus zum Einfetten
- 280 g Zucker
- 1 EL gemahlener Ingwer
- 1 TL Zimt
- ¼ TL geriebene Muskatnuss
- 1 Prise gemahlene Nelken
- 2 EL geriebener frischer Ingwer
- 120 ml Melasse aus schwarzem Zuckerrohr
- 60 ml Ahornsirup
- 2 Eier
- 212 g Mehl
- ½ TL Backpulver
- 1 Prise Salz
- 120 ml Milch

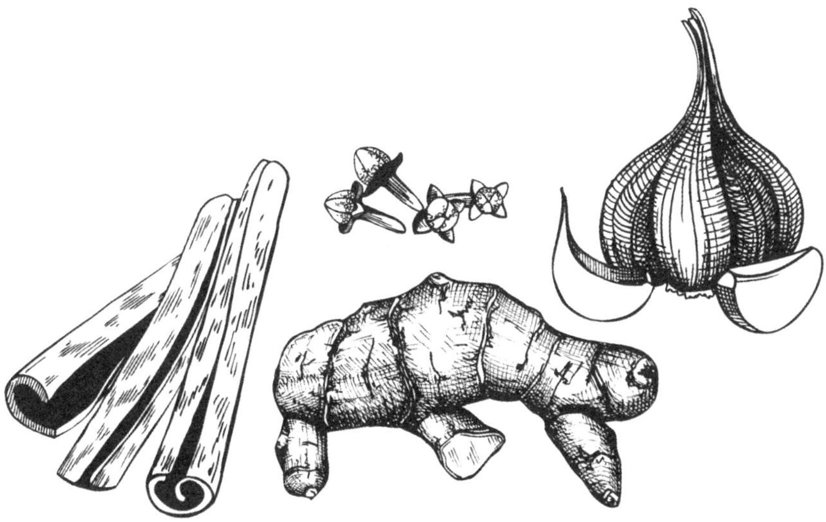

1. Beginne mit dem Einlegen der Eier. Bringe in einem Topf bei mittlerer Hitze den Apfelessig zusammen mit Ingwer, Kurkuma, Jalapeño, Zwiebel, Knoblauch, Rosmarin und Pfefferkörnern zum Köcheln. Lass die Mischung 2 Minuten lang kochen, nimm dann den Topf vom Herd und lass die Mischung 15 Minuten ziehen. Lege die hartgekochten Eier in ein sauberes Einmachglas und gieße die warme Essigmischung darüber. Verschließe das Glas und lagere es an einem kühlen, trockenen Ort für mindestens 1 Woche.

2. Am Tag des Festes, idealerweise zur Wintersonnenwende, beginne mit der Herstellung der Gewürzkuchen. Heize den Backofen auf 180 °C Umluft vor und fette eine runde Backform (23 cm) ein. Vermenge in einem kleinen Topf die Cranberries und 60 ml Wasser. Bring das Wasser bei mittlerer Hitze zum Köcheln und koche die Beeren, bis sie blubbern und anfangen zu platzen. Nimm die Beeren vom Herd und stelle sie zum Abkühlen beiseite (die Beeren werden in Kürze in den Teig eingerührt und müssen auf Raumtemperatur abgekühlt sein).

3. Verrühre in einer Küchenmaschine Butter und Zucker. Gib die Gewürze und den geriebenen Ingwer in die Buttermischung, dann rühre die Melasse und den Ahornsirup unter. Schlage die Eier unter. Vermische in einer separaten Schüssel Mehl, Backpulver und Salz. Gib abwechselnd das Mehl und die Milch zur Buttermischung, zuletzt die Milch.

4. Gieße den Teig in die vorbereitete Backform und klopfe die Form auf die Arbeitsfläche, um den Teig gleichmäßig in der Form zu verteilen. Verteile die Cranberry-Mischung mit einem Löffel auf dem Teig und ziehe sie mit einem Messer durch, sodass sich die Cranberrys wie Bänder durch den Teig ziehen. Backe den Kuchen 50 Minuten und mache am Ende der Backzeit eine Stäbchenprobe. Nimm den Kuchen aus dem Ofen und lass ihn vollständig abkühlen, bevor er aus der Form genommen wird.

5 Bereite das Wurzelgemüse vor, indem du die geschälte und geschnittene Rote Bete, die Möhren, die Perlzwiebeln und den Fenchel mit dem Olivenöl und dem Zimt vermischst. Würze das Gemüse mit Salz und Pfeffer, dann lege es in einer einzigen Schicht auf ein Backblech. Backe das Gemüse bei 180°C Umluft (neben den Lebkuchen) 30 Minuten lang, bis das Gemüse beim Anstechen mit einer Gabel weich ist.

6. Während das Gemüse röstet, bereite die Linsen zu. Gib 950 ml Wasser in einen großen Topf, füge die Lorbeerblätter und die Linsen hinzu und bringe sie bei starker Hitze zum Kochen. Decke den Topf ab, reduziere die Hitze und lass die Linsen 20–30 Minuten köcheln, bis sie weich, aber nicht matschig sind. Seihe die Linsen ab und stelle sie beiseite.

7. Für die Walnusssauce gibst du die gerösteten Walnüsse und den Senf in einen Mixer. Zerkleinere beides im Mixer fein, dann rühre den Ahornsirup und den Rotweinessig unter. Würze die Sauce mit Salz und Pfeffer und stelle sie beiseite.

8. Für die Linsen erhitzt du das Olivenöl in einer Pfanne. Gib Lauch und Knoblauch hinzu und dünste beides an, bis sie weich und duftend sind. Der Lauch sollte gerade anfangen, braun zu werden. Gib die abgeseihten Linsen in die Pfanne und lass sie 1 Minute kochen. Nimm die Mischung vom Herd und rühre Saft und Schale der Zitrone und Sumach ein.

9. Schließlich bereite das Selleriepüree vor, indem du 2 Liter Salzwasser zum Kochen bringst. Gib den Knollensellerie und die Kartoffeln dazu und koche beides 15 Minuten, bis sie weich sind. Gieße das Gemüse ab und gib es mit der Butter in eine große Schüssel, gib Käse und Muskatnuss hinzu und vermenge alles, bis Käse und Butter geschmolzen sind. Püriere das Gemüse mit einem Kartoffelstampfer oder einem Handmixer, bis es glatt ist und die Butter und der Käse vollständig eingearbeitet sind. Rühre die warme Milch ein und schmecke das Püree ab.

10. In der Abenddämmerung des Servierabends verbrenne Weihrauch, Immergrün, Birke und warme Gewürze als Räucherwerk. Zünde weiße oder rote Kerzen an und streue Kümmel auf den Serviertisch. Schwenke dein gebratenes Gemüse in der Walnusssauce und serviere es auf den gewürzten Linsen in einem großen Tablett. Serviere dazu das Selleriepüree und die eingelegten Eier und hebe die Preiselbeer-Gewürzkuchen für das Dessert auf. Iss bei Kerzenlicht und genieße sowohl das Essen als auch die Gesellschaft, während die Erde in die dunkelste Nacht ihres Sonnenjahres gleitet.

Fest der Zauber

Zaubertränke, Riten und Tischzauber

Fest der Zauber

Dieses Buch hat bisher versucht, das Wesen der Küchenhexerei aus verschiedenen Blickwinkeln zu betrachten – durch die Geschichte, die Astrologie, die Planetenmagie und entlang des Zyklus der Jahreszeiten. Wir haben eine Reihe von Instrumenten in diesem Rahmen untersucht, die jeweils auf dem letzten aufbauen und neue Wahrheiten und Ideen darüber offenbaren, was Küchenhexerei als theoretisches Konzept ausmacht. Ich hoffe, dass dies dich dazu eingeladen hat, mit neuen Wegen zu experimentieren, über Magie nachzudenken und sie zu praktizieren, und eine Reihe möglicher Wege zu erkunden, um Magie in die Küche zu bringen. Wir haben uns jedoch noch nicht mit der Küchenhexerei an sich, als eigenständige magische Modalität, beschäftigt. Was bedeutet es eigentlich, eine „Küchenhexe" zu sein, und was lässt sich über diese Perspektive tatsächlich sagen? In unserem letzten Kapitel versuche ich, diese Frage zu beantworten und die verschiedenen magischen Werkzeuge, die ich bisher in unserer Untersuchung betrachtet habe, zu nutzen.

Es lohnt sich jedoch zu erwähnen, dass die Rezepte im folgenden Kapitel zwar eine nützliche Sammlung von Übungen für die angehende Küchenhexe sind, aber nicht alles abzubilden vermögen, was Küchenhexerei sein könnte. In vielen Fällen handelt es sich bei den Rezepten um vereinfachte, abgespeckte Versionen dessen, was ich zu Hause zubereiten würde, und sie unterscheiden sich erheblich von dem, was man in meinen persönlichen Praktiken zu Gesicht bekommen würde. Das liegt daran, dass der Großteil meiner privaten Arbeit aus hingebungsvollen und intimen Beziehungen mit dem Geist entsteht – ein Aspekt meines Lebens, der weder leicht übersetzbar noch für die Öffentlichkeit zugänglich ist, wie es bei den meisten religiösen Praktiken der Fall ist. Weil diese Art von Arbeit so enorm persönlich ist, und weil die Leser dieses Buches wahrscheinlich verschiedene Traditionen und religiöse Überzeugungen haben, wird sich unser letztes Kapitel stärker auf die Planetenmagie, die sympathetischen Korrespondenzen und die Pflanzenzauberei konzentrieren, wobei die devotionale Arbeit fast vollständig ausgelassen wird. Hier werden deine persönlichen Traditionen und Beziehungen zu den Geistern die Lücken füllen, und deine Küchenhexerei kann zu deiner ganz eigenen Übung werden. Außerdem versucht dieses Buch nicht, die traditionelle Magie neu zu schreiben, sondern experimentelle Wege zu alternativen Perspektiven und Methoden anzubieten. Diese Rezepte sollen zusätzliche Werkzeuge für die Hexenpraxis bieten und die Frage aufwerfen: Wie sieht Magie aus, wenn sie in der Küche zubereitet wird?

Die Festtafel als heiliger Raum

Die Rezepte in diesem Kapitel befassen sich mit verschiedenen Anwendungen der Küchenhexerei, beginnend mit einem Konzept, dem wir schon beim Ahnenfest begegnet sind – die Idee der Festtafel als heiligem Raum oder magischem Kreis. In der Hexenkunst werden heilige Räume und magische Kreise geschaffen, um eine Vielzahl von Funktionen zu erfüllen und den Raum für magische Handlungen zu strukturieren. Sie können als Behältnis dienen, um mächtige Gottheiten und Dämonen zu binden und zu fangen; sie können errichtet werden, um günstige Arbeitsbedingungen für die Durchführung magischer Handlungen zu schaffen; oder sie können einen vorübergehenden Treffpunkt schaffen, an dem sich das

Numinose manifestieren kann. Ihr Gebrauch beschwört einen temporären, abgetrennten Raum, der symbolisch entweder als Behälter oder als Tür fungiert. In vielen Fällen nutzen wir unsere weltlichen Festtafeln in ähnlicher Weise – um ein Treffen mit unseren geliebten Menschen in die Wege zu leiten, um die freudige, nostalgische Energie von Feiertagen und Festen zu bündeln und um den idealen Rahmen für die Entfaltung der Festlichkeiten zu schaffen. Darin spiegeln sich die antiken Vorstellungen von Festen wider, die Göttern und Menschen die Gelegenheit bieten, gemeinsam zu speisen und als Gemeinschaft beisammen zu sein. Der Koch und die Hexe sind beide mit dieser Technik vertraut – eine geschickte Manipulation des Raumes und des Ambientes als magisches Werkzeug, um das gewünschte Ziel zu erreichen – ein Trick, den jeder erfolgreiche Gastgeber bezeugen kann. In beiden Kontexten ist das, was im Kreis beschworen wird, sowohl vergänglich als auch heilig und kann nur innerhalb der Grenzen dieses heiligen Raums existieren.

Aber noch mehr als diese oberflächlichen Ähnlichkeiten in der Technik, haben der magische Kreis und die Festtafel gemeinsam, denn sie sind beide spirituelle Werkzeuge, die einen Grenzraum schaffen – einen Punkt „dazwischen", außerhalb des Gewöhnlichen und Alltäglichen, der als Grenze zwischen dem Bekannten und dem Unbekannten fungiert und in dem besondere, magische Dinge geschehen können. Im europäischen Kanon manifestieren sich diese Grenzräume in der Hexenkunst als magische Kreise, Orte der Macht und sogar in flüchtigen, günstigen Momenten wie Dämmerung, Morgengrauen, Mitternacht, Tagundnachtgleiche und Finsternis. Auch in der Mythologie und im Volksglauben spielen diese Orte eine große Rolle und beschwören Bilder von Feenringen, Kreuzungen und Schleierrissen herauf, die in der mythischen Vorstellungskraft von Betrügern, Teufeln und Gestaltwandlern bevölkert werden. Diese Orte und Zeiten sind als ein Eindringen des Anderen (des Göttlichen, des Numinosen oder wie auch immer man dieses Konzept verstehen möchte) in die weltliche Realität betrachtet, wobei jeweils der liminale Charakter den Berührungspunkt kreiert – der heilige Ort, das Datum oder der Kreis, der als Tor zum Jenseits existiert. Wenn wir die Festtafel nicht nur als einen bestimmten Ort für das Festmahl, sondern auch als Zeit des Zusammenkommens betrachten, können wir die Leichtigkeit erkennen, mit der dieses Element zu einem magischen wird, wie so viele andere auch.

Im Falle natürlich entstandener heiliger Stätten, wie heiligen Bergen und Höhlenquellen, soll das Andere durch diese Orte sprechen und sich uns zu erkennen geben. Bei magischen Orten, die von Praktizierenden geschaffen oder gezeichnet werden – wie magische Kreise oder, für unsere Zwecke, Festtafeln –, wird das Andere durch den Willen und die Kunstfertigkeit der Hexe hervorgelockt, oft in einen vorbereiteten Raum, wo sowohl Sicherheit als auch Klarheit der Kommunikation gewährleistet werden können. Diese letzteren magischen Kreise sind bereits im antiken Sumer dokumentiert worden, wo sie mit Mehl gezeichnet wurden (eine spannende Tatsache für die Küchenhexe), um den rituellen Raum abzugrenzen und aufzubereiten. In der zeremoniellen Magie des 16. Jahrhunderts und darüber hinaus wurden diese Markierungen mit Salz oder Kreide geschrieben und erfüllten eine ähnliche Aufgabe, indem sie bestimmte Namen und Sigillen der Macht als himmlische Verstärkung für das Werk eintrugen. In jedem Fall stellt der magische Kreis eine sorgfältig kuratierte Arena dar, die sich vom „normalen" Raum der menschlichen Alltäglichkeit abhebt, sodass sie ein wirksamer Behälter für das Fremde und Numinose sein kann.

In diesem Kapitel untersuchen wir einige Möglichkeiten, wie wir mit unseren Festtafeln als Grenzräume und magische Kreise arbeiten können. Eine der unkompliziertesten Opfergaben ist das Festmahl aus gebratenen Blüten und Pilzen, das als gemeinsames Festmahl für Menschen und Geister gedacht ist. Ausgehend von unserem Verständnis des rituellen Festmahls als Treffpunkt zwischen Menschen und Göttern, enthält dieses Rezept zwei botanische Verbündete der Geisterkommunikation, die von den traditionellen Speisen der Fae inspiriert sind – frische Blüten und Pilze. Während dieses Rezept ein offenes Ende lässt, gibt es eine andere Wahl, die eine direktere Beschwörung bietet – die Holunder-Brombeer-„Waldmeister"-Torte. Diese Invokation ist ebenso nonverbal und symbolisch, aber sowohl die Geschmackspalette als auch die Präsentation dieses Gerichts sind so gestaltet, dass sie an eine einzige, wilde Intelligenz erinnern – an den Meister des Waldes, der durch das Auge der Küchenhexe als prächtige Torte aus einer anderen Welt personifiziert wird. Bildnisse wie dieses als Kontaktpunkt mit dem Geist zu schaffen, ist eine uralte und allgegenwärtige magische Technik, die jeder kennt, der schon einmal mit Statuen, Ikonen und Altarbildern gearbeitet hat. Obwohl unser Ansatz hier sicherlich unkonventionell ist, ist die Praxis vertraut, und als skulpturales Medium für unsere Magie ist Kuchen so gut geeignet wie jede andere Grundlage.

Es gibt jedoch noch einige andere Möglichkeiten, wie wir die Festtafel als magischen Schwellenraum betrachten können, der für unsere Arbeit von praktischem Nutzen sein kann. In diesem Kapitel finden wir ein Rezept für Kräuter-Joghurt-Käse, bei dem die Rolle des Festtisches als Altar untersucht wird – in diesem Fall mit dem im saturnischen Sinne als Herr der Fäulnis und Fermentierung, was für die Küchenhexe von besonderer Bedeutung ist. In diesem Beispiel ist es nicht das rituelle Festmahl, dass den magischen Kreis verkörpert, sondern das Gericht selbst. Kräuter, Zutaten und pflanzliche Verbündete des Saturn werden gesammelt, bevor man sie über mehrere Tage hinweg fermentieren lässt. Wenn dieses Rezept eine rituelle Verehrung des Saturn zum Ziel hat, dann wird es ihn sicherlich herbeirufen und mit ihm jene fantastischen, transformativen Kräfte der Verwesung und Wiedergeburt in der materiellen Sphäre. Das Endprodukt ergibt eine essbare Beschwörung, die irgendwo zwischen einem magischen Kreis und einem Altarbild anzusiedeln ist. Wie hier zu sehen ist, eignet sich diese Methode sicherlich für die Arbeit mit Geistern oder planetarischen Intelligenzen, aber wir können uns auch vorstellen, wie diese Arbeitsweise auf vielmehr weltliche, praktische Ziele angewandt werden kann – zum Beispiel auf die Herstellung von Gerichten, die unsere Absichten verkörpern.

Ein letzter Eintrag in diesem Kapitel untersucht diese Technik ebenfalls, wenn auch auf eine etwas andere Art und Weise, nämlich durch die Herstellung von rituellen Brotmasken. Wenn magische Kreise und Schwellenräume verwendet werden, um den Anderen herbeizurufen, dann deshalb, weil sie eine sichere Grenze und Abgrenzung zwischen dem „menschlichen Raum" und dem „anderen Raum" bilden und uns eine sichere Rückkehr in die weltliche Realität gewährleisten. Es gibt jedoch auch Beschwörungsmethoden, die auf jegliche Form von Sicherheit und Selbst verzichten und sich stattdessen tief in die Verschmelzung des Selbst mit dem zu beschwörenden Geist hineinbegeben. Eine solche Technik ist die Maske, durch die die Identität des Trägers verschleiert wird und eine andere Identität hervortritt. Sobald man sich auf diese Weise verwandelt hat, kann die Hexe die Geisterkraft der Maske selbst heraufbeschwören und vielleicht sogar eine Form willentliche Besessenheit ausüben. Auf diese Weise kann die rituelle Maske wie ein Portal wirken, das uns sowohl nach innen als auch nach außen transportiert, wenn wir das falsche Gesicht als unser eigenes akzeptieren.

Das Sigillen-Handwerk

Innerhalb dieses Kapitels zeigen weitere Rezepte eine andere Perspektive für unsere Untersuchung auf, indem sie auf bewährte okkulte Werkzeuge zurückgreifen, um mit Küchenmagie zu experimentieren. Die Praxis des Sigillen Handwerks ist vielen Hexen wahrscheinlich vertraut, da die Herstellung von Talisman-Symbolen in vielen Traditionen eine notwendige, praktische Fähigkeit ist. Wir können jedoch einige neue Anwendungen dieser Technik in Betracht ziehen, wenn wir mit der Verwendung von Sigillen und magischen Symbolen innerhalb einer Küchenhexerei-Praxis experimentieren. Auf einer sehr grundlegenden Ebene sind diese Bilder symbolische Darstellungen des Willens der Hexe, die so gestaltet sind, dass die ursprüngliche Absicht des Bildes nur noch vom Unterbewusstsein erkannt werden kann. Für diejenigen, die noch keine eigenen Sigillen hergestellt haben, gibt es verschiedene Methoden, um ein ähnliches Objekt herzustellen – die talismanische Glyphe – ein Symbol, das nicht nur die Darstellung eines Konzepts ist, sondern eine dynamische, operative Monographie. Da meine Praktiken stark von der Chaosmagie geprägt sind, bevorzuge ich die Methode der Sigillen-Herstellung, die in den 1970er-Jahren von Peter J. Carroll entwickelt wurde, und auf der grundlegenden Arbeit des Künstlers und Magiers Austin Osman Spare aufbaut, die wiederum einige Jahrzehnte zuvor entstanden ist (im endlosen Ouroboros, der Kunst und Okkultismus ist).

Bei dieser Methode beginnt der Praktizierende, wie er es immer tut – mit einer Meditation über den Charakter der bevorstehenden Aufgabe. Für die Herstellung von Sigillen muss die eigene Absicht so genau wie möglich formuliert werden. Man sollte diese Aussage so lange überarbeiten, bis ihr Ton, ihre Formulierung und ihr Ausdruck vollständig mit dem Zweck des Zaubers übereinstimmt. Die Formulierung sollte weder zu allgemein noch zu genau sein, denn beide Extreme schaffen Hindernisse. Eine zu vage Aussage ist unmöglich zu verwirklichen, und eine zu präzise Formulierung kann unsere Möglichkeiten der Manifestation einschränken. Es ist auch wichtig sicherzustellen, dass die Aussage selbstbewusst und selbstsicher ist und dass die verwendete Sprache präzise, aussagekräftig und anregend ist, sodass sie beim Lesen ein leidenschaftliches Engagement hervorruft. Wenn zum Beispiel jemand ein Sigill erstellen möchte, um mit dem Rauchen aufzuhören, ist die Formulierung „Ich möchte mit dem Rauchen aufhören" problematisch – sie ist sehr allgemein, die Formulierung ist nicht selbstbewusst, und sie enthält keine Einzelheiten darüber, wann oder wie der Praktizierende mit dem Rauchen aufhören möchte. Wenn wir uns dafür entscheiden, diese Absicht sprachlich zu überarbeiten, um präziser zu sein, könnten wir als Alternative in Betracht ziehen: „Mein Wille ist stärker als meine Sucht nach Zigaretten." Dieser neue Satz ist klar, eindringlich und stellt eine kurze, aber kraftvolle Aussage des Wunsches dar.

MY WILL IS STRONGER THAN
MY ADDICION TO CIGARETTES
(MEIN WILLE IST STÄRKER ALS MEINE ZIGARETTENSUCHT)

Abb. 1

MWLSTRNGHDC Abb. 2

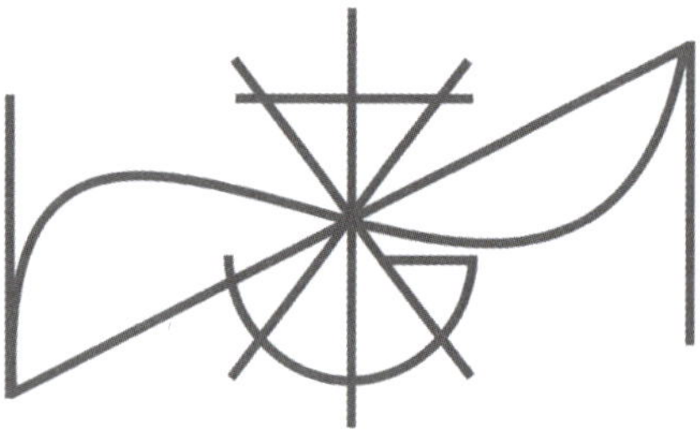

Abb. 3

Sobald die Aussage vorbereitet ist, wird die Hexe angewiesen, systematisch Buchstaben aus der Phrase zu entfernen – eine primäre Abstraktion des Wunsches vom bewussten Verstand. Einige Methoden schlagen vor, alle sich wiederholenden Buchstaben und Vokale aus der Aussage zu entfernen (Abb. 1), aber die von dir gewählte Methode ist weitgehend willkürlich – du könntest sogar in Erwägung ziehen, eine Planetenzahl zu wählen, die sich auf deine Absicht bezieht (in unserem Beispiel ist Saturn nützlich, um Süchte zu brechen, also wäre unsere Zahl für diese Übung die 3) und jeden X-ten Buchstabens in deiner Aussage zu entfernen. In unserem Beispiel werden diese Methoden kombiniert, um die Anzahl der Buchstaben in der endgültigen Abbildung zu begrenzen und dem Werk eine zusätzliche Bedeutungsebene zu verleihen. Wenn die Buchstaben ausgewählt sind, werden ihre Formen berücksichtigt (Abb. 2), um die Form des endgültigen Sigills zu bestimmen. Die Linien und Kurven, aus denen sich die Buchstaben früher zusammensetzten, werden nun unabhängig von ihrer früheren Funktion als Buchstabe betrachtet und in einer sekundären Abstraktion und von ihren ursprünglichen Formen abgewandelt, wodurch die alphabetische Form aufgehoben wird und unser Wunsch stattdessen zu einem rein symbolischen Bild übergeht. Diese Formen werden dann sorgfältig zu unserem finalen Sigill angeordnet, die so oft bearbeitet und überarbeitet wird, bis das Bild „richtig" ist, wobei jede Überarbeitung zu weiteren subtilen Abstraktionen der Form führt.

Schließlich ist das endgültige Symbol (Abb. 3) bereit, aufgeladen zu werden. Bei Carroll geschieht dies in einem Prozess, der „Gnosis" genannt wird und bei dem die im Symbol enthaltenen nichtlinearen, nonverbalen Informationen durch einen Zustand tiefer Meditation oder ekstatischer Erfahrung dem Unterbewusstsein übergeben werden. Beliebte Methoden, um diese Form der Gnosis zu erreichen, sind Trancearbeit, körperliche Anstrengung (z. B. das Hochgefühl eines Läufers), sich wiederholende Bewegungen (wirbelnder Derwisch) oder der Orgasmus. Ziel dieser Praktiken ist es, eine vollständige Verdrängung des bewussten Verstandes zu erreichen und sich in einen „leeren" Zustand zu versetzen, in dem der Praktizierende seinen Willen und seine

Aufmerksamkeit auf das Sigill richten kann, wie kurz auch immer. Unmittelbar nach dem Aufladen des Sigills wird das Sigillenpapier verbrannt, vergraben oder anderweitig zerstört, und die Hexe wird ermahnt, die Arbeit so gut wie möglich zu vergessen – wie Spare sagt, sollten wir uns „bewusst bemühen“[8], sie zu vergessen. Dadurch bleibt der symbolische Inhalt fest im Unterbewusstsein verankert, wo der Wille seine Manifestation herbeiführen kann, gänzlich unbelastet von den Anhaftungen des Begehrens. Es gibt sicherlich Variationen und Änderungen, die an diesem grundlegenden Verfahren vorgenommen werden können, wie wir an den faszinierenden, einzigartigen Ansätzen zur Erschaffung von Hypersigillen von Alan Moore und Aidan Wachter sehen, aber dieser grundlegende Rahmen sollte für den Beginn deiner Untersuchung der Sigillenmagie nützlich sein.

Diese Art von Talisman-Sigillen oder andere okkulte Ikonografien sind mächtige Werkzeuge in den Händen der Hexe, die eine symbolische Sprache schaffen, die unter den linearen, rationalen Verstand des Selbst dringt und in die wirbelnden Meere des Unterbewusstseins eintaucht. In diesem Kapitel werden drei Rezepte vorgestellt, die diese Technik sowohl direkt als auch indirekt erforschen. Am offensichtlichsten ist das Grissini-Sigill, das eine direkte, praktikable Übung für Sigillenmagie in der eigenen Hexenküche darstellt. Es gibt jedoch noch zwei weitere Rezepte, die den Symbolismus auf eine etwas andere Art und Weise untersuchen, indem sie die Verwendung bestehender symbolischer Strukturen bevorzugen, um unserer Arbeit ihre Bedeutung zu verleihen. Im Rezept für die schützende Hühnerfußsuppe wird das Bild des knorrigen und verdrehten Hühnerfußes als apotropäisches Zeichen evoziert, um das Unheil abzuwenden oder zu verbannen – in diesem Fall körperliche Krankheit und Unglück. In dem Rezept für das Haussegen-Rosmarin-Stern-Brot sehen wir die Verwendung eines sich wiederholenden, strahlenden Symbols als eine Form des Haussegens und des Schutzes – in Anlehnung an die lange Historie jener Symbole, die zum Fangen von Dämonen und Teufeln verwendet werden, bevor sie die Schwelle überschreiten. Diese beiden Anwendungen stützen sich auf dieselbe Verwendung von Symbolen als dynamische, operative Bilder, bevorzugen aber historische Beispiele gegenüber selbstproduzierten. Diese stellen eine passivere Form der Magie dar, da sie weniger direkt an den Willen des Praktizierenden gebunden sind, aber nicht weniger wirksam, wie ihr historischer Präzedenzfall bezeugen kann.

Weihe

In diesem Kapitel wird mit der Weihe eine weitere okkulte Technik vorgestellt, bei der weltliche Zutaten in magische Werkzeuge verwandelt werden. Bei der Weihe werden gewöhnliche Gegenstände einem spirituellen oder magischen Zweck zugeführt, geheiligt und mit einer besonderen Rolle oder Herrschaft für unsere Arbeit ausgestattet. Diese geweihten, glückbringenden Gegenstände sondern indirekt ihre Tugenden ab und wirken wie eine Art magische Zutat oder ein eigenständiger Zauberspruch. In vielen Rezepten des Kapitels „Fest der Himmelskörper“ werden beispielsweise spezielle Räucherungen und Rezitationen empfohlen – zwei gängige Methoden der Weihe, die das Gericht über das Alltägliche hinaus erheben und die Tugenden des jeweiligen Planetenherrschers hervorrufen. Etwas Ähnliches geschieht auch bei der Sonntagsmesse, wenn die Christen das geweihte Brot in einem Akt der simulierten Theophagie verzehren. Dies sind nur zwei Beispiele für die Weihe in Aktion, bei der die gesamte Mahlzeit selbst zum Talisman und dann in einem rituellen Akt verzehrt wird, der das geweihte Objekt mit dem Gewebe unseres Körpers verschmelzen lässt.

Bei unserer Arbeit als Küchenhexen können einzelne Zutaten, ganze Gerichte und sogar ganze Festessen diese magische Behandlung erfahren. In der Tat ist die Weihe wahrscheinlich die häufigste magische Technik, die in diesem letzten Kapitel vorgestellt wird, da sie ein zugängliches Werkzeug mit einer Vielzahl von Anwendungsmöglichkeiten ist. Wie wir bereits erwähnt haben, sind Rauch- und Gesangsweihe zwei sehr verbreitete Methoden, aber auch andere symbolische, sympathetische Handlungen können geeignet sein. Wir können z. B. nicht nur Zutaten auswählen, die mit unserer Absicht übereinstimmen, sondern auch Farben, Texturen und Formen, die die weihende Energie unserer Arbeit zum Vorschein bringen. Man könnte sogar behaupten, dass selbst die Platzierung von Kerzen, Symbolen und Tischdecken bei unseren rituellen Festen Methoden der Weihe sind, indem sie unserer Zauberei weitere Bedeutung und Entsprechung verleihen.

Ein fantastisches und konkretes Beispiel für Weihe in Aktion ist ein Liebeszauber aus dem Buch des heiligen Cyprian: The Sorcerer's Treasure (Hadean Press, 2014)[9], einem portugiesischen Zauberbuch, das dem heiligen Cyprian von Antiochien zugeschrieben wird. In diesem Zauber bereitet eine Frau, die von einem Mann geliebt werden möchte, ihm ein Mahl aus geweihten Eiern (ein wunderschönes Symbol für Fruchtbarkeit und Sinnlichkeit). Sie schlägt sie auf und gießt sie über die gesamte Länge ihrer Wirbelsäule, bevor sie die Eier zu einem Omelett zubereitet und dampfend heiß serviert. Hier ist das Ritual der Weihe eine symbolische, sinnliche Behandlung der Zutaten vor der Zubereitung, die dann diese Energien beim Verzehr durch die Zielperson bewahren und übertragen.

Diese Art und Weise der Verwendung von mehrschichtiger Symbolik und sympathetischer Korrespondenz bildet die Grundlage für unsere nichtreligiöse Erforschung der Weihe. Viele der Rezepte in diesem letzten Kapitel stützen sich in erster Linie auf Räucherungen, Rezitationen, Pflanzenherrschaften und Sigillen, um diese Aufgabe zu vollbringen, wobei eine Verschönerung oder Verfeinerung in deinen eigenen Ritualen zu Hause natürlich willkommen und erwünscht ist. Jede der hier vorgestellten Methoden unterscheidet sich ein wenig von der anderen, da verschiedene Werkzeuge und Techniken verwendet werden, aber alle basieren auf derselben zentralen Idee der Weihe als Werkzeug zur Herstellung glückspendender Zutaten und Gerichte. Für bezaubernde Getränke und Cocktails, wie die alten Liebestränke aus der Folklore, sind die Rezepte in diesem Kapitel – aufgegossener Ritualwein, reinigender Eistee, Magenbitter und natürlich die beiden Liebestrank-Cocktails – nützliche Anleitungen für Getränkemagie aller Art. Bei diesen Rezepten kommen verschiedene Apothekertechniken zum Einsatz, wie z. B. Tinkturen, Aufgüsse und das Herstellen von Sirup, die Fertigprodukte mit unterschiedlichem Aussehen, Geschmack und physiologischer Stärke erzeugen – eine nützliche Vielfalt, wenn man überlegt, ob man diese Magie offen oder im Verborgenen anwenden möchte. Obwohl es sich nicht um ein Getränk handelt, gehört das Rezept für die Vier-Räuber-Vinaigrette ebenfalls zu dieser Gruppe, da es sich um eine bekannte Methode zur Herstellung eines Kräuter-Oxymels handelt, wie wir es auch bei den in Fire Cider eingelegten Eiern des Festes zur Wintersonnenwende gesehen haben.

Die anderen Rezepte mit Bezug zur Weihe in diesem Kapitel stützen sich auf die Korrespondenzen und energetischen Beziehungen zwischen den Zutaten, die wir in früheren Kapiteln besprochen haben. Als Rahmen für die Ausübung der Magie außerhalb einer theistischen oder religiösen Tradition ist die Planetenmagie ein äußerst nützlicher Weg innerhalb des westlichen Kanons, da alle Praktizierenden hierzu einen Bezug oder einen Zugang haben. Dieser Ansatz nimmt Einfluss auf unsere Arbeit, wenn wir im Kapitel „Fest der Himmelskörper" damit beginnen, diese Bezeichnungen und Beziehungen in unserer praktischen Magie anzuwenden. Die Rezepte für Festtagstorte mit Schokolade, Roter Bete und Grapefruit, für in Piniennadeln gebackene Kuchen und die Löwenzahn-Ringelblumen-Scones für Gelegenheitszauber sind Jupiter, Mars und der Sonne geweiht – sie alle stellen detailliert die Verfahrensschritte für die Durchführung einer Weihmethode mit Bezug auf diese herrschenden Sphären dar. Diese Rezepte beschwören im Großen und Ganzen die Tugenden der Planeten und schaffen ein fertiges Gericht, das geweiht, mit Kraft durchtränkt und bereit ist, in unserer Arbeit verwendet zu werden. Die letzte Opfergabe in diesem Abschnitt verfolgt einen etwas anderen Ansatz und versucht, die wohlwollenden Aspekte eines Planeten als Salbe gegen seine raueren Eigenschaften einzusetzen: In unserem Fall kombiniert eine Lavendel-Kartoffel-Galette gegen den rückläufigen Merkur die Kräuter des schnellen, flüchtigen Merkurs mit der dichten, cremigen Kartoffel (ein unterirdisches Nachtschattengewächs von Saturn, dem Planeten der Beständigkeit und Zuverlässigkeit), um die alles zerstörende Wirkung von Merkur in seinem trunkenen, rückläufigen Zustand auszugleichen.

Wahrsagerei

Es gibt einen weiteren okkulten Bereich, in dem wir mit den Werkzeugen der Küchenhexerei experimentieren können. Die Praxis der Wahrsagung ist ein zentrales Werkzeug in den meisten okkulten Praktiken, sie bietet die Möglichkeit, den intuitiven Prozess nach außen zu verlagern und in Momenten der Ungewissheit nützliche und lehrreiche Ratschläge zu erhalten. Dies ist ein besonders hilfreiches Werkzeug für Neulinge im Okkultismus, die mit Selbstzweifeln und Ungewissheit kämpfen, wenn sie die ersten Schritte auf ihrem Weg gehen. Während vertrauenswürdige Lehrer und Bildungsressourcen die Grundlage für die ersten Nachforschungen bilden sollten, bietet die Wahrsagung einen Weg, der Selbstvertrauen aufbaut, unsere Arbeit überprüft und unsere Fähigkeiten im Umgang mit der intuitiven Kraft stärkt. In vielerlei Hinsicht kann das Wahrsagemedium als Übersetzer zwischen dem logischen, linearen Verstand des Ego-Selbst und dem symbolischen, subtilen Verstand des Unterbewusstseins fungieren.

In diesem Kapitel stellen wir zwei nützliche Rezepte für die Wahrsagerei in der Küche vor – ein traditionelles und ein weniger traditionelles. Unser bekanntes Beispiel ist der Wahrsagetee aus Beifuß und Katzenminze, der ein einführendes Ritual für die Tasseomantie, das Lesen von Teeblättern, darstellt. Diese beiden Kräuter haben schöne, zarte, gewundene Blätter, die auf dem Boden einer Teetasse klare und leicht zu lesende Formen ergeben. Darüber hinaus wird beiden Kräutern nachgesagt, dass sie die intuitiven Sinne verstärken und uns helfen, tiefer in die Meditation einzutauchen und die Symbolik, die wir sehen, effektiver zu übersetzen. Wenn du noch nie mit dem Lesen von Teeblättern experimentiert hast, findest du in diesem Beitrag einige Tipps und Tricks, die dir den Einstieg erleichtern sollen. Unser zweites Angebot ist der „Hexenkuchen" aus den Salemer Hexenprozessen, der weder etwas mit den Hexenprozessen zu tun hat noch wirklich ein Kuchen ist. Stattdessen lässt sich dieses Rezept von einer seltsamen Form der Wahrsagerei inspirieren, die während der Hexenprozesse von Salem im Jahr 1692 angewandt wurde, und erweitert den Rahmen, um etwas völlig Neues zu schaffen. Hier bilden zwei Mürbeteigkuchen, die einen versteckten Talisman enthalten, die Basis für unser Wahrsagemedium, das eine einfache, effektive Ja- oder Nein-Antwort.

Wenn du nicht schon selbst ein Tarotdeck, ein Pendel, einen Runenbeutel oder ein anderes Wahrsagemedium in die Hand genommen hast, können wir hier vielleicht mit einem neuen Ansatz experimentieren. Wenn wir die Geschichte der Wahrsagepraktiken betrachten, die sich über den ganzen Globus erstrecken und eine unglaubliche Vielfalt von Materialien als Hilfsmittel nutzen (man denke nur an die Ovomantie mit Eiern, die Turifumie mit Formen im Rauch oder die Aleuromantie mit Mehl, um nur einige von hunderten Beispielen zu nennen), können wir sehen, dass es sich nicht um eine Technik handelt, die im Medium, sondern vielmehr im Vermittler liegt – im Geist und in der Intuition eines Lesers, der die Zeichen genau deuten kann. Statt der Kraft des „Sehens", die von einem Kartenspiel oder einer Kristallkugel ausgeht, ist das divinatorische Sehen eher eine Sache der Unterscheidung, bei der der Leser in der Lage ist, sinnvolle Muster aus dem Chaos zu ziehen. Das Medium der Wahrsagerei war historisch gesehen meistens das, was die Praktizierenden ganz einfach zur Hand hatten – verschüttete Linsen, Eingeweide von Hähnen oder vorbeiziehende Wolken am Himmel.

Wenn wir anerkennen, dass die Perfektionierung der Kunst nichts mit den verwendeten Werkzeugen zu tun hat, sind wir frei, uns auf experimentelles Terrain zu begeben. Wenn wir ein Küchenorakel schaffen wollen – ein einfaches Wahrsagewerkzeug für simple Fragen der Küchenhexerei – dann sollten wir zunächst in der Speisekammer nach unserem Medium suchen. Als nicht verderbliche und robuste Option sind getrocknete Bohnen eine preiswerte, einfache und beständige Wahl. Wir werden also unser Orakel aus neun Bohnen zusammenstellen – drei schwarze, drei weiße und drei rote. Das mag albern oder allzu banal klingen, aber es gibt zahlreiche historische Präzedenzfälle, in denen bescheidene Lebensmittel als Wahrsagemittel eingesetzt wurden – wie die Äpfel der Allantide, russische Wahrsageeier und sogar zerbrochene Wünschelruten. In unserer Arbeit bedeuten die schwarzen Bohnen „Nein", die weißen Bohnen „Ja" und die roten Bohnen rufen dazu auf, sich selbst der Frage anzunehmen und die Situation neu zu überdenken. Um dein Küchenorakel zu weihen, denke an die Gottheiten und Energien, die du mit Küchenmagie verbindest und die dir aus deinen Praktiken vertraut sind. Das können die Geister deiner Vorfahren, Schutzgötter und -göttinnen oder planetarische Herrscher der Weissagung wie Sonne oder Mond sein. Führe deine Weihe durch, wenn der Mond zu- oder abnimmt und sowohl Venus als auch Sonne keine starken negativen astrologischen Aspekte aufweisen. Um nach Rat zu fragen, schließe die Augen und lasse die Intuition sich durch deine Hände manifestieren, indem du blind eine Bohne aus dem Beutel oder Reliquiar ziehst. Jede Frage sollte dabei laut gestellt werden und wird eine eindeutige Antwort erhalten. Wenn du dein Küchenorakel nicht benutzt, kannst du das Küchenorakel in einem Stoffbeutel oder in einer mit Filz ausgekleideten Metalldose aufbewahren (ich verwende gern Pfefferminzdosen), die irgendwo in der Küche selbst verstaut werden – in Vorratsschränken, Silberbesteckschubladen oder im Gewürzregal.

Opfergabe

Schließlich kommen wir zu einem der ältesten Werkzeuge der Küchenhexerei, und manche würden sagen, der Religion im Allgemeinen – Spenden und Opfergaben. Opfer werden in der Regel dargebracht, um die Gunst von Göttern und Geistern zu erlangen, aber wir können auch eine Reihe anderer Ziele in Betracht ziehen: bei einem Fest zu hohen Ehren, wie z. B. einem Feiertag oder einer Begräbnisfeier; als Sündenbock oder Pharmakos bei Bann- und Reinigungsriten; oder im Tausch gegen große Forderungen, die von einem vergänglichen Verbündeten gestellt werden. Was auch immer der Fall sein mag, Spenden und Opfergaben sind ein möglicher Weg, um einen energetischen Austausch zu verkörpern, bei dem die Hexe auf bedeutungsvolle Weise sowohl gibt als auch empfängt.

In der weit zurückliegenden Vergangenheit wurden Opfermahlzeiten zubereitet und im Ganzen dem Feuer in einem alles verzehrenden Inferno dargebracht, wie wir es bei Jasons Opfer an Hekate in der Argonautica sehen. Hier übermittelt die Hexe Medea detaillierte Anweisungen, wie das Opfer durchgeführt und dann sofort der Göttin überlassen werden soll:

> *[…] dann halte Ausschau nach der Zeit, in der sich die Nacht in zwei Hälften teilt, dann bade im Strom des unermüdlichen Flusses und grabe allein, abseits von den anderen, bekleidet mit einem düsteren Gewand, eine runde Grube; und schlachte darin ein Schaf und opfere es im Ganzen, indem du den Scheiterhaufen am Rande der Grube aufschüttest. Und besänftige die eingeborene Hekate, die Tochter des Perses, indem du aus einem Kelch die im Bienenstock gespeicherte Arbeit der Bienen einschenkst. Und dann, wenn du sorgfältig die Gnade der Göttin gesucht hast, ziehe dich vom Scheiterhaufen zurück; und lass dich weder durch das Geräusch von Füßen noch durch das Bellen von Hunden zur Umkehr bewegen, damit du nicht alle Riten verstümmelst und selbst nicht ordnungsgemäß zu deinen Kameraden zurückkehrst.*
>
> APOLLONIUS RHODIUS, ARGONAUTICA, 3. JH. V. CHR.

In den Ritualen des klassischen Altertums wurden diese Opferobjekte vor der Darbringung in ausgedehnten Riten geweiht, die oft Wochen, Monate oder Jahre dauerten. Die Opfertiere wurden gepflegt und bei Laune gehalten, sodass sie als ruhige und „willige" Opfer auf dem Altar ankamen. Im antiken Griechenland wurde die Opferklinge bis zu dem Moment versteckt, in dem sie gebraucht wird, und die Teilnehmer winden sich und schreien vor sympathetischem Schmerz, wenn die Stunde des Todes gekommen ist. Im Römischen Reich wurden die Opfertiere vergoldet und mit Blumen geschmückt, sodass sie im Angesicht des Todes fast göttlich wirkten. Bei diesen Anlässen wurden die gebratenen Tiere zunächst unter den anwesenden Gästen aufgeteilt. Nur einige der besten Teile, zusammen mit Haaren, Knochen und anderen weggeworfenen Teilen, wurden den Göttern im Feuer geopfert. Die Ironie, den Göttern nur die Reste zu opfern, war den Alten nicht entgangen, aber das Festmahl sollte mit den Göttern geteilt werden und das Fest selbst diente dem Austausch und der Harmonisierung zwischen dem Irdischen und dem Göttlichen.

Das soll nicht bedeuten, dass es keine vegetarischen Formen des Opfermahls gab. In der Antike wurde das, was die Menschen schätzten, im Allgemeinen auch von den Göttern geschätzt, vor allem, wenn es sich um Speiseopfer handelte, und so waren Luxusgüter wie geschlachtete Tiere natürlich wertvoll – nicht nur wegen des Luxus des Fleisches, sondern auch wegen des Opfers eines Lebens. Allerdings wurden auch Opfergaben ohne Fleisch dargebracht, insbesondere bei komplexen, handwerklich hergestellten Waren wie Wein, Brot, Honig und Eiern, die allesamt eine erhebliche Investition an Zeit und Ressourcen darstellen und somit der Opferung würdig sind. Diese Rituale mögen heute simpel erscheinen, aber Opferfeste wurden während des Großteils Menschheitsgeschichte als Moment des Kontakts mit dem Göttlichen und als zuverlässiger Weg der Kommunikation mit Göttern und Geistern veranstaltet. So wie man vielleicht Kekse für den Geburtstag eines Freundes oder einen Kuchen für eine Büroparty backt, ist das Opfermahl eine Darbietung an Mühe und Aufmerksamkeit, die nicht nur den Wert des Austauschs, sondern auch die wertvolle Beziehung zwischen Schöpfer und Empfänger vermittelt.

Da bereits einige Rezepte für Opfermahlzeiten in diesem Buch untersucht wurden, wie z. B. die Pharmakos-Kuchen im Kontext des Ahnenfestes, lohnt es sich, dieses Konzept durch die Brille der modernen Hexerei zu betrachten. In unserem letzten Kapitel untersuchen wir nur drei Rezepte, die dieses magische Werkzeug nutzen, da die Technik des Opferns äußerst intuitiv ist und alle spezifischen Rituale formen die persönliche Praxis und hingebungsvollen Beziehungen. Dennoch stellen diese Rezepte nützliche Vorlagen für weitere Erkundungen dar, indem sie ein traditionelles Tieropfer betrachten sowie zwei vegetarische Alternativen. Die Opfer-Wachtel mit Granatapfelsauce bietet den direktesten Weg zur traditionellen Opfergabe, mit einem einfachen, schnell zubereiteten Rezept für ein köstliches Ganztier-Opfer. Dieser kleine, gebratene Vogel wird mit einer gewürzten, blutroten Granatapfelsauce übergossen und kann als traditionelles Festmahl verzehrt oder alternativ ganz dem Feuer oder der Erde geopfert werden. Dies ist zweifellos eine dramatische, glamouröse Mahlzeit, die sich am besten für große, andächtige Veranstaltungen eignet. Eine weniger formelle Alternative zu diesem Opfermahl sind die Picknick-Kuchen mit Rosmarin, Apfel und Cheddar, da diese tragbaren Leckereien zum Spenden und Teilen gedacht sind, wenn man in der Natur unterwegs ist oder wenn man sich zum ersten Mal den Geisterverbündeten nähert. Diese Leckereien sind nicht weniger köstlich, aber die Geschmackspalette und die Präsentation sind unprätentiös, was sie zu einer guten Wahl für nicht-devotionale Gaben und informelle oder geschäftliche Begegnungen mit Geistern macht.

Ein letztes Rezept gibt uns schließlich die Möglichkeit, die Opfergabe auf eine andere, individuellere Weise zu betrachten. Die Instruktionen für die Zabaglione mit Honigbeeren und blauem Lotus sehen dieses Gericht als eine Opfergabe vor dem Altar des Körpers, unserer Körper, die in der traditionellen Hexenkunst in gewisser Weise selbst als Lehrer der okkulten Geheimnisse angesehen werden. In diesem Rahmen fungiert unser physischer Körper als primärer Initiator für okkulte Weisheit, indem er uns unsere Sinne, Instinkte, Psyche und damit unsere grundlegende Identität, als sensorische Werkzeuge zur Verfügung stellt, damit wir uns in der sichtbaren und unsichtbaren Welt um uns herum zurechtzufinden. Da der Körper ein unverzichtbarer Verbündeter und Mentor in der Magie der Küchenhexe ist, stellt dieses Rezept ein Opferritual für den Körper dar, um dieses heilige Gefäß durch ein sinnliches, nahrhaftes Opfer zu nähren und zu ehren.

Rosmarin-Sternbrot für den Haussegen

Wenn ich in ein neues Haus einziehe, richte ich Segnungen und Schutzmaßnahmen für das Haus und das Grundstück ein. In meinen Praktiken ist dies ein wesentlicher erster Schritt, der mir sehr dabei hilft, mich einzuleben. Eine Reihe von Ritualen gehört dazu – mit heiligem Öl gezeichnete Sigillen an jedem Fenster und jeder Tür, mit Honig bestrichene Rasierklingen über jedem Eingang und eine tiefgehende, ausgiebige Ausräucherung mit Weihrauch, um mir den Neuanfang zu erleichtern. Ein Stück Küchenhexerei, das viele dieser Rituale ersetzen könnte, ist jedoch dieses Brot.

Sternbrote sind optisch auffällig, mit ihren sich drehenden Spiralen, die sich in einem hypnotischen Rhythmus wellen. Diese Art von Mustern ist in den europäischen Schutzzaubern üblich, die komplexe und sich wiederholende Muster aufweisen, um lästige Teufel abzulenken, die gezwungen sein sollen, diese Formen zu zählen und sich so in ihnen zu verlieren. Für dieses Rezept werden außerdem zwei äußerst nützliche Kräuter benötigt, insbesondere für den Haussegen. Die grüne Farbe dieses Brotes stammt entweder von Rucola oder von Brennnesseln – je nachdem, was in deiner Gegend leichter zu bekommen ist. Beide sind Pflanzen, die die Grenzen des Mars schützen – Rucola wegen seiner Würze und Brennnessel wegen ihres Stachels. In der Brotfüllung ist Rosmarin das segnende und färbende Kraut par excellence, das in verschiedenen Traditionen für seine Verwendung bei Weihe und Reinigung bekannt ist. Diese pflanzlichen Verbündeten ergeben zusammen ein Brot mit Talisman-Charakter, das sich perfekt für jede Hauseinweihung eignet. Dieses Brot kann natürlich gegessen und genossen werden (das Rosmarin-Haselnuss-Pesto ist zum Niederknien!), aber man kann es auch an die Haustür hängen, als Schutz und Segen für das neue Heim.

Ergibt einen Laib von 25 cm
Vorbereitungszeit: 40 Minuten, plus 1 ¼ Stunden Gärrzeit
Backzeit: 20 Minuten

FÜR DEN TEIG
- 200 g Rucola oder frische Brennnesseln
- 120 ml warme Milch
- 7 g Trockenhefe
- 1 TL Zucker
- 300 g Mehl, plus etwas Mehl zum Bestäuben
- 60 ml Buttermilch
- 1 TL Salz
- schwarzer Pfeffer, gemahlen, nach Belieben

FÜR DIE FÜLLUNG
- 35 g geriebener Parmesankäse
- 35 g geröstete Haselnüsse
- 2 Zweige Rosmarin
- 150 g Rucola
- ¼ TL Lorbeerblattpulver
- Schale von 1 Bio-Orange
- 3 EL Olivenöl
- 1 Ei, verquirlt

1. Bereite zunächst die Füllung für dein Brot vor. Vermische Parmesankäse, Haselnüsse, Rosmarinnadeln, Rucola, Lorbeerpulver, Orangenschale und Olivenöl in einem Mixer oder mit einem Stabmixer. Püriere, bis das Pesto eine grobe Paste bildet, dann nimm es aus dem Mixer und stelle es beiseite.

2. Blanchiere als Nächstes den Rucola oder die Brennnesseln für den Teig. Bringe einen Topf mit Wasser zum Kochen und tauche die Blätter für 1 Minute hinein, dann tauche sie sofort in Eiswasser. Trockne die Blätter und gib sie zusammen mit der warmen Milch in einen Mixer. Püriere so lange, bis sie glatt und gleichmäßig eingearbeitet sind.

3. Verrühre in einer Küchenmaschine Brennnesselmilch, Hefe und Zucker und lass die Mischung 10 Minuten ruhen. Gib Mehl, Buttermilch und Salz hinzu und verknete alles, bis der Teig glatt und weich ist.

4. Fette eine weitere Schüssel leicht ein und gib den Teig hinein. Decke die Schüssel mit einem feuchten Geschirrtuch ab und lass den Teig an einem warmen Ort gehen, bis sich die Größe des Teigs verdoppelt hat – etwa 1 Stunde.

5. Wenn der Teig gegangen ist, stürze ihn auf eine bemehlte Fläche und teile ihn in vier gleiche Portionen. Rolle jede Portion zu einer runden Form von 25 cm Durchmesser aus. Nimm das erste Teigstück und lege es auf ein Stück Backpapier. Pinsel es leicht mit dem verquirlten Ei ein. Verteile gleichmäßig ein Drittel der Pesto-Mischung gleichmäßig auf dem Teig, dabei an den Rändern mindestens 1 cm frei lassen. Wiederhole diesen Vorgang mit der zweiten und dritten Schicht und lege die Teigschichten übereinander, bedecke das Brot mit der vierten und letzten Teigschicht.

6. Zeichne in der Mitte des Brotes einen Kreis von 5 cm Durchmesser auf und zeichne mit einem Messer 12 gleichmäßige Schnitte vom Rand des aufgezeichneten Kreises zum äußeren Rand des Brotes. Schneide mit einem scharfen Messer entlang dieser strahlenförmigen Linien und drehe dann jedes Segment dreimal abwechselnd nach links und rechts. Führe jeweils 2 Teigstränge, die sich zueinander drehen zusammen und kneife sie oben zusammen, sodass sie eine gleichmäßige Spitze bilden. Du kannst eine kleine Menge verquirltes Ei verwenden, damit die Ränder besser haften.

7. Lege das Brot auf ein Backblech, indem du es auf das Backpapier schiebst. Decke das Brot noch einmal mit einem Geschirrtuch ab und lass es weitere 15 Minuten gehen. Heize den Backofen auf 200 °C Ober-/Unterhitze vor.

8. Wenn der Ofen heiß ist, bestreichst du das Brot mit leicht verquirltem Ei. Bestreue das Brot mit Salz und schwarzem Pfeffer und backe es 15–20 Minuten, bis es goldgelb und durchgebacken ist. Lass das Brot auf einem Kuchengitter abkühlen.

In Piniennadeln gebackene Polenta-Küchlein mit Arrabiata und Ziegenkäse

Dieses Gericht entstand beim Zelten in der Nähe des Mount Rainier in einem Sommer, den ich in mehreren Nationalparks entlang der Pazifikküste verbrachte. Zelten ist für mich eine uralte Tradition – eine Leidenschaft meines Vaters, die er mir in vielen Sommern beim Wandern und Erkunden der Catskill Mountains weitergegeben hat. Mein Vater, der schon immer ein guter Koch war, konnte besonders gut über einem Lagerfeuer kochen, was eine beachtliche Leistung ist, wie jeder erfahrene Camper bestätigen kann. Seine Kreationen gingen immer über die Grundnahrungsmittel (Hot Dogs und Hamburger) hinaus, und er ließ seiner kulinarischen Kreativität freien Lauf, um eine große, hungrige Familie mit dutzenden Mitgliedern zu versorgen. Inspiriert von der Innovation, die er stets in die Campingküche einbrachte, entstand dieses Gericht.

In magischer Hinsicht ist dieses Rezept sehr einfach gehalten und erfordert keine aufwendigen Beschwörungen, Sigillen oder Ausräucherungen. Vielmehr handelt es sich um eine sehr passive Beschwörung, bei der ausschließlich die Absicht des Anwenders und der rituelle Akt des Festmahls genutzt werden, um die Zutaten zur Abgabe ihrer Tugenden zu zwingen. In diesem Gericht werden die Zutaten des Mars – Kiefer, Knoblauch und Chili – verwendet, um einige der sanfteren Eigenschaften des Planeten hervorzurufen. Mars ist der weniger bösartige unter den Himmelskörper voller herausfordernder und gewalttätiger Energie, und so verkörpert er auch einige schöne und nützliche Eigenschaften wie Energie, Vitalität und Abenteuerlust. Für einen Ausflug in die Natur könnte es keine besser geeigneten Eigenschaften geben.

Obwohl dieses Rezept für die Zubereitung in der heimischen Küche gedacht ist, hoffe ich, dass die abenteuerlustigen Leser dieses Buches es so wie ich auch in der Wildnis zubereiten. Dies verleiht der Arbeit ein weiteres Mars-Element, da das Rezept über einer offenen Flamme gekocht wird. Um dieses Rezept für eine Outdoor-Küche anzupassen, kannst du die Kuchen, Nadeln und Orangenschalen in Alufolie einwickeln, sie 20 Minuten lang unter heiße Kohlen legen und sie dann final auf dem Grill zubereiten. Die Sauce kann ebenfalls in einem Topf über dem Feuer zubereitet werden, aber vielleicht ziehst du es vor, deine Sauce zu Hause zu machen, wo es wesentlich einfacher ist.

Für 4 Personen

Vorbereitungszeit: 30 Minuten
Kochzeit: 40 Minuten

- 1 Packung mit 500 g vorgekochter Polenta oder 500 g selbst vorgekochte Polenta
- 4 EL Olivenöl
- Mehrere Bündel frische Piniennadeln, sauber geschrubbt
- Schale von 1 Bio-Orange, geschält mit einem Gemüseschäler
- 1 kleine Zwiebel, fein gewürfelt
- 4 Knoblauchzehen, fein gehackt
- 1 EL zerstoßene Chiliflocken
- 1 Dose mit 800 g gehackten Tomaten
- 1 kleiner Bund Basilikum, gewaschen und zerrupft
- 110 g zerkrümelter Ziegenkäse
- Salz und Pfeffer, nach Belieben

1. Heize den Ofen auf 180 °C Umluft vor und lege ein Backblech mit Backpapier oder Alufolie aus.

2. Schneide zunächst die Polenta in gleichmäßige, 1 cm dicke Scheiben. Bepinsele die Fladen leicht mit Olivenöl und würze sie leicht mit Salz und Pfeffer.

3. Nimm die Hälfte der Piniennadeln und Orangenschalen – genug, um den Boden des Backblechs in einer einzigen Schicht zu bedecken – und streue sie auf das Backblech. Lege die Polentakuchen darauf und bedecke sie dann mit den restlichen Nadeln und Schalen. Decke das Backblech mit Folie ab und backe die Polenta 20 Minuten. Nimm das Blech aus dem Ofen, entferne die Folie und die oberste Schicht Tannennadeln und backe sie weitere 20 Minuten, bis die Fladen außen knusprig sind.

4. Während die Fladen backen, bereite die Sauce zu. Erhitze das restliche Olivenöl in einer großen Pfanne bei mittlerer bis hoher Hitze. Gib die Zwiebel dazu und dünste sie an, bis sie weich sind. Füge Knoblauch und Chiliflocken hinzu und dünste alles weitere 3 Minuten an. Wenn die Zwiebeln weich sind und die Chiliflocken duften, gib die gehackten Tomaten in die Pfanne. Lass die Sauce 30 Minuten lang köcheln, bis die Sauce eingedickt ist und weniger Säure enthält. Rühre die zerpflückten Basilikumblätter unter, schmecke die Sauce mit Salz und Pfeffer ab und halte sie bis zum Servieren warm.

5. Vor dem Servieren entferne die Piniennadeln und Orangenschalen und entsorge sie. Zum Servieren begieße jeden Polentakuchen mit einem Löffel frischer Sauce und bestreue ihn mit Ziegenkäse.

Vier-Räuber-Vinaigrette

Wenn du dich schon einmal auf eigene Faust mit Küchenhexerei beschäftigt hast, bist du wahrscheinlich schon auf Rezepte für „Vier-Räuber-Essig" gestoßen – ein beliebtes und geheimnisvolles Präparat, das in der Bann- und Reinigungsmagie verwendet wird und auf ein pflanzliches Heilmittel aus der Pestzeit zurückgeht. Eine Geschichte besagt, dass dieses Präparat tatsächlich von vier Dieben hergestellt wurde, die sich mit einer in Essig eingelegten Mischung aus Kräutern gegen die Pest schützen wollten, während sie die kürzlich Verstorbenen bestahlen. Angeblich gaben die vier Diebe ihr Spezialrezept erst heraus, als sie entdeckt wurden, und tauschten es gegen ihre Hinrichtung ein. Andere Historiker vermuten jedoch, dass es sich hierbei um einen Mythos handelt und der Name in Wirklichkeit auf eine falsche Schreibweise des Nachnamens von Richard Forthave zurückgeht, der ein ähnliches Mittel als „Forthave's Vinegar" bekannt machte. Auch wenn das Rezept mit oder ohne die Legende wertvoll ist, gibt es eine Debatte darüber, welche Zutaten traditionell verwendet wurden. Es gibt keinen anerkannten Standard für dieses Rezept, aber moderne Anpassungen haben der Mischung mehr haushaltsübliche Kräuter wie Knoblauch, Lavendel und Rosmarin hinzugefügt, die in früheren Versionen nicht enthalten sind.

Eines der beliebtesten Rezepte, und zwar das von René-Maurice Gattefossé, beschreibt eine frühe Variante des Trankes mit drei Pfund starkem Weißweinessig, je einer Handvoll Wermut, Mädesüß, wildem Majoran und Salbei, fünfzig Nelken, zwei Unzen Glockenblumenwurzeln, zwei Unzen Engelwurz, Rosmarin und Andorn und drei großen Mengen Kampfer. Die Mischung wurde fünfzehn Tage lang in einem Behälter aufbewahrt, dann abgeseiht, ausgedrückt und in Flaschen abgefüllt. Sie wurde verwendet, indem man sie von Zeit zu Zeit auf Hände, Ohren und Schläfen rieb, wenn man sich einem Pestopfer näherte.

Heute wird dasselbe Rezept in der magischen Arbeit verwendet, um energetische und magische Pest ebenso wirksam abzuwehren wie buchstäbliche Pestratten. Es wird als Salbungspräparat und für rituelle Waschungen verwendet und dient als nützliches Allheilmittel für alle Arten von Schutz und reinigender Magie. Die Kräuter in dieser Mischung behalten jedoch auch ihre medizinischen Eigenschaften, und der Weise wird feststellen, dass dieses Präparat zum Abwehren von Krankheiten und dem Vorbeugen von Erkältungen sowie für die magische Arbeit gleichermaßen nützlich ist. Dieses Rezept, das sowohl geschmacklich als auch medizinisch angepasst wurde, ist eine spielerische Variante dieses klassischen, mittelalterlichen Heilmittels und bringt es auf unkonventionelle Weise auf die Festtafel.

Ergibt 240 ml Vinaigrette
Vorbereitungszeit: 5 Minuten plus 2 Wochen Ziehzeit

- 4 EL getrockneter Wermut
- 4 EL getrocknetes Mädesüß
- 4 EL getrocknete Lavendelblüten
- 4 EL getrocknete Weinraute
- 2 Stängel frischer Rosmarin
- 1 Handvoll frischer Salbei
- 20 ganze Nelken, zerdrückt
- 5 Knoblauchzehen, gehackt
- 2 Messerspitzen essbare (grüne) Kampferkristalle (wahlweise)
- 450 ml Weißweinessig oder Apfelessig
- 1 TL Dijon-Senf
- 2 EL gehackte Schalotte
- 1 TL frische Thymianblätter
- 120 ml extra natives Olivenöl
- Salz und Pfeffer, nach Belieben

1. Stelle zunächst Wermut, Mädesüß, Lavendel, Weinraute, Rosmarin, Salbei, Nelken, Knoblauch und Kampferkristalle (falls verwendet) sorgfältig zusammen und gib sie in ein Einmachglas, das groß genug ist, um die Flüssigkeit aufzunehmen. Gieße den Essig über die Kräuter und verschließe das Glas. Schüttle das Glas und lagere es 2 Wochen lang an einem kühlen, dunklen Ort, wobei du es täglich schütteln musst.

2. Wenn du die Vinaigrette zubereiten möchtest, öffne das Glas und seihe den Essig durch ein feinmaschiges Sieb ab. Unbedingt auswringen, Flüssigkeit aus den Kräutern entfernen, bevor sie weggeworfen werden. Miss 120 ml Essig ab und gib den Rest zurück in das Glas, damit er gekühlt und innerhalb von 4–6 Monaten verwendet werden kann.

3. Püriere den abgemessenen Essig, Senf, Schalotten und Thymianblätter in einem Mixer, bis alles gut vermischt ist. Lass bei niedriger Geschwindigkeit des Mixers das Olivenöl einfließen, bis das Öl vollständig emulgiert ist. Schmecke die Vinaigrette mit Salz und Pfeffer ab und serviere sie sofort, um den besten Geschmack zu erhalten. Die Vinaigrette kann bis zu 3 Tage im Kühlschrank aufbewahrt werden.

Lavendel-Kartoffel-Galette gegen den rückläufigen Merkur

Der rückläufige Merkur ist sicherlich der am meisten gefürchtete und verleumdete astrologische Transit, berüchtigt und verehrt als eine Zeit, in der auf der Erde die Hölle losbricht. Merkur – der Planet der Bewegung, der Kommunikation und des Vorwärtsdrangs – „bricht zusammen", scheint rückwärts durch den Himmel zu schweben, macht seine Arbeit zunichte und bringt den menschlichen Fortschritt ins Trudeln. In seiner rückläufigen Phase sorgt Merkur für technologische Pannen, Verwirrung und unerbittliche Hindernisse für alle Verhandlungen, Projekte und Pläne. Wo Merkur zuvor eine einfache Verbindung mit anderen ermöglicht hat, bricht jetzt die Kommunikation zusammen, was zu Missverständnissen, Streit und unangenehmen Begegnungen führt.

Viele Planetenmagier empfehlen, während der Rückläufigkeit von Merkur eine Wiederherstellung oder Wiedergutmachung vorzunehmen, um sich einige der angenehmeren Tugenden des Planeten zu sichern, bevor er in seinen trunkenen, rückständigen Zustand abrutscht. Das hier vorgestellte Rezept ist die Antwort einer Küchenhexe auf diese Frage, indem sie sich mit den botanischen Verbündeten der rechten Merkurseite zusammentut – Lavendel, Dill und Majoran –, um uns gegen die Auswirkungen der Rückwärtsbewegung des Planeten zu wappnen. Dieses Gericht wird am besten einige Tage vor dem eigentlichen Beginn der Rückläufigkeit zubereitet, zusammen mit einer Ausräucherung mit für den Merkur typischen Kräutern wie Weihrauch, Mastix und Elemi, Dillsamen, Ysop und Zitronengras. Du solltest in Betracht ziehen, einen Teil dieser Mahlzeit Hermes, dem altgriechischen Gesicht des Merkur, zu opfern und seine orphische Hymne vorzulesen:

Hermes, komm herbei und neige dich meinem Gebet zu,
Engel des Jupiter und göttlicher Sohn der Maia,
Präfekt des Wettbewerbs, Herrscher der Menschheit,
Mit allmächtigem Herzen und klugem Verstand.
Ein himmlischer Bote mit vielen Fähigkeiten,
dessen mächtige Künste den wachsamen Argus töten könnten.
Mit geflügelten Füßen ist es dein, durch die Lüfte zu ziehen,
oh Menschenfreund und Prophet der Rede;
großer Lebenshelfer, zu frohlocken ist dein in gymnastischen Künsten und in göttlichem Betrug.
Mit der Macht, die alle Sprache zu erklären vermag,
Von der Sorge der Verlierer, und der Quelle des Gewinns.
In dessen Hand die Rute des tadellosen Friedens liegt,
korinthischer, gesegneter, nützlicher Gott.
Der vielfältigen Rede, deren Hilfe wir in Werken finden,
Und in Nöten den Sterblichen freundlich.
Direkte Waffe der Zunge, die die Menschen verehren,
Sei anwesend, Hermes, und höre deinen Bittsteller;
Hilf meinen Werken, beschließe mein Leben mit Frieden,
Gib anmutige Rede und Gedächtnismehrung.[10]

Für 4–6 Personen
Vorbereitungszeit: 25 Minuten
Kochzeit: 25 Minuten

- 30 g Butter plus zum Nachfetten
- 3 große Russet-Kartoffeln, geschält und in sehr dünne Scheiben geschnitten
- 25 g geriebener Asiago-Käse (oder Cheddar)
- 2 EL getrocknete Lavendelblüten, zerkleinert
- 1 TL Majoran
- Salz und Pfeffer, nach Belieben
- Frischer Dill zum Garnieren

1. Schmelze in einer 23-cm-großen Pfanne bei mittlerer Hitze die Butter und schwenke die Pfanne um sie gleichmäßig mit der Butter zu benetzen. Nimm die Pfanne vom Herd.
2. Beginne in der Mitte der Pfanne und lege eine doppelte Schicht überlappender Kartoffelscheiben spiralförmig in der Pfanne aus. Jede Scheibe sollte die vorherige zu 50 Prozent überlappen.
3. Vermenge den Käse mit dem Lavendel und dem Majoran und streue ihn über die Galette, lass dabei an den Rändern einen Abstand von 1 cm frei. Würze die Galette mit Salz und Pfeffer und wiederhole den Vorgang mit den restlichen Kartoffeln, bis alle Kartoffeln aufgebraucht sind.
4. Backe die Galette bei mittlerer Hitze, bis der Boden bräunt, mindestens 10 Minuten. Wenn der Boden goldbraun ist, stürze einen Teller über die Pfanne und drehe die Pfanne vorsichtig mit Ofenhandschuhen um und stürze die Pfanne auf den Teller. Gib etwa ½ EL Butter in die Pfanne. Schiebe die Galette mit der rohen Seite nach unten zurück in die Pfanne und backe sie weitere 15 Minuten, bis die Kartoffeln durchgebraten und die Außenseite knusprig ist. Lass die Galette auf einen Teller gleiten, würze sie mit Salz und Pfeffer und versehe sie mit einer großzügigen Garnierung aus frischen Dillzweigen. Serviere die Galette sofort.

Schützende Hühnerfußsuppe

Aus der altgriechischen Mystik stammt das Konzept der apotropaia – die Vorstellung, dass Gegenstände oder Figuren durch ihr eigenes Groteskes das Böse und Unglück abwenden können. Das Wort selbst bedeutet „abwenden" oder „abwehren" und es wurde vor allem im Fall der abwendenden Götter beschworen – schreckliche, chthonische Entitäten, die zum Schutz und zur Sicherheit gerufen werden konnten, um alle Formen des Bösen und des Unglücks abzuwenden. Aus diesem Konzept ergeben sich die Bilder der Wasserspeier, der Hexenflaschen und des Evil Eye, die als furchterregende Gestalten für sich stehen, aber üblicherweise auch demjenigen Schutz und Sicherheit gewährten, der sie beschwor. Unter diesen Symbolen finden wir auch das Huhn, dessen Eier und Füße seit der hellenistischen Zeit in ähnlicher Weise zur Abwehr des Bösen verwendet wurden. Dies ist die Form der apotropäischen Magie, aus der dieses Rezept seine Kraft schöpft, indem es das mächtige und groteske Symbol des Hühnerfußes verwendet, um eine Suppe herzustellen, die einige der schützenden Tugenden des Huhns in sich trägt.

In vielerlei Hinsicht kann man auch sagen, dass die Hühnersuppe selbst eine Form von apotropäischer Magie ist, die Krankheiten beim ersten Anzeichen von Unheil abwehrt und vertreibt. In unserem Rezept werden mehrere Kräuter und Gewürze verwendet, die einen doppelten Nutzen haben, da sie sowohl für die apotropäische Magie als auch für die Medizin eingesetzt werden. Knoblauch, Kümmel und Weinraute sind allesamt magische Zutaten, die als Bann- und Schutzmittel verwendet werden, aber auch Heilkräuter, die das Immunsystem unterstützen. Auch das Huhn selbst, sowohl die Brust als auch die Knochen, enthält eine Reihe von Vitaminen und Mineralien wie Selen, Vitamin C und verschiedene Antioxidantien. Alles in allem ist dieses Gericht ein mächtiger Verbündeter gegen eine Vielzahl von Unglücksfällen magischer und medizinischer Art. Es ist ein nützliches Werkzeug in den Händen einer Hexe, die über das gefährliche Aussehen dieser Zutaten hinwegsehen und sich die ihnen innewohnende Magie zunutze machen kann.

Für 6–8 Personen

Vorbereitungszeit: 20 Minuten
Kochzeit: 1 Stunde

- ½ Knoblauchknolle
- 2 EL Olivenöl
- 5 Hühnerfüße
- ½ Huhn
- 30 g Butter
- 1 große gewürfelte Zwiebel
- 2 große geschälte und gewürfelte Karotten
- 5 Lorbeerblätter
- 5 ganze Nelken
- ½ TL Kümmel
- 150 g Perlcouscous
- 3 EL gehackte frische Weinraute
- 3 EL gehackter frischer Dill
- Blätter von 2 Zweigen Thymian
- Salz und Pfeffer, nach Belieben

1. Bereite dieses Gericht möglichst bei abnehmendem Mond oder Neumond zu, und zwar an einem Dienstag zur Stunde des Mars. Da apotropäische Magie nur durch Symbole angewendet wird, enthält dieses Rezept keine zusätzlichen magischen Schritte oder Verfahren, obwohl du wie immer gerne deine eigenen hinzufügen kannst. Führe diese Überlegungen durch, bevor du beginnst.

2. Heize deinen Ofen auf 180 °C Umluft vor und lege ein Backblech mit Backpapier aus. Halbiere den Knoblauch quer und lege ihn auf ein Blatt Alufolie. Beträufle beide Hälften mit etwas Olivenöl, verschließe dann die Folie. Lege die Hühnerfüße und das halbe Hähnchen auf das gleiche Backblech und beträufele sie mit dem restlichen Olivenöl. Würze mit Salz und Pfeffer und backe das Hähnchen zusammen mit dem Knoblauch 35 Minuten, bis das Huhn goldbraun und der Knoblauch weich ist.

3. Wenn das Hähnchen fertig ist, schmilz die Butter in einer großen Pfanne bei mittlerer bis hoher Hitze. Wenn die Butter sprudelt, füge die Zwiebel und die Karotten hinzu und dünste sie etwa 5–8 Minuten weich. Füge den gerösteten Knoblauch, die Lorbeerblätter, die Nelken und den Kümmel hinzu und dünste weitere 4–5 Minuten, bis die Gewürze stark duftend sind. Gib das Huhn in den Topf, dann den Couscous und 2,4 Liter Wasser.

4. Bringe die Flüssigkeit zum Kochen, schalte dann die Hitze auf niedrige Flamme und lass sie mindestens 20 Minuten lang zugedeckt köcheln, bis der Couscous gar ist. Schalte den Herd aus, nimm das Huhn aus dem Topf und löse das Fleisch von den Knochen. Gib das Fleisch zurück in den Topf. Wenn du die Hühnerfüße nicht essen willst, kannst du sie zu diesem Zeitpunkt entfernen.

5. Rühre die frischen Kräuter unter und lass die Suppe 5 Minuten ziehen. Schmecke die Suppe mit Salz und Pfeffer ab und serviere sie sofort.

Rituelle Brotmasken

Als magische Methode sind Masken vielleicht eines meiner liebsten Ritualwerkzeuge – und das nicht nur, weil ich ein doppelgesichtiger Zwilling bin. Wenn man in einem Ritual eine Maske trägt, verkörpert man den beseelten Geist des Objekts und fungiert sowohl als Medium als auch als Vermittler für die geistige Kraft der Maske. Es ist ein Akt der Zusammenarbeit, bei dem der menschliche Akteur dem Gestaltlosen einen Körper verleiht und ihm erlaubt, in die materielle Realität einzutreten und unter uns zu wandeln, wenn auch nur für einen Moment. Wird die Maske auf diese Weise als Werkzeug der Zauberei eingesetzt, ist sie ein einzigartig nützliches, rituelles Objekt; ein Werkzeug, um uns selbst mit einem anderen zu vermischen, um vorübergehend zu etwas anderem zu werden, als wir eigentlich sind, sodass wir aus einer neuen Perspektive sehen und Zugang zu längst vergessenen Sinnen bekommen können.

Brotmasken sind zwar keine üblicher Bestandteil magischer Rituale, aber diese Praktik ist nicht ohne historischen Präzedenzfall. In Bodnegg, Baden-Württemberg, entwirft und bäckt eine örtliche Narrenzunft, die Burnegger Brotfresser, kunstvolle Brotmasken, die zu Fastnachtsfeiern im Frühjahr getragen werden. Diese Masken, die in speziell angefertigten Formen gebacken werden, um sich dem Gesicht des Trägers anzupassen, sind bizarr und werden durch das Auftragen von bunten Samen und Gewürzen, die Augenbrauen, Lippen und andere menschliche Details darstellen, noch unheimlicher. Sie setzen eine lange und oft gespenstische Tradition der Herstellung von Karnevalsmasken in Deutschland fort, die seit dem Mittelalter für diese Feste gefertigt werden. Ihre traditionell furchterregenden Bilder werden als eine Art apotropäisches Symbol verwendet, um das Böse und das Unglück vor dem kommenden Frühling aus der Gemeinschaft zu vertreiben und abzuwenden.

Für deine eigenen Rituale ist dieses Rezept eine gute Basis, aber es hängt von deiner eigenen Intuition und deinem kreativen Input ab, sie effektiv zu nutzen. Backe diese Masken für deine magischen Riten und Andachtsfeiern und lasse diese Objekte als eine andere Art Treffpunkt fungieren, an dem die Grenzen unserer Identitäten zu verschwimmen beginnen. Welche Geister wirst du aus dem gesichtslosen, formlosen Unbekannten herbeirufen?

Ergibt genug Teig für 1 Maske
Vorbereitungszeit: 45 Minuten, plus 1 Stunde Gärzeit
Backzeit: 20–30 Minuten

- 7 g Trockenhefe
- 3 EL natives Olivenöl extra, plus zum Einfetten
- 550 g Mehl, plus etwas Mehl zum Bestäuben
- 1 TL Salz (wahlweise)

DEKORATIONEN (optional)

- 1 Eiweiß, aufgeschlagen
- Verschiedene bunte Samen (Mohn, Fenchel, Kümmel, Anis, Dill, Flachs usw.)

1. Bevor du mit dem Backen beginnst, nimm dir Zeit, um über das Design nachzudenken, dass du entwerfen möchtest. Überlege dir, wie die Maske auf deinem Gesicht sitzen soll, wenn du sie tragen willst, wie sie aussehen soll und welche Rolle sie im Rahmen deines Rituals spielen wird. Was soll dieses falsche Gesicht hervorrufen und wie wirst du mit diesem Objekt interagieren? All dies sind gute Fragen, die du dir stellen solltest, bevor du fortfährst. Jetzt ist ein guter Zeitpunkt, um einen Grundriss für dein Design zu skizzieren und zu entscheiden, ob du Samen zur Dekoration verwenden willst.

2. Mische alle Zutaten für den Teig in einer Küchenmaschine. Wenn du vorhast, die Maske später zu essen, kannst du Salz hinzufügen, aber für reine Ziermasken ist das nicht notwendig. Knete den Teig mit dem Knethaken, bis er eine glatte Kugel bildet, etwa 8–10 Minuten.

3. Fette die Innenseite einer anderen Schüssel leicht ein und gib den Teig hinein. Decke den Teig mit einem feuchten Geschirrtuch ab und lass ihn an einem warmen Ort gehen, bis sich die Größe des Teigs verdoppelt hat – das dauert etwa 1 Stunde. In der Zwischenzeit heizt du den Backofen auf 190 °C Umluft vor.

4. Wenn der Teig gegangen ist, bietet sich die Gelegenheit für eine nützliche Weissagung. Wenn du dich mit dem Wahrsagen auskennst oder damit experimentieren möchtest, nimm dir ein scharfes Messer oder eine Rasierklinge und schneide die Oberfläche deines Teigs ein, sodass sich die Haut ablöst und die Glutenmatrix im Inneren zum Vorschein kommt. Das Hellsehen auf dieser Oberfläche kann nützliche Informationen liefern, vor allem Anweisungen, wie die Maske hergestellt, verwendet werden soll. Überlege sorgfältig, was der Teig zu sagen hat, bevor du fortfährst.

5. Lege den Teig auf ein leicht bemehltes Blatt Backpapier. Du kannst nun beginnen, den Teig in die Form deiner Maske zu bringen, indem du ihn rollst, schneidest und formst, wie du es für richtig hältst. Wenn du die Maske in die Form eines Gesichts bringen willst, fertige eine grobe Büste deines Gesichts aus Alufolie an, fette die Form leicht mit Öl ein und lege den Teig darüber. Wenn du Samenverzierungen verwendest, bestreiche die Oberfläche des Teigs leicht mit dem Eischnee und klebe die Samen an den gewünschten Stellen auf.

6. Wenn du die Maske tragen möchtest, mache zwei kleine Schlitze auf jeder Seite der Maske in der Nähe der Ohren. Durch diese Schlitze wird das Band gefädelt, mit dem die Maske befestigt wird. Falte zwei Streifen Alufolie, bestreiche sie leicht mit Öl und fädele sie vor dem Backen durch die Löcher des Bandes. Bei Bedarf kannst du den Teig für die Augen, den Mund und die Nase der Maske auch mit Hilfe von Folienformen offenhalten.

7. Lege das Brot auf dem Backpapier auf ein Backblech und backe die Maske 20–30 Minuten, bis die Maske dunkel wird und durchgebacken ist. Da diese Masken nicht zum Verzehr gedacht sind, ist ein Überbacken weniger problematisch, aber ein Unterbacken führt zu einer Maske, die zu weich ist, um ihre Form zu behalten. Wenn die Maske fertig gebacken ist, lass sie vollständig abkühlen, bevor du die Folienformen entfernst. Fädele ein dickes, festes Band durch die Löcher auf beiden Seiten der Maske und schon ist die Maske fertig zum Tragen.

8. Du kannst deine Maske für deine rituellen Zweck weihen und sie danach entweder in Natur lassen oder mit einer dünnen Schicht Klarlack überziehen, damit sie nicht schimmelt. Am besten bewahrst du deine Maske eingewickelt und außer Sichtweite auf, wenn du sie nicht benutzt, und packst sie nur aus, wenn du sie verwenden willst.

Opfer-Wachtel mit Granatapfelsauce

Auf der Grundlage der zu Beginn dieses Kapitels besprochenen Technik stellt unsere Opferwachtel ein unkompliziertes und doch reichlich dekadentes Opfer dar, bei dem Pflanzen und Kräuter verwendet werden, die in der antiken Welt als angenehme Opfergaben für die Götter geschätzt wurden – Granatäpfel, Lorbeerblätter und Zimt. In diesem Fall wurde die Wachtel als Opfergabe ausgewählt, weil sie ein kleiner, aber teurer Vogel ist, der weniger Lebensmittelabfälle verursacht, aber einen höheren Arbeitseinsatz erfordert als anderes Geflügel. Dieses Angebot eignet sich für die meisten Anlässe, aber das Hinzufügen von Granatäpfeln macht dieses Festmahl besonders geeignet für Herbstfeste, die den Abstieg von Persephone in die Unterwelt symbolisieren. Als Alternative zur Verwendung von Fleisch könnten vegetarische oder vegane Köche der Empfehlung Platons folgen, dass diejenigen, „die keine Tiere opfern oder auch nur von einer Kuh kosten wollen, stattdessen Früchte oder in Honig getränkte Kuchen anbieten“[11]. Diese Alternativen sollten aus der Erde stammen (z. B. Obst, Gemüse oder Vollkorngetreide) und einen Aufwand darstellen, der zu einem Festmahl führt, das der himmlischen Aufmerksamkeit würdig ist. Man könnte stattdessen einen gebratenen Kürbis oder eine Kürbisfrucht verwenden, für die die hier beschriebene Glasur eine willkommene Ergänzung wäre.

Für 1 Person
Vorbereitungszeit: 15 Minuten plus 2 Stunden Marinierzeit
Kochzeit: 30 Minuten

- 1 Wachtel
- 1 Schalotte, in dünne Scheiben geschnitten
- 2 EL Worcestershire-Sauce
- 240 ml Granatapfelsaft
- ½ TL gemahlener Zimt
- 1 Lorbeerblatt
- Salz und Pfeffer, nach Belieben

1. Wasche zunächst deine Wachtel und tupfe sie trocken. Vermische in einem 1-Liter-Frischhaltebeutel die restlichen Zutaten, dann gib die Wachtel hinein und schwenke sie in der Marinade, um sie damit zu überziehen. Verschließe den Beutel und lass die Wachtel mindestens 2 Stunden im Kühlschrank marinieren.

2. Heize den Ofen auf 180 °C Umluft vor und lege ein Backblech mit Backpapier aus. Nimm die Wachteln aus der Marinade und lege sie auf das vorbereitete Backblech. Brate den Vogel 12–18 Minuten oder bis er goldbraun ist.

3. Während die Wachtel im Ofen ist, gibst du die Marinade in einen Topf und erhitzt sie auf mittlerer Temperatur. Lass die Marinade köcheln, bis die Sauce dickflüssig ist und sich mit einem Löffel eindrücken lässt – etwa 15–20 Minuten. Wenn du dieses Gericht zum Abendessen servierst, tranchiere die Wachteln und serviere sie mit der Granatapfelsauce, aber behalte eine Brust oder Keule zusammen mit den Knochen für die Opfergabe zurück. Wird das Gericht als Ganzes serviert, ist das Tranchieren überflüssig, und die Sauce kann als tiefrote Glasur über der Wachtel serviert werden.

Grissini-Sigillen

Die Schaffung von Sigillen und magischen Symbolen ist ein mächtiges Werkzeug in den Händen der Hexe. Sie können als physische Manifestationen unserer Wünsche oder als selbst glücksbringende Bilder fungieren. Wenn du noch nicht viel Erfahrung mit der Herstellung dieser Symbole hast, ist dieses Rezept eine hilfreiche Übung für die Erstellung von und die Arbeit mit Sigillen in der praktischen Magie. Wenn du bereits Erfahrung mit der Herstellung von Sigillen hast, wird dich dieses Rezept vielleicht dazu anregen, neue Umsetzungen und Formen für diese Technik in Betracht zu ziehen.

In diesem Rezept werden die Sigillen aus einem einfachen, leicht zu verarbeitenden Grissini-Teig geformt und fixiert, mit geeigneten Pflanzenverbündeten gefüllt, dann gerollt und im Ofen mit Geschmack angereichert, indem die Kräuter und Aromen in das Brot einziehen. Diese gebackenen Sigillen können nach Belieben gerollt, gestanzt, geschnitzt oder ausgeschnitten werden – der fettreiche Grissini-Teig ist sehr nachsichtig. Eine detaillierte Beschreibung, wie du deine eigenen Sigillen herstellen kannst, findest du am Anfang dieses Kapitels. Das Ritual für unsere Grissini-Sigillen kann natürlich mit der Zerstörung der Symbole in einem Festmahl enden, sie können auch vergraben, als Anhänger aufgehängt oder als Opfergabe verbrannt werden.

Wie bei jeder Zauberarbeit solltest du zunächst eine Absichtserklärung abgeben und Kräuter auswählen, die mit dem Zweck deiner Arbeit übereinstimmen. Ziehe die Liste auf der rechten Seite als allgemeines Beispiel heran, und wähle deine botanischen Verbündeten mit Bedacht aus.

KRÄUTER ZUM WÜRZEN

Wähle ein oder mehrere Kräuter aus, die deinem Vorhaben entsprechen. Du brauchst genug, um deine Brotstangen vor dem Backen darin zu wälzen, mindestens ½ Tasse

Zum Reinigen und Segnen: Engelwurz, Lorbeer, Zimt, Ysop, Wacholderbeeren, Orangenschalen, Mönchspfeffer

Zum Schutz: Zeder, Weißdornbeere, Rosmarin, Rosendorn, Sesamsamen, Thymian

Für die Liebe: Kardamom, zerstoßener Kubebenpfeffer, Lavendel, Zitronenmelisse, Jasmin, Pulver der Iriswurzel

Für Glück und Chancen: Piment, Basilikum, Ringelblume, Nelke, getrocknete Feigen, Haselnüsse, Honig, Muskatnuss

Für Verbannung und Verfluchung: Asant/Teufelsdreck, schwarzes Salz, Cayennepfeffer, Muskatblüte, Kiefer, Sumach, Wermut

Ergibt etwa 12 Grissini
Vorbereitungszeit: 40 Minuten, plus 1 ¼ Stunden
Backzeit: 15 Minuten

- 1 EL Zucker
- 260 g Mehl plus etwas mehr zum Bestäuben, falls erforderlich
- 185 ml warmes Wasser
- 7 g Trockenhefe
- 2 TL Salz
- 6 EL Olivenöl plus zum Einfetten
- 3 EL Gewürzkräuter plus zum Rollen

1. Überlege dir in der Meditation, bevor du beginnst, das Ziel deiner Arbeit genau. Tu dein Bestes, um deine Absicht auf einen einzigen Satz zu reduzieren, und verwende eine direkte und ermächtigende Sprache, um deine Wünsche zu beschreiben. Verwende auf einem sauberen Blatt Papier die Anweisungen vom Anfang dieses Kapitels, um ein Sigill für deine Arbeit zu entwerfen. Nimm dir Zeit für die Gestaltung dieses Symbols, überarbeite es mehrmals, bis du zufrieden bist, und lege es dann zur Seite.

2. Vermische in einer Küchenmaschine den Zucker, 70 g Mehl, das warme Wasser und die Hefe. Lass die Mischung 10 Minuten ruhen, bis der Teig schaumig ist und Blasen wirft. Gib nun den Rest des Mehls und alle übrigen Zutaten, einschließlich der Kräuter, die du in den Teig einarbeiten möchtest dazu. Knete den Teig mit dem Knethaken auf mittlerer Stufe, bis der Teig glatt und glänzend ist. Wenn du kein elektrisches Rührgerät hast, mischst du den Teig mit einem Löffel, bis er sich verbindet, und knetest ihn dann 7–10 Minuten lang mit der Hand. Bestreiche eine Schüssel leicht mit Olivenöl und gib den Teig in die Schüssel. Lass ihn mit einem Geschirrtuch zugedeckt an einem warmen Ort 1 Stunde ruhen oder bis sich die Größe verdoppelt hat.

3. Heize den Ofen auf 220 °C Umluft vor und lege zwei Backbleche mit Backpapier aus. Rolle den Teig zu einem flachen Rechteck von 1,5 cm Dicke. Der Teig sollte fettig genug sein, um auf einer unbemehlten Arbeitsfläche ausgerollt werden zu können, du kannst aber auch Mehl verwenden, falls nötig. Schneide mit einem Pizzaschneider oder einem scharfen Messer kreuzweise 1,5 cm breite Teigstreifen ab. Rolle jeden Streifen so lange, bis er lang und zart ist, und wälze ihn dann nach Belieben in Kräutern. Schneide den Teig aus und forme ihn zu dem in Schritt 1 erstellten Symbol, indem du die Teigstücke mit Wasser zusammenfügst. Lass den Teig 15 Minuten bei Raumtemperatur ruhen und backe ihn dann 10–15 Minuten, dabei wende die Teigstücke nach der Hälfte der Backzeit und backe sie, bis sie goldbraun sind. Kontrolliere häufig, da dieser fettreiche Teig zum Ende hin schnell braun wird.

4. Für Sigillen der persönlichen Ermächtigung, Anziehung und Manifestation, solltest du dein Sigill während des Rituals essen. Für Sigillen der Verbannung oder Verfluchung, befestige dein Sigill mit einem Eisennagel in der Erde und vergrabe es dann vollständig. Für Sigillen zum Segnen des Hauses verwende ein rotes Band, um das Sigill an einem versteckten Ort im Haus aufzuhängen. Für Andachtssigillen solltest du Kräuter und Formen verwenden, die für deine Arbeit relevant sind, und verbrenne die Sigillen in einem Kessel als Opfergabe. Verbrenne auf jeden Fall ursprüngliches Papiersigill und vergiss dein Sigill ganz, sobald die Arbeit abgeschlossen ist. Beginne bei deiner nächsten Arbeit von vorne und stelle dasselbe Sigill nie zweimal her.

Festmahl mit gebratenen Blüten und Pilzen

Blumen und Pilze werden in der Pflanzenfolklore als Objekte des Schwellenzustands charakterisiert, da beide in gewisser Weise als Portale zum Anderen betrachtet werden. Pilze verkörpern dies bereits an sich, da sie aus dem ephemeren, chthonischen Pilzgeflecht hervorgehen, sozusagen ein Leben aus dem Nichts, sie beeindrucken uns mit ihrer Fähigkeit, auf geheimnisvolle Weise wie aus einer anderen Welt aufzutauchen. Wenn sie in Kreisen wachsen, gelten diese Orte als direkte Portale zu subtilen Sphären – auf den britischen Inseln „Elfenringe" und in Deutschland „Hexenringe" genannt – durch die sich seltsame und hinterhältige Geister manifestieren können. Blumen hingegen gelten als die kommunizierenden Teile der Pflanzen, die ihre chemischen Botschaften an geflügelte Geister (hier Bestäuber) senden, um zu überleben. Ähnlich wie die Pilzringe in der europäischen Folklore wird auch der süße Duft von Blumen seit langem dazu verwendet, um die Präsenz von Geistern und Gottheiten herbeizurufen und das Opfern von duftenden Blüten wird oft dazu benutzt, eine solche Kommunikation einzuleiten. Es ist also keine Überraschung, dass sowohl Blütenköpfe als auch Pilze im weitesten Sinne mit den Fae in Verbindung gebracht werden, die zu den außergewöhnlichsten und einflussreichsten Geistern im europäischen Kanon gehören.

Zusammengenommen stellen chthonische Pilze und ätherische Blüten zwei Verbündete in der Grenzmagie dar, die bei Opfergaben und feierlichen Festen überall dort nützlich sind, wo die Andere Welt betreten wird. Dieses Gericht wird am besten an Blumenfesten wie dem Maifeiertag oder Mittsommer serviert, genauso geeignet ist es bei Ritualen des glücklichen Übergangs, z. B. bei Geburten, Hochzeiten und Wohnungseinweihungen. Da sowohl Blumen als auch Pilze außerdem mit der Wahrsagerei in Verbindung gebracht werden, ist dieses Gericht auch bei Vollmondfesten als Auftakt zu den göttlichen Ritualen der Nacht willkommen.

Für 4 Personen
Vorbereitungszeit: 20 Minuten
Kochzeit: 30 Minuten

FÜR DIE BLUMEN UND PILZE

700 ml Rapsöl
225 g Ricotta
4 EL geriebener Parmesan
2 EL gehacktes frisches Basilikum
12 Zucchiniblüten
100 g gemeiner Samtfußrübling
200 g Buchenpilze
200 g Austernpilze
12 Stiefmütterchenblüten
12 Löwenzahn-Blütenköpfe
12 Blütenköpfe der Königin-Annen-Spitze
50 g Reismehl
45 g Speisestärke
1 TL gemahlener Kreuzkümmel
1 TL Salz
120 g Crème double oder milchfreier Ersatz

FÜR DIE AIOLI

2 Eigelb
Schale und Saft von 1 Bio-Zitrone
2 kleine Knoblauchzehen, gehackt
1 EL fein gewürfelter Schnittlauch
80 ml extra natives Olivenöl
60 ml Avocado- oder Rapsöl
Salz und Pfeffer, nach Belieben

1. Bereite zunächst die Aioli zu. Gib Eigelb, Zitronenschale und -saft, Knoblauch und Schnittlauch in einen Mixer und püriere so lange, bis alles gut vermischt ist. Mische die Öle und gib sie langsam in die Eimischung, während die Maschine läuft. Weiter mixen, bis die Aioli homogen und vollständig vermischt ist. Schmecke die Aioli mit Salz und Pfeffer ab.

2. Als Nächstes erhitze das Öl in einer großen Pfanne, bis es heiß ist. Du kannst die Temperatur testen, indem du ein Stück Pilzstiel oder das Ende eines Holzlöffels in das Öl hältst. Wenn das Öl bei Berührung sofort Blasen wirft, ist es fertig.

3. Während das Öl erhitzt wird, bereitest du die Füllung für deine Zucchiniblüten zu. Verrühre in einer kleinen Schüssel Käse und Basilikum, würze mit Salz und Pfeffer und fülle die Mischung in einen Spritzbeutel. Fülle die Käsemischung vorsichtig in jede Blüte, wobei du darauf achten solltest, dass sie nicht überläuft. Gib die gefüllten Blüten auf einen Teller und stelle sie beiseite.

4. Bereite die Pilze und den Rest der Blumen vor, indem du sie trocken tupfst und überschüssige Stiele oder Blätter abschneidest.

5. Wenn du bereit bist, die Pilze und Blumen zu braten, mischst du das Reismehl, die Speisestärke, den Kreuzkümmel und das Salz in einer kleinen Schüssel zusammen. Rühre langsam die Sahne ein, bis keine Klümpchen mehr vorhanden sind. Tauche die Pilze oder Blumen zügig in den Teig, klopfe überschüssigen Teig ab und gib sie dann sofort in das Frittieröl. Achte darauf, dass du die Fritteuse nicht überfüllst, da dies die Temperatur des Öls senkt und die Zutaten so matschig werden. Frittiere die Blüten und Pilze, bis der Teig knusprig und goldbraun ist, dann auf einen mit Papiertüchern ausgelegten Teller zum Abtropfen geben. Wiederhole den Vorgang, bis alle Pilze und Blüten, einschließlich der gefüllten Zucchiniblüten, frittiert sind.

6. Zum Servieren stelle eine Schale mit der Aioli in die Mitte eines großen Tellers und belege den Teller mit den gebratenen Blüten und Pilzen. Sofort servieren.

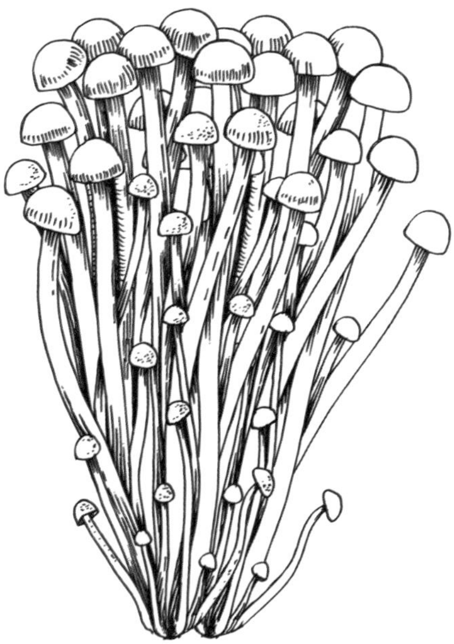

Joghurt-Käse mit Kräutern

Wie ich im „Fest der Himmelskörper" erörtert habe, ist Saturn der Planet der Fäulnis und der Wiedergeburt und beherrscht eine Vielzahl verschiedener Zubereitungstechniken, vor allem aber die Kunst der Fermentierung. Dieses Rezept ist eine Einführung in diese Künste und macht den Anfang mit einem köstlichen, natürlichen Ferment – reichhaltiger, cremiger Joghurt, der in Saturns essbare Pflanzenverbündete eingewickelt und gereift wird, um einen frischen und einfach selbstgemachten Käse zu formen. Während viele Käserezepte spezielle Geräte und Thermometer erfordern, braucht es für diesen weichen, streichfähigen Käse nur ein Passiertuch und Zeit. Bereite diesen Käse als rituelle Opfergabe für Saturn oder zur Feier der Saturn-Sabbate wie den Saturnalien oder der Wintersonnenwende zu.

Für 8–10 Personen

Vorbereitungszeit: 45 Minuten plus 48 Stunden Abseihen und 2 Stunden Ruhezeit

FÜR DEN KÄSE

- 450 g griechischer Vollfettjoghurt
- 3 Knoblauchzehen, fein gehackt
- 3 EL Thymianblätter
- 1 TL Meersalz
- 2 TL gemahlener schwarzer Pfeffer

FÜR DEN BLÜTENBLATT-WRAP

- 6 frische Stiefmütterchenblüten (wenn du keine Stiefmütterchen mehr hast, kannst du auch andere essbare Blüten des Saturns: Schnittlauchblüten, Frühlingsknoblauch, Holunderblüten, Pflaumenblüten oder Blütenblätter von wilden Brombeeren nehmen)
- 1 EL frischer Sauerklee oder Kerbel
- 1 TL getrocknete oder frische blaue Kornblumenblüten (optional)

1. Wenn du diesen Ritus dem Saturn widmest, beginne am Samstag in der Frühe. Stehe in der Stille auf, wasche dein Gesicht und deine Hände und gehe zur Meditation in die Küche. Auf deinem Herdaltar oder Ofen verbrennst du Saturnweihrauch aus Opopanax oder Myrrhe und eine einzelne schwarze Kerze.

2. Bereite deinen Joghurt zu, indem du so viel überschüssige Flüssigkeit wie du kannst abgießt. Vermenge in einer großen Schüssel den Joghurt, den gehackten Knoblauch, alle Thymianblätter bis auf 1 EL, Salz und Pfeffer. Verrühre die Zutaten mit der nicht-dominanten Hand verrühren (Wenn du Rechtshänder bist, benutze die linke Hand).

3. Bereite dein Seihtuch vor, indem du zwei Quadrate des Tuchs übereinanderlegst, sodass ein dichtes Netz entsteht. Lege diese Stoffbahnen über eine mittelgroße Schüssel. Vergewissere dich, dass die Stoffquadrate groß genug sind, um den Käse aufzunehmen, und lass das Käsetuch über den Rand der Schüssel hängen. Gib die Joghurtmischung mit einem Löffel in die Schüssel und klopfe die Schüssel auf die Arbeitsfläche, damit sich der Joghurt absetzen kann. Lass ihn 5 Minuten lang ruhen, hebe dann die vier Ecken des Käsetuchquadrats an und binde sie zusammen.

4. Gib die gebundene Mischung in einen 1-Liter-Plastikbehälter oder einen tiefen Plastikbehälter. Schiebe einen Holzlöffel unter den Knoten des Käsetuchs und hänge den Käse in den Behälter. Der Käse sollte frei am Holzlöffel hängen und nicht mit den Seiten des Behälters in Berührung kommen. Unterhalb des Käses sollte genügend Platz sein, damit die Molke ablaufen kann, die du bei Bedarf abgießen kannst. Decke den Käse mit einem Geschirrtuch ab und lass ihn 48 Stunden lang im Kühlschrank fest werden.

5. Wenn der Käse fest ist, nimm ihn aus dem Kühlschrank und wickele ihn aus dem Seihtuch aus. Schmücke den fertigen Käse, indem du Blumen, Sauerklee, Kornblumenblüten und die restlichen Thymianblätter in die Oberfläche drückst und die sechs Stiefmütterchen oben, unten und in den vier Himmelsrichtungen der Käsekugel anordnest. Wickel den Käse wieder in ein frisches Seihtuch ein und lagere ihn weitere 2 Stunden oder bis er servierfertig ist. Da Joghurt ein natürliches Ferment ist, hält sich dieser Käse gut verpackt 3–5 Tage im Kühlschrank.

6. Traditionell wurden die Opfergaben an Saturn von Weihrauch und Blut begleitet. Dieser Käse sollte an einem Ort am Wegesrand vergraben werden – an Kreuzungen, Flussufern oder verlassenen Orten. Zur Feier des Tages sollte man ihn zusammen mit starkem Rotwein, dunklem Brot, Walnüssen, Mais, Essiggurken, Oliven und anderen Saturnspeisen servieren. Eine komplette Übersicht findest du auf der Seite 103.

Picknick-Kuchen mit Rosmarin, Apfel und Cheddar

Meine magischen Praktiken schicken mich oft auf Wanderschaft – über Friedhöfe, durch die Wildnis oder durch die Nacht –, und so ist es wichtig geworden, dass ich bei solchen Ausflügen Opfergaben mit mir führe. Ich packe eine Tasche mit den Dingen, die ich brauche: Erntegeräte, Bindegarn, ein Notizbuch und auch eine Flasche von einem guten Getränk und ein kleiner Imbiss zum Teilen fehlen nie. Denn diese Wanderungen sind keine einsamen Abenteuer, sondern bieten oft die Gelegenheit, mit den Geistern und Bewohnern dieser Orte in Kontakt zu treten; ich achte darauf, nicht mit leeren Händen zu erscheinen.

Diese Sitte mag einfach höflich erscheinen, wie das Mitbringen einer Flasche Wein zu einer Dinnerparty, aber im Kontext der Küchenhexerei kann sie eine tiefere Bedeutung haben. Wenn wir akzeptieren, dass Essen ein Mittel zur Kommunikation zwischen Göttern und Menschen ist, dann gibt es keinen besser geeigneten Weg als ein gemeinsames Essen, um eine Verbindung mit subtilen Verbündeten herzustellen. Manchmal kehre ich mit einem noch immer schweren Rucksack nach Hause zurück und hebe meine Opfergaben für mich selbst auf. Ein andermal stecke ich Kekse in Fuchslöcher, gieße Wein in Baumhöhlen und breche mein Brot in Gemeinschaft mit den subtilen Verbündeten und den Toten, und komme dann leichter nach Hause als bei meinem Aufbruch. Selten beinhalten diese Ausflüge geplante Stopps, sondern werden von Herz, Seele und intuitivem Verstand geleitet, im Vertrauen darauf, dass die Hände wissen, wie und wann sie opfern sollen.

Von den Rezepten, die ich im Lauf der Jahre für Opfergaben verwendet habe, ist dieses mein Favorit. Äpfel und Rosmarin sind traditionelle Opfergaben für Geister, vor allem für gute Taten. Es spricht sogar einiges für die magische Verwendung von Käse, der im gesamten mittelalterlichen Europa in Liebes- und Anziehungszaubern vorkommt und den die Heilige Hildegard einmal mit der wundersamen Schöpfung des Lebens verglich. Wir finden ein Echo dieses bizarren und göttlichen Bezugs zum Käse in der Bibel:

> *Hast du mich nicht ausgegossen wie Milch und mich gerinnen lassen wie Käse? Du hast mich mit Haut und Fleisch bekleidet und mich mit Knochen und Sehnen zusammengefügt. Du hast mir das Leben geschenkt und mich gütig gemacht …*[7]
> *JOB 10:11*

Als etwas weniger wundersamer Akt der Güte sind diese Picknick-Kuchen ein perfektes Paket zum Opfern, wenn man durch die Brombeersträucher und Friedhöfe wandert. Vertraue auf deinen Körper und deine Intuition, um zu wissen, wo sie willkommen sind. Lege auf jeden Fall ein oder zwei für dich selbst beiseite.

Ergibt 10 Kuchen
Vorbereitungszeit: 30 Minuten
Backzeit: 1 Stunde

- 30 g Butter
- 1 große Zwiebel, der Länge nach in Scheiben geschnitten
- Mehl zum Bestäuben
- 1 Packung mit 490 g tiefgekühltem Blätterteig, aufgetaut
- 3 Äpfel, geschält, entkernt und in Scheiben geschnitten
- 225 g reifer Cheddar-Käse, gerieben
- Blätter von 2 Zweigen Rosmarin
- 2 EL Milch
- Salz und Pfeffer, nach Belieben

1. Erhitze zunächst die Butter in einer Bratpfanne bei mittlerer bis hoher Hitze. Wenn die Butter heiß ist, füge die Zwiebel hinzu und schwenke sie in der Butter. Schalte die Hitze auf mittlere Stufe herunter und lass die Zwiebel unter gelegentlichem Rühren langsam kochen, bis sie karamellisiert ist – mindestens 30 Minuten.

2. Während die Zwiebel gart, stelle die anderen Zutaten zusammen. Rolle den Blätterteig zwischen zwei Bögen leicht bemehlten Backpapiers auf eine Dicke von 5 mm aus. Stich mit einer Ausstechform oder einem Messer um eine Schablone herum zehn Kreise von 15 cm Durchmesser aus dem Teig aus. Lege diese bis zur Verwendung in den Kühlschrank. Wenn die Zwiebeln gar sind, gib sie in eine Schüssel und lass sie auf Zimmertemperatur abkühlen.

3. Heize den Ofen auf 180°C Umluft vor und lege zwei Backbleche mit Backpapier aus. Nimm die Blätterteigkreise aus dem Kühlschrank und lege fünf auf jedes vorbereitete Blech. Lege auf die eine Hälfte jedes Kreises eine einzelne Lage Apfelscheiben, gefolgt von einem Löffel karamellisierter Zwiebeln, dann eine Lage geriebenen Käse, etwas Rosmarin und eine letzte Schicht Apfelscheiben. Wiederhole diesen Vorgang, bis alle Zutaten aufgebraucht sind. Würze jede Schicht mit Salz und Pfeffer. Klappe die andere Hälfte jedes Teigkreises über die Füllung und drücke die Ränder mit einer Gabel ein und verschließe sie.

4. Bepinsele jedes Küchlein leicht mit Milch und bestreue es mit Meersalz und frisch gemahlenem schwarzen Pfeffer. Backe die Küchlein 20–30 Minuten oder bis der Teig goldbraun und die Unterseite durchgebacken ist.

„Hexenkuchen" der Hexenprozesse von Salem

Die Geschichte der Hexenprozesse von Salem ist im Guten wie im Schlechten zu einem festen Bestandteil der Hexenfolklore in den Vereinigten Staaten geworden. Es ist eine Geschichte über die Angst vor dem Unbekannten, die Nachbarn gegeneinander aufbringen kann – obwohl das Beisein tatsächlicher Hexen in Salem unter Historikern noch immer umstritten ist. Trotz zunehmender Beweise, die auf religiöse Hysterie, Mutterkornvergiftung und sogar auf eine weit verbreitete posttraumatische Belastungsstörung infolge der Franzosen- und Indianerkriege als mögliche Ursachen für die Hexenpanik von Salem im Jahr 1692 hindeuten, faszinieren uns diese Ereignisse mit ihrer tiefgehenden Absonderlichkeit und der Möglichkeit, dass etwas Ähnliches auch in unseren eigenen Gemeinschaften an die Oberfläche kommen könnte. Jede Geschichte über die Hexenprozesse wirft weitere Fragen auf und lässt uns immer noch rätseln, was vor über 300 Jahren in Salem wirklich geschah.

Eine der kuriosesten Geschichten aus den Hexenprozessen von Salem war das Backen eines „Hexenkuchens", der Aufschluss darüber geben sollte, ob die Stadt von einer Hexe heimgesucht wurde oder ob es sich um eine natürliche Krankheit handelte. Die Anleitung für den Kuchen stammte von einer Frau namens Mary Sibley, die später für die Veröffentlichung des Rezepts öffentlich bestraft wurde. Bei dem ursprünglichen Zauber wurde aus Roggenmehl und dem Urin von Kindern, die als verhext galten, ein grober Kuchen gebacken, der dann an einen Hund verfüttert wurde. Wenn der Hund die gleichen Symptome von Lied und Hexerei zeigte, wurde dies als Zeichen dafür gewertet, dass wirklich Hexerei im Spiel war.

Inspiriert von der Technik dieses Rezepts, erforscht unser „Hexenkuchen" eine mögliche Anwendung von Lebensmitteln als Mittel zur Wahrsagung, die es uns ermöglicht, Informationen preiszugeben und Ratschläge durch Küchenhexerei zu erhalten. Er bedient sich der Hilfe von drei Wahrsagepflanzen par excellence – Haselnüsse, Eisenkraut und vierblättrige Kleeblätter. Auch wenn letztere im Supermarkt schwer zu finden sind, sind vierblättrige Kleeblätter ein unvergleichlicher Verbündeter bei der Wahrsagerei. Zwei von ihnen für dieses Rezept zu finden, wird eine nützliche Übung für die Wahrsagerei sein – in der Lage zu sein, unsere Antworten aus dem Rauschen zu „sehen" oder zu erkennen, eben so wie wenn man ein vierblättriges Kleeblatt auf dem Feld entdeckt. Diese Kuchen können für Wahrsagerei zu jedem Thema oder jeder Frage verwendet werden und sind eine nützliche, neuartige Ergänzung für die Trickkiste eines jeden Wahrsagers.

Für 2 Torten

Vorbereitungszeit: 30 Minuten, plus Kühlung
Backzeit: 30 Minuten

- 2 TL Eisenkraut, fein gemahlen oder pulverisiert
- 1 ganze Haselnuss
- 140 g Butter
- 60 ml Milch oder nicht-milchhaltiger Ersatz
- 260 g Roggenmehl
- 70 g brauner Zucker
- ¾ TL Backpulver
- ½ TL Salz
- 2 vierblättrige Kleeblätter (wahlweise)

I. Diese Arbeit lässt sich am besten bei zunehmendem oder vollem Mond und ohne starke negative Aspekte durchführen. Setze dich am Abend vor der Herstellung des Kuchens bei Kerzenlicht vor deinen Altar oder einem ruhigen Arbeitsbereich. Verbrenne ein Räucherwerk aus schwarzem Weihrauch, Storax, Haselnussblättern, Beifuß und Schafgarbe. Stelle eine saubere Schale auf den Altar und zeichne mit dem pulverisierten Eisenkraut ein X auf die Schale. Lege deine Haselnuss in die Mitte des Kreuzes. Wenn die Mondgötter Teil deiner Praxis sind, kannst du sie hier anrufen oder eine Mondbeschwörung deiner Wahl lesen. Klopfe dreimal mit den Fingerknöcheln auf beide Seiten der Schale. Hebe die Haselnuss in den Räucherrauch und rezitiere Folgendes:

Erinnere dich, Haselnuss, was du an Gold, an Wahrheit, an unter der Erde verborgenen Schätzen enthüllt hast, Befohlen von Hexen, die zu sehen suchten – Jetzt, von Selene gezwungen, sollst du dasselbe für mich tun.

2. Verbringe einige Zeit in der Meditation über die Frage, die du stellen möchtest, und nimm dir die Zeit, eine präzise Formulierung für deine Frage zu finden. Vor dem Altar, fertige ein Sigill deiner Frage an und überarbeite den Entwurf so lange, bis du damit zufrieden bist. Eine ausführliche Einführung in die Herstellung von Sigillen findest du auf Seite 168. Lass das Räucherwerk vollständig abbrennen und schlafe ein und achte besonders auf die Informationen, die dir im Traum offenbart werden.

3. Beginne am nächsten Tag zur Stunde des Mondes. Gib die Butter in eine Pfanne oder Bratpfanne bei mittlerer Hitze, bis die Butter braun wird und einen nussigen Duft verströmt. Gib die gebräunte Butter in eine kleine Schale und stelle sie in den Kühlschrank, bis sie leicht fest geworden ist, etwa 20 Minuten.

4. Heize den Backofen auf 190 °C Umluft vor. Hole die Schale mit dem Eisenkraut und die Haselnuss vom Altar. Vermische in einem kleinen Topf die Milch und das Eisenkrautpulver und bringe beides auf kleiner Flamme zum Köcheln, bis es gerade eben kocht. Nimm die Mischung vom Herd, lass sie ziehen und auf Zimmertemperatur abkühlen.

5. Vermische in einer mittelgroßen Schüssel Mehl, Zucker, Backpulver und Salz. Arbeite die feste Butter mit den Händen in die Mehlmischung ein, bis sie krümelig ist und keine großen Butterklumpen mehr übrig sind. Gib die Hälfte der Milch zur Mehlmischung und arbeite so lange arbeiten, bis sich der Teig zu formen beginnt.

6. Lege ein Backblech mit Backpapier aus und fette eine 7,5 cm runde Ausstechform leicht ein. (Wenn du keine Ausstechformen zu Hause hast, kannst du diese Küchlein auch mit der Hand formen). Drücke eine 3 mm dicke Teigschicht in den Boden der Ausstechform und setze eines deiner vierblättrigen Kleeblätter in die Mitte. Lege deine Haselnuss auf das Kleeblatt und flüstere deine Frage in den Teig. Verschließe den Keks mit mehr Teig und drücke ihn in die Ausstechform, bis der Keks 1 cm dick ist. Beschrifte ihn mit dem von dir kreierten Sigill und ziehe dann die Ausstechform vom Teig weg. Wiederhole diesen Vorgang noch einmal genau, aber verwende anstelle einer zweiten Haselnuss eine Kugel aus Kuchenteig in der gleichen Größe. Am Ende sollten die Küchlein identisch sein, wobei die Haselnuss vollständig verdeckt ist. Teigreste können fest in Frischhaltefolie eingewickelt und bis zu 2 Monate im Gefrierschrank aufbewahrt werden, um dieses Ritual zu wiederholen.

7. Backe die Küchlein 18–25 Minuten oder bis sie sich leicht vom Backpapier lösen und unten durchgebacken sind. Lass sie auf Zimmertemperatur abkühlen. Wenn du bereit bist, das Ritual durchzuführen, sage deine Frage laut auf und lass deine Hände einen der Kuchen auswählen. Das andere Gebäck sollte sofort vergraben, verbrannt, weggeworfen oder zerstört werden, sodass es keine Möglichkeit gibt, die Wahl zu ändern. Iss den von dir gewählten Kuchen und die Wahrheit wird ans Licht kommen. Ist die Haselnuss vorhanden, lautet die Antwort Ja, ist sie nicht vorhanden, lautet die Antwort Nein.

Festtagstorte mit Schokolade, Roter Bete und Grapefruit

Dieses Rezept ist mein Lieblingskuchen für alle Anlässe, mit dem ich schon viele Leute beeindruckt habe und der so schnell verschwunden ist, wie er hingelegt wurde. Er ist sicherlich eine exotische Kombination, die die drei kühnen Geschmacksrichtungen des Jupiter – Rote Bete, Schokolade und Grapefruit – zu einem neuartigen und äußerst dekadenten Genuss vereint. Jupiter ist, wie wir im Kapitel „Fest der Himmelskörper" erörtert haben, unser bester planetarischer Verbündeter für Erfolge und der Errungenschaften, und so spielen seine Zutaten auf unseren Festtafeln völlig zurecht eine wichtige Rolle. Wenn Jupiter auch für Pracht und Luxus steht, dann sollten wir auch den Schokoladenkuchen selbst als eine Mahlzeit Jupiters betrachten, die als Mittelpunkt jeder Feier auftritt und die Aufmerksamkeit aller Anwesenden auf sich zieht.

Wie immer kommen mit den großen, expansiven Energien Jupiters auch große, kühne Geschmacksrichtungen! Wenn du noch nie einen Schokoladen-Rote-Bete-Kuchen gegessen haben, sollst du wissen, dass die natürliche Süße und Erdigkeit der Rüben die perfekte Ergänzung zu dunkler, bitterer Schokolade ist und sie wird deine neue Geheimwaffe für einen Schokoladenkuchen sein, der weich und fluffig und gleichzeitig so reichhaltig wie Brownies ist. Der gütige Jupiter empfiehlt uns vielleicht, die Weisheit dieser Geschmackspaarung weiterzugeben, aber behalte dieses Rezept lieber für dich!

Für 8–10 Personen
Vorbereitungszeit: 1 Stunde 10 Minuten
Kochzeit: 45 Minuten

FÜR DEN KUCHEN

- 225 g Rote Bete, geschrubbt, Kopf und Wurzel entfernt
- 200 g dunkle Schokolade, gehackt
- 60 ml starker Kaffee, heiß
- 2 EL Rum
- 175 g weiche Butter, plus zum Einfetten
- 130 g Mehl
- 4 EL holländisches Kakaopulver
- 1 ¼ TL Backpulver
- 1 TL Salz
- 5 Eier, Größe L, getrennt
- 200 g Zucker

FÜR DIE GANACHE

- 240 g Crème Double
- 60 ml Ahorn- oder Maissirup
- Schale und Saft von 1 Grapefruit plus zusätzliche Grapefruitschalen oder kandierte Grapefruitschalen zum Dekorieren
- 450 g gehackte dunkle Schokolade
- Salz, nach Belieben

1. Bereite zunächst deine Ganache vor. Bringe in einem kleinen Topf Sahne und Ahornsirup zum Köcheln und nimm die Mischung anschließend vom Herd. Rühre die Grapefruitschale ein. Gib die Schokolade in eine große Rührschüssel und gieße die heiße Sahnemischung darüber. Lass die Mischung 5 Minuten lang stehen und rühre sie dann um, bis die Schokolade und die Sahne zu schmelzen beginnen. Gib den Grapefruitsaft hinzu und rühre, bis alles gut vermischt ist. Schmecke die Ganache mit Salz ab und stelle sie in den Kühlschrank.

2. Für die Zubereitung des Kuchens gib die Rote Bete in einen großen Topf mit kochendem Wasser und koche sie etwa 40 Minuten, bis sie weich sind. Wenn die Rote Bete weich ist, nimm sie aus dem Topf und lass sie auf Zimmertemperatur abkühlen. Ziehe die Schale ab und gib die Beten in einen Mixer. Püriere sie und stelle sie anschließend beiseite.

3. Heize den Backofen auf 170 °C Umluft vor und fette eine 23-cm-Springform ein.

4. Schmelze die Schokolade über einem Wasserbad. Gib Kaffee, Rum und Butter hinzu und rühre vorsichtig um, bis die Zutaten eingearbeitet sind.

5. Siebe Mehl, Kakaopulver, Backpulver und Salz in eine separate Schüssel.

6. Wenn die gesamte Butter in der Schokolade geschmolzen ist, nimm den Topf vom Herd. Rühre die Eigelbe und den Zucker schnell unter, gib dann die pürierte Rote Bete dazu, und schlage weiter, bis die Mischung abzukühlen beginnt.

7. Schlage das Eiweiß steif. Hebe abwechselnd den Eischnee und die Mehlmischung unter die Schokoladenmischung, wobei du so wenig wie möglich rührst, bis alles vollständig eingearbeitet ist. Fülle den Teig in die vorbereitete Kuchenform und backe ihn 40 Minuten lang, oder bis nur noch die Mitte des Kuchens leicht klebrig ist, die Ränder aber fest sind. Nimm den Kuchen aus dem Ofen und lass ihn in der Form vollständig abkühlen, bevor du ihn herausnimmst.

8. Wenn der Kuchen abgekühlt ist, nimm die Ganache aus dem Kühlschrank. Wenn sie zu fest ist, um sie mit einem Messer zu verteilen, erhitze die Ganache in der Mikrowelle in 10-Sekunden-Schüben, bis sie die gewünschte Konsistenz erreicht hat. Nicht überhitzen. Sobald die Ganache streichfähig ist, kannst du den Kuchen nach Belieben glasieren. Mit Grapefruitschalen oder kandierten Grapefruitschalen garnieren und servieren.

Löwenzahn-Ringelblumen-Scones für Gelegenheitszauber

Wenn es darum geht, unser Leben mit Hilfe von Magie zu verändern, reicht es manchmal aus, eine Tür zu öffnen. Häufig formulieren wir unsere Absicht zu spezifisch und schränken damit die Manifestation unserer Wünsche ein. Wenn wir kontrollieren, wie und wann unsere Ergebnisse geliefert werden, schränken wir tatsächlich die Ergebnisse unserer Arbeit ein und begrenzen die Resultate unserer Magie. Der Weg des geringsten Widerstands besteht oft darin, unseren Wünschen mehr Möglichkeiten zur Manifestation zu eröffnen, und manchmal muss man dafür nur ein wenig Glück und die Gunst der Stunde in der jeweiligen Situation wirken lassen.

Diese Scones verfolgen ebenjenen Ansatz, indem sie auf eine Vielzahl von planetarischen Korrespondenzen zurückgreifen, um ein wenig kinetische Energie in unser Leben zu zaubern. Das folgende Rezept ist zwar einfach, aber das Ritual, das diese Scones zu etwas Besonderem macht, ruft den Segen dreier Planetensphären auf den Plan – Sonne, Mars und Jupiter. Dem Teig werden goldene Blütenblätter und getrocknete Aprikosen beigefügt, die als Zutaten der Sonne mit Erfolg, Ruhm und Anerkennung verbunden sind. Hinzu kommen die Mars-Kräuter Zimt und Ingwer, die bekanntlich das Selbstvertrauen stärken und schnell magische Ergebnisse liefern. Wenn du das Ritual befolgst, wirst du diese Scones dem Jupiter weihen, der die günstige Gelegenheit, den Aufstieg und den Fortschritt symbolisiert. Dadurch werden sie zum essbaren Talisman für Erfolg, Reichtum und dafür, dass all unsere Wünsche in Erfüllung gehen.

Für 12 Scones
Vorbereitungszeit: 20 Minuten
Kochzeit: 20 Minuten

- 260 g Mehl plus zum Bestäuben
- 50 g Zucker plus zum Bestreuen
- 50 g hellbrauner Zucker
- 2 TL Backpulver
- 1 Prise Salz
- 115 g Butter
- 120 ml Buttermilch, plus zum Bestreichen
- 1 Ei
- 1 Prise gemahlener Ingwer
- 1 Prise gemahlener Zimt
- Schale von 1 Bio-Zitrone
- 50 g Löwenzahnblütenblätter
- 50 g Ringelblumenblüten
- 75 g getrocknete zerkleinerte Aprikosen

1. Am besten bereitest du sie an einem Donnerstag zu, wenn der Mond zu- oder abgenommen hat. Heize den Ofen auf 180 °C Umluft vor und lege ein Backblech mit Backpapier aus.

2. Vermische in einer mittelgroßen Schüssel Mehl, Zucker, braunen Zucker, Backpulver und Salz. Schneide die kalte Butter in Stücke und füge sie hinzu, dann arbeite sie mit den Händen in die Mehlmischung ein, bis sie die Konsistenz von nassem Sand hat und keine Butterklumpen mehr übrig sind.

3. Verquirle in einer kleinen Schüssel die Buttermilch und das Ei. Gib Ingwer, Zimt und Zitronenschale hinzu und verrühre die Zutaten mit dem Schneebesen. Gieße die Buttermilch in die Mehlmischung und füge auch die Blütenblätter und die gehackten Aprikosen hinzu. Mische den Teig bis er sich zusammenfügt – er wird etwas klebrig sein, aber seine Form behalten.

4. Gib den Teig auf eine bemehlte Fläche und rolle ihn 2,5 cm dick aus. Stich mit einer Ausstechform oder einem Messer deine Scones aus dem Teig aus. Du kannst Teigreste erneut ausrollen, um weitere Scones auszustechen, aber nicht mehr als einmal, sonst wird der Teig zäh. Lege die Scones auf das vorbereitete Backblech, wobei ein Abstand von mindestens 5 cm einzuhalten ist. Bestreiche die Oberseite der Scones mit Buttermilch und ritze mit einem Messer Jupitersymbole oder ein von dir kreiertes Sigel für Gelegenheiten, die du beschwören möchtest, in die Scones ein. Bestreue die Scones mit Zucker. Backe sie 20 Minuten, oder bis sich die Scones leicht vom Backpapier lösen und unten durchgebacken sind. Lass die Scones einem Gitterrost abkühlen.

5. Gib vor dem Servieren etwas Holzkohle in eine feuerfeste Schale und zünde sie an. Lege die Nelken kreuzförmig nach außen hin auf die Kohle. Wenn die Nelken zu brennen beginnen, führe ein Gebäckstück durch den Rauch und rezitiere dabei eine Anrufung an Jupiter oder eine andere Gottheit oder Intelligenz, von der du glaubst, dass sie dir bei deiner Arbeit behilflich sein wird. Dieses Gebäck sollte als Opfergabe für unsere Wünsche zurückgelassen werden. Führe die anderen Gebäckstücke durch den Rauch. Serviere es vor Vorstellungsgesprächen, Karriereschritten, Vorsprechen oder vor großen Schritten, die dich deinen Träumen näherbringen.

Honigsüße Beeren mit Blauer-Lotus-Zabaglione

Wenn Menschen über Raum für sich nachdenken, denken sie in der Regel an schwierige Emotionen – Raum für die Heilung von Traumata, Raum für die Verarbeitung von notwendiger Trauer. Aber wann hast du das letzte Mal Raum für deine Freude oder dein Vergnügen geschaffen? Um in spürbarer Freude zu schwelgen und die Zeit nichts anderem zu widmen, als das Geschenk des Lebens zu genießen? In der traditionellen Hexenkunst gilt der Körper als das Tor zur Magie und als Lehrer des wilden, nonverbalen Mysteriums, durch das wir das Privileg haben, die Geheimnisse des Lebens zu erfahren. Als Lehrmeister in den Künsten der Freude und des Vergnügens ist der Körper ein unübertroffener Professor.

Dieses Rezept und das Ritual sind ein Pfad zu diesem Verständnis, das darauf abzielt, den Körper als Lehrmeister in den Künsten der Freude und des Genusses zu ehren. Dieses Festmahl ist ein Genuss aus Wein, Vanillepudding und Beeren, dem niemand widersprechen kann, angereichert mit einem venusischen Kraut, das für seine Verwendung in der Liebe und im Vergnügen bekannt ist – der blauen Lotusblume. Blaue Lotosblüten sind ein mildes Beruhigungsmittel, das im alten Ägypten weit verbreitet war. Es entspannt unsere Muskeln, schärft unsere Konzentration und hilft uns, einen Zustand der Achtsamkeit und des Friedens aufrechtzuerhalten, wenn wir einen Moment der Freude genießen. Dieses Gericht soll ein Ausdruck der Dankbarkeit für den Körper sein – das Vehikel, durch das wir die Inkarnation erfahren –, und die großen Kapazitäten, die er für Glück, Entzücken und Ekstase bereithält. In einer Welt, die uns von einem tiefgreifenden Verständnis unseres Körpers trennt und alle Formen der Dekadenz außer den finanziellen verteufelt, ist es wichtig, uns daran zu erinnern, dass es nicht nur ein Akt der intimen Selbstfürsorge, sondern auch des radikalen Widerstands ist, unserer eigenen Freude Raum zu geben.

Für 2 Personen

Vorbereitungszeit: 20 Minuten, plus 1 Stunde Kühlzeit
Garzeit: 25 Minuten

- 120 g Crème double
- 10 g getrocknete blaue Lotosblütenblätter
- 8 Eigelb, Größe L
- 185 ml trockener Weißwein
- 50 g Zucker
- ½ TL Salz
- 2 EL roher Honig
- ½ TL Zimt
- 125 g gehackte frische Erdbeeren
- 75 g rote Himbeeren
- 75 g weiße Himbeeren

1. Vermenge in einem kleinen Topf bei mittlerer Hitze die Sahne und die blauen Lotusblüten. Bringe die Sahne soweit zum Köcheln, dass sie am Topfrand Blasen wirft, dann nimm sie vom Herd und lass sie im Kühlschrank abkühlen – für mindestens eine Stunde. Seihe die Sahne ab und stelle sie bis zur weiteren Verwendung wieder in den Kühlschrank.

2. Verquirle über einem Wasserbad Eigelb, Weißwein, Zucker und Salz. Schlage die Eimischung mit einem Handmixer oder Schneebesen auf. Wenn die Mischung eingedickt ist und beim Anheben des Schneebesens ein Band bildet, nimm die Schüssel aus dem Wasserbad, schlage sie aber weiter auf, bis die Creme leicht abgekühlt ist, das dauert etwa 2 Minuten. Lass die Creme vollständig abkühlen und stelle sie dann für 30 Minuten in den Kühlschrank.

3. Schlage die mit blauem Lotus versetzte Sahne steif. Verwende einen Gummispatel, um die geschlagene Sahne unter die Creme zu heben, bis sie vollständig eingearbeitet ist.

4. Kurz vor dem Servieren erwärmst du den rohen Honig in der Mikrowelle, bis er flüssig ist. Vermische den Honig mit Zimt und vermenge diese Mischung dann in einer mittelgroßen Schüssel mit den Beeren, bis sie vollständig mit Honig überzogen sind.

5. Zum Servieren gibst du eine großzügige Portion Zabaglione in ein Glas oder eine kleine Schale und servierst sie mit einem gehäuften Löffel Honigbeeren. Wenn du allein speist, genieße diese Mahlzeit in aller Ruhe und Besinnlichkeit, entweder ganz nackt oder in bequemer, locker sitzender Kleidung, in der man sich schön fühlt. Wenn du dieses Gericht mit einem Partner genießt, könnt ihr euch gegenseitig schweigend füttern und euch nur auf taktile, nonverbale Kommunikation verlassen, bis die Mahlzeit beendet ist. In jedem Fall serviere dir selbst oder einem geliebten Menschen diese Mahlzeit mit der reinen Absicht, den Körper als Lehrer zu nähren und zu ehren und als einen Weg zu den schönsten und genussvollsten Seiten des Lebens.

Opferkekse mit gepressten Veilchen

Dieses Rezept wurde entwickelt, um das heidnische Feuerfest Beltane zu feiern, das in der Mitte von Frühlings-Tagundnachtgleiche und der Sommersonnenwende stattfindet. In meiner Praktik beginnen die Beltane-Rituale damit, dass ich am 1. Mai früh morgens aufstehe, mich leise in den Wald in der Nähe meines Hauses schleiche und mit der linken Hand Veilchen pflücke, bevor der Morgentau Zeit zum Trocknen hat. Ich nehme diese Blüten mit nach Hause und bewahre sie für das kommende Jahr auf – einige in getrockneter Form wie bei Tee und Räucherwerk, andere in Sirup getränkt und wieder andere zu Opferkeksen geformt, die ich in Dankbarkeit in den Wald zurückbringe.

Blumen sind der Merkur-Teil der Pflanzen, der mit der Außenwelt kommuniziert, indem er chemische Signale und farbige Muster absondert, um geflügelte Geister (Bestäuber!) aus dem Äther herbeizurufen. Es ist daher nicht verwunderlich, dass Blumen in der Wahrsagerei und Geisterkommunikation häufig zu diesem Zweck verwendet werden. Dieses Veilchen- und Lavendel-Mürbegebäck eignet sich perfekt für Blumenfeste wie Beltane oder als Geschenk für blumenliebende Geister. Mit der richtigen Auswahl an Blüten und Aromen lässt sich dieses Rezept jedoch für jeden Anlass anpassen.

Für 24 Kekse
Vorbereitungszeit: 20 Minuten plus Ruhezeit
Backzeit: 12 Minuten

- 175 g weiche Butter
- 175 g Zucker plus zum Bestreuen
- 1 Ei, Größe L, plus 1 geschlagenes Eiweiß zum Bestreichen
- 1 TL Crème de Violette oder Veilchensirup
- 1 EL getrocknete Lavendelblüten, zerkleinert
- 425 g Mehl
- ½ TL Backpulver
- ¼ TL Salz
- 4 EL Milch oder Milchersatz
- Frische Veilchen oder andere frische und essbare Blumen (Kirschblüten, Rosen, Borretschblüten, Kornblumen, Ringelblumenblüten, etc.)

1. Gib die Butter in eine Küchenmaschine und schlage sie mit dem Zucker 3 Minuten lang auf mittlerer Stufe cremig, bis sie leicht und schaumig ist. Ei, Crème de Violette oder den Veilchensirup und den getrockneten Lavendel hinzufügen und verrühren, schabe dabei die Reste am Rand der Schüssel ab, um sicherzustellen, dass keine Butterklumpen zurückbleiben.

2. Vermische in einer großen Schüssel Mehl, Backpulver und Salz. Gib die trockenen Zutaten in kleinen Mengen bei niedriger Geschwindigkeit zur Buttermischung. Gib die Milch hinzu. Höre auf zu mischen, wenn sich der Teig gerade zu einer weichen Kugel zusammenfügt. Rolle den Teig auf ein Blatt Backpapier oder Frischhaltefolie aus und forme ihn zu einer Rolle mit einem Durchmesser von 5–7 cm. Verwende das Backpapier oder die Frischhaltefolie, um den Teig fest aufzurollen, und stelle ihn dann 30 Minuten lang kalt.

3. Heize in der Zwischenzeit den Backofen auf 180 °C Umluft vor und lege zwei Backbleche mit Backpapier aus. Wasche die Blumen und tupfe sie trocken, entferne Blätter und Stängel.

4. Nimm den Teig aus dem Kühlschrank und packe ihn aus. Schneide den Teig auf einem Schneidebrett in 5mm dicke Scheiben. Lege die Plätzchen auf die vorbereiteten Backbleche und bestreiche jedes Plätzchen leicht, aber gründlich, mit Eiweiß. Setze in die Mitte jedes Kekses vorsichtig frische Blumen und bestreiche diese ebenfalls leicht mit Eiweiß, dann bestreue sie mit Zucker.

5. Backe die Kekse 11–12 Minuten, oder bis die Ränder der Kekse anfangen braun zu werden. Lass die Kekse auf einem Kuchengitter vollständig abkühlen.

Holunder-Brombeer-„Meister des Waldes"-Torte

Der Meister des Waldes ist ein Archetyp, der in der okkulten Mythologie auf verschiedene Weise auftaucht und dessen Bild sich im Lauf der Geschichte und der Kultur verändert hat. Er ist eine wilde, ungezähmte Intelligenz, die die unbewohnbare Welt ohne uns oder den nichtmenschlichen Aspekt der Natur und der Realität verkörpert. Der Meister des Waldes steht für die Grenze unserer menschlichen Fähigkeit, die Welt zu verstehen, sowie für den Riss im Schleier zwischen der starren Welt der materiellen Realität und der nichtlinearen Sphäre der geistigen und psychischen Phänomene. Er ist zugleich eine Grenze und eine Aufforderung, tiefer in die subtile Welt einzudringen, die weit außerhalb der Blase der menschlichen Belange existiert. Aus diesen Gründen ist der Meister des Waldes seit langem ein Verbündeter und eine Quelle der Macht für Hexen, insbesondere in der traditionellen Hexenkunst Europas, wo dieser Archetyp in verschiedenen Formationen auftaucht – der Teufel, der Grüne Mann, der Hexenvater oder einfach der Geist des Waldes.

In einer Erkundung der Festtafel als Altar ruft das Rezept diese wilde Persönlichkeit herbei und lädt sie ins Haus ein. Es macht Gebrauch von den marginalisierten und verleumdeten Pflanzen des Saturn – Brombeere, Holunder, Sassafras –, um den Waldboden nachzubilden, in der Gestalt von zwei mächtigen saturnischen Agenten der Fäulnis und Wiedergeburt – Moos und Pilze. Wenn die Arbeit mit dem Meister des Waldes nicht in den Bereich deiner Praktiken fällt, so kannst du dieses Rezept einfach nur nachbacken, um einen köstlichen Kuchen in den Händen zu halten. Da es sich bei diesem Rezept jedoch um eine Anrufung handelt, sollte man beachten, dass die Absicht, dieses Rezept zu kreieren und die heiligen Pflanzen des Meisters dabei mit einzubeziehen, nicht gänzlich entfernt werden kann und daher eine Spur seiner Gegenwart immer präsent sein wird, wenn auch nur am Rande der Wahrnehmung.

Für 8–10 Personen
Vorbereitungszeit: 50 Minuten
Backzeit: 1 ½ Stunden plus Abkühlen des Baisers

FÜR DEN KUCHEN

- 50 g Backkakao, plus zum Bestäuben
- 60 ml heißer Kaffee
- 120 ml Root Beer
- 300 g Zucker
- 80 ml Olivenöl oder Pflanzenöl
- 1 TL Vanilleextrakt
- 1 Ei, Größe L, plus 1 Eiweiß
- 200 g Mehl
- 1 TL Backpulver
- ¾ TL Salz

FÜR DIE FÜLLUNG

- 120 g Crème double
- 4 EL Puderzucker
- 1 EL Holunderbeeren-Pulver
- 175 g frische Brombeeren, püriert
- 70 g Brombeermarmelade

FÜR DIE BUTTERCREME

- 225 g weiche Butter
- 1 ½ EL pulverisierter Salbei
- 560 g Puderzucker

FÜR DIE BAISER-PILZE

- 3 Eiweiß
- 100 g Zucker
- 175 g Puderzucker

FÜR DAS „MOOS"

- 50 g Mehl
- 2 EL Matcha-Pulver
- 2 EL Zucker
- ¼ TL Backpulver
- 30 g geschmolzene Butter
- 3 EL Milch oder milchfreier Ersatz
- 75 g Pistazien, fein gemahlen
- Essbare Blumen und Beeren zum Verzieren

1. Heize den Backofen auf 100 °C Umluft vor und lege ein Backblech mit Backpapier aus.

2. Stelle zunächst die Baiserpilze her, indem du zwei deiner Eiweiße in eine große Schüssel gibst. Schlage die Eier schaumig. Füge langsam den Puderzucker hinzu und schlage die Baisermasse, bis sich steife Spitzen bilden. Fülle die Baisermasse in einen Spritzbeutel und spritze 20 hohe, konische Stiele für die Pilze und 20 gewölbte Pilzköpfe. Diese können unterschiedlich groß sein, und einige Unregelmäßigkeiten lassen sie realistischer aussehen. Schiebe die Baisers in den Ofen und backe sie 1 Stunde lang, schalte dann den Ofen aus und lass die Baisers noch eine Stunde lang im Ofen.

3. Wenn die Baisers fest sind, nimm sie aus dem Ofen und ziehe sie vorsichtig vom Backpapier ab. Schlage das restliche Eiweiß schaumig. Gib den Puderzucker hinzu und schlage weiter, bis das Eiweiß steif wird – das dauert etwa 5–7 Minuten. Fülle die Glasur in einen Spritzbeutel und benutze sie um die Pilzstiele und die Pilzköpfe zusammenzukleben. Stelle die Baiser-Pilze beiseite.

4. Als Nächstes beginne mit dem Kuchen, indem du den Ofen auf 180 °C Umluft vorheizt. Buttere und bemehle zwei 23-cm-Kuchenformen leicht und bestäube dann jede Form mit Kakaopulver. In einer kleinen Schüssel lässt du das Kakaopulver 10 Minuten lang in heißem Kaffee ziehen und rührst dann das Root Beer einrühren.

5. Schlage in einer anderen Schüssel den Zucker und das Öl schaumig. Rühre den Vanilleextrakt, dann das Ei und das Eiweiß ein und schlage die Mischung so lange, bis alles gut vermischt ist. Hebe Mehl, Backpulver und Salz unter die Eimasse, vermische die Zutaten dabei so wenig wie möglich. Rühre zum Schluss die Kaffeemischung mit dem Schneebesen ein, bis alles gut vermischt ist. Der Teig wird recht flüssig sein.

6. Verteile den Teig auf die vorbereiteten Kuchenformen und backe ihn 20–25 Minuten. Mach am Ende der Backzeit eine Stäbchenprobe.

7. Während der Kuchen im Ofen ist, beginne mit dem „Moos"-Belag. Verrühre in einer mikrowellengeeigneten Schüssel oder Tasse Mehl, Matcha, Zucker und Backpulver. Rühre die geschmolzene Butter und die Milch ein. Erhitze die Mischung 90 Sekunden in der Mikrowelle, dann lass den Mooskuchen noch 1 Minute in der Mikrowelle stehen, bevor er herausgenommen wird. Wenn der Kuchen noch nicht durchgebacken ist, erhitze ihn erneut für 15–20 Sekunden in der Mikrowelle, bis er durchgebacken ist. Stelle ihn anschließend beiseite.

8. Bereite nun die Buttercreme zu. Schlage die weiche Butter mit einer Küchenmaschine oder einem Standmixer schaumig und luftig. Füge das Salbeipulver hinzu und lass langsam den Zucker einrieseln, bis er vollständig eingearbeitet ist. Schlage weiter, bis sich steife Spitzen bilden.

9. Bereite schließlich die Füllung vor. Schlage die Sahne, den Puderzucker und das Holunderpulver steif. Hebe die pürierten Brombeeren unter, wobei der Saft der Beeren in der Sahne zurückbleibt. Stelle die Mischung beiseite.

10. Setze die Torte zusammen, indem du einen Tortenboden auf deine Servierplatte legst. Verteile die Brombeermarmelade gleichmäßig auf dem Kuchen, gefolgt von einer gleichmäßigen Schicht der Holunder- und Brombeerfüllung. Lege den zweiten Tortenboden darauf und verwende ein Messer, um die Füllung, die an den Seiten der Torte herausläuft, zu entfernen.

11. Als Nächstes streiche die Torte mit der Salbeibuttercreme gleichmäßig auf allen Seiten und auf der Oberseite ein. Unebenheiten werden durch den Belag verdeckt, daher ist das Aussehen der Glasur nicht so wichtig.

12. Wenn der Kuchen eingestrichen ist, nimm den Kuchen aus der Mikrowelle und zerbrösele ihn in kleine Stücke, die wie Moos aussehen. Vermische in einer kleinen Schüssel diese Matcha-Kuchenkrümel mit den gemahlenen Pistazien und bestäube die Oberseite und die Seiten des Kuchens mit der „Moos"-Mischung.

13. Hole zum Schluss die Baiser-Pilze heraus. Bestäube die Oberseiten der Pilze mit Kakaopulver und setze sie auf die Torte. Zum Schluss dekoriere die Torte mit Waldfrüchten und essbaren Blüten und serviere sie.

Bitter: Eine Glücksmischung, eine Anziehungsmischung und eine Schutzmischung

Tinkturen sind ein unglaublich nützliches Werkzeug in den Händen einer Hexe oder eines Kräutersammlers. Sie basieren auf einem alkoholischen Lösungsmittel, das Vitamine, Mineralien, ätherische Öle und vor allem Alkaloide aus unseren Pflanzen extrahieren kann. Daraus können wir zu Hause einige der stärksten und am schnellsten wirkenden Arzneimittel herstellen. Außerhalb des medizinischen Kontextes kann dieselbe Methode verwendet werden, um ein vollständigeres Profil von Aromen und Duftstoffen zu extrahieren, als dies durch einen Aufguss allein möglich ist. Aus diesem Grund haben Tinkturen als Bitter und Extrakte auch in der Kochkunst ihren Platz gefunden, sie werden zum Aromatisieren von Cocktails, Kuchen und Gebäck verwendet.

Als magisches Rezept können diese Bitter unterwegs eingenommen werden, um die gewünschte Absicht herbeizuführen, immer abhängig davon, woraus die Mischung besteht und wie sie geweiht ist. Unten findest du drei Rezepte für gängige magische Anliegen und die von mir empfohlene Vorgehensweise für die Herstellung von Magenbitter zu Hause. Experimentiere ruhig damit und entwickle deine eigenen Rezepte für andere Arten von Magie, sobald du dich mit der Technik vertraut gemacht hast. Obwohl Tinkturen und Bitter nie wirklich „ablaufen", da Alkohol ein Konservierungsmittel ist, verlieren sie nach einem Jahr Stärke und Geschmack, sodass es am besten ist, sie so schnell wie möglich zu verwenden – und noch besser, ein paar Flaschen als Geschenke zu brauen!

Ergibt 300+ Dosen

Vorbereitungszeit: 10 Minuten plus 2–4 Wochen Ziehzeit

FÜR DIE GLÜCKSMISCHUNG

- 1 EL ganze Nelken
- 2 EL Kamillenblüten
- 1 Zimtstange
- 1 EL Lorbeerwurzel
- 1 kleiner Bund frisches Basilikum, Stiele entfernt
- 350 ml neutraler Kornbranntwein

FÜR DIE ANZIEHUNGSMISCHUNG

- Mark von 1 Vanilleschote
- 1 TL Kubeben Beeren
- 5 ganze frische Rosen
- 1 EL Damiana (Heilpflanze)
- 3 ganze Sternanis-Samen, leicht geröstet
- 350 ml neutraler Kornbranntwein

FÜR DIE SCHUTZMISCHUNG

- 1 EL Wermut
- 2 EL Wacholderbeeren
- 1 Zweig frische Pfefferminze oder 1 TL getrocknete Pfefferminze
- 2 EL Mutterkraut
- 1 Bund frischer Thymian
- 350 ml neutraler Kornbranntwein

1. Für jede dieser Mischungen solltest du zunächst einige Zeit in Meditation über die Absicht verbringen, für die du diesen Bitter herstellst. Bedenke die Art deines spezifischen Wunsches, wie du mit diesen Kräutern interagieren willst und was du zu erreichen hoffst. Fertige ein Sigill für diese Absicht an und zeichne es mit lebensmittelechter Tinte auf ein Lorbeerblatt oder ein Stück ungebleichtes Papier.

2. Bevor du mit der Arbeit beginnst, solltest du die richtige astrologische Zeit berücksichtigen und anhand der astrologischen Tage, Stunden und Aspekte den besten Zeitpunkt für den Beginn wählen. Als Anregung könnest du die Glücksmischung unter Jupiter, die Anziehungsmischung unter Venus und die Schutzmischung unter Mars oder Saturn herstellen.

3. Miss deine Kräuter zur richtigen Stunde sorgfältig ab. Wenn du dichte Wurzeln, Rinden oder Beeren verwendest, solltest du diese in einer Gewürzmühle oder einem Mörser und Stößel fein mahlen. Fülle ein Einmachglas mit deinen Pflanzen, wobei der obere Rand des Glases 1 cm frei bleiben sollte. Stecke das Blatt oder Papier mit deinem Sigill in die Mitte des Glases. Fülle das Glas bis zum Rand mit deinem neutralen Kornbranntwein und verschließe es fest. Lagere das Glas an einem kühlen, dunklen Ort für mindestens 2 Wochen und bis zu 1 Monat, wobei du das Glas alle paar Tage umdrehen und schütteln solltest.

4. Wenn der Bitter ausreichend durchgezogen ist, seihe die Mischung durch ein feinmaschiges Sieb ab und presse die restliche Tinktur aus den Kräutern aus, bevor du sie wegwirfst. Lagere den fertigen Magenbitter in dunklen Glasflaschen mit Tropfverschluss und bewahre den Rest in luftdicht verschlossenen Gläsern auf, im hinteren Teil des Schranks oder der Speisekammer. Achte darauf, dass die Flaschen oder Gläser ausreichend beschriftet sind. Du kannst jeweils 5–10 Tropfen auf die Zunge geben oder in ein Glas Wasser, Tee oder was immer du magst, einrühren. Wenn du eine äußerliche Anwendung bevorzugst, gib ein paar Tropfen des Bitterstoffs auf deine Handgelenke oder Schläfen und massiere sie in die Haut ein.

Gewürz-Ritualwein

Dieses Rezept und Ritual dient dir als Vorlage, die du zu Hause deinem Geschmack und deinen Traditionen anpassen kannst. Je nach konkreter Praktik oder deinen Vorlieben entsprechend können die Kräuter hier angepasst oder gegen solche ausgetauscht werden, die für deine Arbeit besser geeignet sind. Diese spezielle Kräutermischung wurde ausgewählt, um die sieben Planetensphären zu repräsentieren – Lorbeer für die Sonne, blauer Lotus für den Mond, Zitronengras für Merkur, Zimt für Mars, Rosen und Damiana für Venus, Wacholderbeeren für Jupiter und schwarzer Holunder für Saturn. Diese sieben Kräuter sind jedoch auch dafür bekannt, dass sie auf ihre eigene Weise stark und magisch sind. In der Bibel werden Zitronengras und Zimt als zwei der wichtigsten Zutaten für die Herstellung des heiligen Salböls genannt. Blauer Lotus und Damiana sind milde Beruhigungsmittel, die häufig bei Trance, Meditation und Visualisierung eingesetzt werden. Rosen und Süßholz sind beides attraktive Aromastoffe, die sich als Opfergaben oder als Hilfsmittel eignen, um Geister und Segen für den Praktizierenden herbeizurufen. Lorbeer ist eine bemerkenswerte Pflanze der Prophezeiung und des Erfolgs, und Holunder öffnet die Tür zu Geistern und subtilen Welten. Als Opfergabe oder als rituelles Hilfsmittel an sich ist dieser Wein mit Sicherheit stark und wirksam.

Auch wenn dieses Rezept nur eine Richtlinie ist, so ergibt es doch einen aufgegossenen Wein, der als nützlicher, geweihter Standard dienen kann. Kehre immer wieder zu diesem Rezept zurück und experimentiere damit, die Zutaten nach deinem Geschmack und deinen rituellen Zielen entsprechend zu verändern. Die Autorin empfiehlt jedoch, dieses Gebräu mindestens einmal nach Anleitung zuzubereiten, um selbst zu erfahren, wie sich die Aromen und Wirkungen dieser Kräuter im fertigen Produkt manifestieren, und deine Anpassungen auf der Grundlage deiner Erfahrungen vorzunehmen.

Für 4–6 Personen
Vorbereitungszeit: 5 Minuten plus 1 Mondzyklus zum Aufgießen
Kochzeit: 20 Minuten

- Eine 75 cl-Flasche Rotwein
- 1 Lorbeerblatt
- 2 getrocknete blaue Lotosblüten
- 1 Stängel frisches Zitronengras
- 6 getrocknete Rosen
- 2 EL Damiana (Heilpflanze)
- 1 Zimtstange
- 2 EL Wacholderbeeren
- 2 EL Holunderbeeren
- 1 Quarzspitze, die bei Vollmond aufgeladen wurde

1. Am Tag und zur Stunde der Sonne (siehe Seite 100) oder am Vorabend des Vollmonds erhitzt du einen großen Topf auf kleiner Flamme und lässt den Wein leicht köcheln. Nimm dein Lorbeerblatt und beschrifte es mit lebensmittelechter Tinte mit Sigillen deines Handwerks oder des Rituals, für das du den Wein braust.

2. Gib zuerst das Lorbeerblatt in den Wein, um die prophetischen und klarheitsgebenden Aspekte der Sonne herbeizurufen. Als Nächstes fügst du die Lotusblüten hinzu, um die träumerischen und regenerativen Energien des Mondes herbeizurufen. Anschließend gib das Zitronengras hinzu, dass du mit einem Messerrücken anschlagen solltest, um seinen Duft freizusetzen. Dies ruft die Manifestationskraft von Merkur, dem Magier, herbei.

3. Danach folgen die Rosen und Damiana, für den Frieden und die Freude der Venus. Wenn du noch nie mit Damiana oder blauem Lotus gearbeitet hast, kannst du mit einem leichten sedierenden Gefühl rechnen, ähnlich wie beim Trinken von ein paar Gläsern Wein. Diese Pflanzen sind auch als Aphrodisiaka bekannt, ganz im Sinne der venustypischen Tugenden. Nimm dazu Zimt, um die warmen und schützenden Aspekte des Mars herbeizurufen.

4. Zum Schluss füge Wacholder und Holunderbeeren hinzu, die für Jupiter bzw. Saturn stehen. Diese Beeren verleihen dem Wein eine tiefere, dunklere Färbung und eine dezente Süße. Lass den Wein 20 Minuten lang sanft köcheln. Sobald der Wein durchgezogen ist, seihe ihn durch ein feines Sieb ab und fülle ihn in eine saubere Weinflasche. Gib deinen aufgeladenen Quarzkristall in die Flasche und verschließe die Flasche mit einem Korken für einen Mondzyklus. Wenn du keinen Quarz zur Hand hast, können auch andere Kristalle verwendet werden. Beachte jedoch, dass einige Kristalle wie Malachit, Selenit, Wüstenrose oder Calcit wasserlöslich sind und daher nicht für die Zubereitung von Speisen oder Getränken verwendet werden sollten. Wenn du dir nicht sicher bist, welche Art von Kristallen du hast, verwende sie nicht.

5. Dieser Wein ist intensiv aromatisch, würzig und hilft, während des Rituals in meditative und Trancezustände zu gelangen. Er sollte gekühlt werden, wenn er nicht verwendet wird, und innerhalb von 1 Monat nach der Herstellung verbraucht werden.

Liebestränke: Einer zur Sicherung einer neuen Liebe; einer zur Stärkung einer alten Liebe

Ich stelle mir vor, dass die meisten Menschen, wenn sie an Küchenhexerei denken, sich diese Art von Arbeit vorstellen – ein fähiges, funktionierendes Wissen über Kräuter und die Fähigkeit, ihre Wirkungen so zu destillieren und zu konzentrieren, dass sie transformative Veränderungen in unserem Leben bewirken. Kräuter sind sicherlich ein zentraler Aspekt der Küchenhexerei, aber ihre Eigenschaften müssen von der Hexe erkannt, erweckt und genutzt werden, wenn ihre Wirkungen überhaupt nutzbar gemacht werden sollen. Die hier vorgestellten Rezepte erforschen die Technik der Kräuterkunde anhand einer der berühmtesten und legendärsten Mixturen der Hexenkunst – dem Liebestrank.

Die Beispiele für traditionelle Liebestränke, die in Grimoires aufgezeichnet sind, sind jedoch oft weniger romantisch und manchmal sogar unheimlich. Im französischen Zauberbuch Le Petit Albert aus dem 18. Jh. empfiehlt der Autor einen Trank aus eigenem Blut, kombiniert mit den Herzen von Tauben, Spatzen und Schwalbenschwänzen – alles traditionelle Vögel der Venus, die in der Magie verwendet werden, um ihre Gunst zu erlangen. In der Picatrix wird eine Reihe von beunruhigenden Liebestränken erwähnt, die verschiedene Mengen von Leopardenblut, Gazellenhirn, Menschenschweiß, Lapislazuli-Pulver und eine ganze Reihe anderer exotischer Zutaten und Grotesken enthalten. Es gibt auch eine Reihe von Liebestränken, die aus dem europäischen Mittelalter stammen und tödliche, psychedelische Gifte wie Bilsenkraut und Stechapfel enthielten, die die Opfer bewegungsunfähig, verwirrt und hilflos machen konnten. Unabhängig von ihren Besonderheiten hatten diese Zaubersprüche alle einige grundlegende Mechanismen gemeinsam – der geweihte Trank musste einem ahnungslosen Ziel heimlich verabreicht werden, direkt durch die Hand der Person, die geliebt werden wollte. Unsere Rezepte hier sind von dieser Technik inspiriert und versuchen, den Liebestrank neu mit Zutaten zu erforschen, die leichter zugänglich, ethisch vertretbarer und sicherer in der Einnahme sind als die, die von den Hexen früher verwendet wurden.

Die hier ausgewählten Kräuter wurden sorgfältig danach ausgewählt, was sie zum Thema Liebe beitragen und für welche Art von magischer Arbeit sie traditionell verwendet werden. Der Trank zur Sicherung einer neuen Liebe enthält die Kräuter der ersten Romanze, die für Anziehung, Flirt und Entdeckung stehen. Anstelle von Singvogelherzen und menschlichem Blut finden wir hier traditionelle Venuskräuter – Rosen, Myrte und Obstblüten – die in einer tiefroten Kirschreduktion zu einem narkotisch duftenden Elixier verarbeitet werden. Für den Trank, der eine alte Liebe stärken soll, finden wir die Kräuter der Beständigkeit und der Hingabe, die Kommunikation, Intimität und Erdverbundenheit fördern. Aber auch die Romantik kommt in dieser Mischung nicht zu kurz, denn Fenchel und Rosmarin sind zwei anerkannte Aphrodisiaka. Die übrigen Kräuter in diesem Rezept werden auf magische Weise verwendet, um die Leidenschaften zu bündeln und den Blick auf die Beziehung zu lenken, anstatt die Augen schweifen zu lassen. In jedem Fall sollen diese Tränke die Leidenschaften deines Partners anregen, nicht erzwingen, und können auf traditionelle, diskrete Weise verabreicht oder von beiden Parteien freiwillig genossen werden – denn was könnte romantischer sein, als sich mit Leib und Seele verzaubern zu lassen?

Ergibt jeweils 1 Trank
Vorbereitungszeit: 15 Minuten plus Ruhezeit
Kochzeit: 1 Stunde

FÜR DEN ZAUBERTRANK ZUR SICHERUNG EINER NEUEN LIEBE

- 450 ml frischer Kirschsaft
- 3 Myrtenblätter
- 1 frische Rose
- 2 frische Apfel- oder Kirschblüten
- 1 Zweig frische Zitronenmelisse
- 6 Haselnüsse
- 1 EL Honig (wahlweise)

FÜR DEN ZAUBERTRANK ZUR STÄRKUNG EINER ALTEN LIEBE

- 450 ml Orangensaft
- 1 Zweig frischer Rosmarin
- 3 Lorbeerblätter
- 1 EL Hirschzungenfarn
- 1 EL Mohnsamen
- 1 EL Himbeerblätter
- 1 Zweig Fenchelzweige
- 1 EL Honig (wahlweise)

1. Um einen der beiden Tränke zuzubereiten, beginne an einem Freitag zur Stunde der Venus, wenn der Mond zu- oder abnimmt und Venus keine starken negativen Aspekte hat. Tu alles in deiner Macht Stehende, um dich in die Natur der Arbeit zu versenken – spiele fröhliche Musik, die an die Liebe denken lässt, ziehe dir zum Kochen ein Outfit an, das dir das Gefühl gibt, der Liebe würdig zu sein, oder schrubbe sogar deine Kochwerkzeuge in einem Aufguss aus Rosenblüten und Myrtenblättern ab – ein wahres Venus-Gebräu.

2. Wenn du bereit bist, gib den Fruchtsaft in deinen Kochtopf und stelle ihn bei mittlere Hitze auf den Herd. Lass den Saft köcheln, bis die Flüssigkeit auf 120 ml reduziert ist – das dauert etwa 1 Stunde. Zerkleinere die restlichen Pflanzen mit einem Mörser und einem Stößel, um den Duft freizusetzen und die Vielfalt der entstehenden Düfte zu genießen.

3. Wenn der Saft fertig ist, gib die gemahlenen Kräuter zusammen mit dem Honig in ein Einmachglas mit einem Fassungsvermögen von 180 ml. Gieße die heiße Reduktion über die Kräuter und lass sie ziehen, bis sie auf Zimmertemperatur abgekühlt ist. Weihe den Trank nach Belieben. Seihe den Trank ab und serviere ihn als Cocktail, gemischt mit Wein, Gin, Champagner oder einer Spirituose deiner Wahl.

Wahrsagungstee-Ritual mit Beifuß und Katzenminze

Im Internet und im Buchhandel gibt es zahlreiche nützliche Anleitungen zum Lesen von Teeblättern. Bei dieser auch als „Tasseographie" bezeichneten Praxis werden Kräuter oft mit einem doppelten Ziel verwendet: Sie dienen als Gebräu zur Verbesserung unserer Wahrsagungssinne und auch als Werkzeug der Wahrsagung selbst. Aus diesem Grund ist das Lesen von Teeblättern ein geeignetes Medium, um die Küchenhexerei zu erforschen, da es uns erlaubt, die Rolle von Kräutern in der Magie mit einer Übung auf gleich zwei Arten zu untersuchen. Hier werden die botanischen Verbündeten Beifuß und Katzenminze sowohl als sanfte, trancefördernde Beruhigungsmittel als auch als Kräuter der Weissagung betrachtet.

Wer noch nie mit diesen Kräutern in Berührung gekommen ist oder sie eingenommen hat, kann von ihnen eine subtile beruhigende Wirkung erwarten, ähnlich wie bei einer starken Tasse Kamillentee. Für Leser, die regelmäßig Medikamente einnehmen oder gesundheitliche Probleme haben, ist es jedoch immer ratsam, neue Kräuter mit ihrem Arzt zu besprechen. Im Geschmack kann Beifuß ziemlich bitter sein, aber die Katzenminze, eine Pflanze aus der Familie der Minzen, hat einen feinen, erfrischenden Geschmack, der die Schärfe des Beifußes abmildert. Ein Löffel Honig oder Zucker ist hier sehr hilfreich für alle, die stark auf Bitterstoffe reagieren, denn das Trinken des Tees sollte ein beruhigendes, angenehmes Erlebnis sein, und der fertige Aufguss sollte dem eigenen Geschmack angepasst werden. Für diejenigen, die noch nicht mit dem Lesen von Teeblättern vertraut sind, bieten die nachstehenden Ritualanweisungen eine nützliche Struktur, um selbst mit dieser Kunstform zu experimentieren. Jede Hexe wird ihre Stärken in einer bestimmten divinatorischen Ausführung finden, aber es ist immer gut, seine Fähigkeiten zu erweitern und sich hin und wieder an etwas Neuem zu versuchen!

Ergibt 1 Tasse Tee
Vorbereitungszeit: 2 Minuten plus 15 Minuten Ziehzeit
Kochzeit: 5 Minuten

- 2 EL getrocknete Blätter und Blüten der Katzenminze
- 2 EL getrocknete Beifußblätter
- 1 TL Honig (wahlweise)

1. Bringe zunächst 240 ml Wasser zum Kochen. Während sich das Wasser erwärmt, bereite deinen Altar oder einen anderen meditativen Arbeitsplatz vor, indem du eine Kerze (schlicht, in jeder gewünschten Farbe) anzündest und eine Räucherung mit divinatorischen Kräutern wie Haselnussblättern, Schafgarbe, Storax, schwarzem Kopal, Mohnsamen oder Damiana durchführst. Du kannst auch übrig gebliebene Beifuß- oder Katzenminzeblätter verbrennen, da die Wirkung dieser Kräuter auch durch das Einatmen ihres Rauchs erfahren werden kann. Wenn du dich mit anderen Ritualen auf die Wahrsagung vorbereitest, kannst du diese ebenfalls hier einfügen. Wenn du andere Wahrsagegeräte wie Tarot-Decks oder Pendel verwenden willst, stelle sicher, dass diese griffbereit sind.

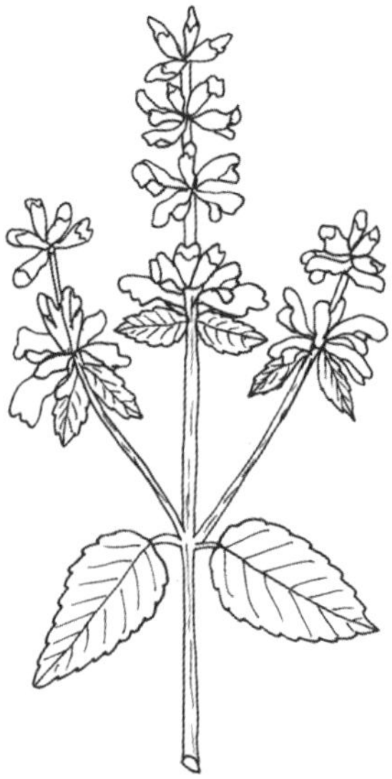

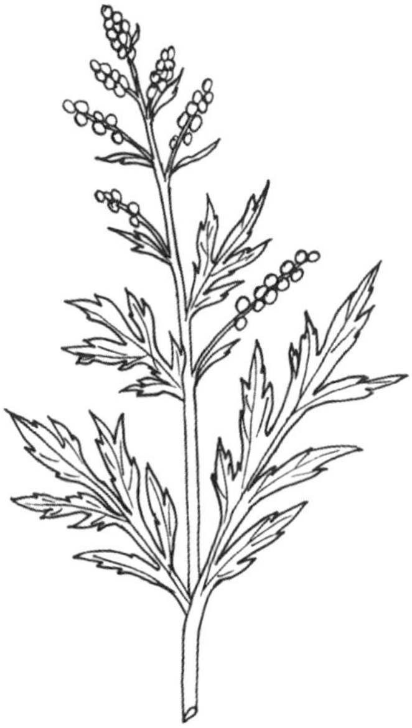

2. Gib die getrocknete Katzenminze und das Beifußkraut in eine Tasseomantie-Tasse (Wahrsager-Tasse) oder eine normale Teetasse und stelle sie auf eine Untertasse oder einen Teller. Stelle diese Tasse vor deine Kerze und entferne alles andere Licht aus deinem Raum, insbesondere künstliches Licht. Wenn das Wasser kocht, bringe es in deinen Ritualraum und gieße es über die Kräuter in deiner Teetasse. Sitze in Meditation, während die Kräuter 15 Minuten lang ziehen. Nutze diese Zeit, um deinen intuitiven Geist und deine intuitiven Sinne anzusprechen.

3. Wenn der Tee vollständig aufgegossen ist, schlürfe ihn langsam, während du in die Kerzenflamme blickst. Konzentriere dich sanft auf die Kerze und sanft auf die Frage, die du dir stellen möchtest. Spüre während des Trinkens, wie die Kräuter ihre subtile, beruhigende Wirkung entfalten, während die Konzentration und die Visualisierung leichter werden. Wenn nur noch der letzte EL Tee in der Tasse ist, stelle deine Frage laut und stelle die Tasse mit einem hörbaren, abschließenden Klopfen auf die Untertasse.

4. Verbringe hier noch eine Minute, halte inne in Dankbarkeit für die Antwort, die du erhalten wirst, und für die Pflanzen als Assistenten bei dieser Arbeit. Wenn du bereit bist, drehe die Tasse um und untersuche die Blätter, die dort für deine Antwort liegen.

5. Wenn du keine Tasseomantie-Tasse oder Symbolführer zu deiner Unterstützung verwendest, lass dich von deinen intuitiven Sinnen leiten und folge der freien Assoziation deines Geistes mit den Formen im Becher, erkenne, an welche Bilder sie dich erinnern und was diese Symbole für dich bedeuten. Wenn du die Symbole deutest, solltest du sowohl den offensichtlichen als auch den latenten Inhalt des Bildes berücksichtigen – was es zu sein scheint und warum es sich so manifestiert, wie es ist. Wenn du z. B. die Form eines Weinglases erkennst, solltest du sein Aussehen betrachten. Ist das Glas voll oder leer? Steht es aufrecht oder ist es umgekippt? Welche Gefühle oder Gedanken kommen dir in den Sinn, wenn du diesem Symbol begegnest, und was könnte es im Zusammenhang mit deiner Frage bedeuten? Überlege als nächstes, warum diese Antwort als Weinglas und nicht als eine andere Art von Gefäß erscheinen könnte – ein Becher, ein Wasserglas oder eine Champagnerflöte? Was ist das Besondere an dem Symbol eines Weinglases, das in diesen anderen Abbildungen fehlt? Was bedeutet dieses einzigartige Symbol, was andere nicht können? Diese Überlegungen sind einfach, aber sie können helfen, die Antwort zu verstehen, die sie enthalten.

POULTRY
WASH
Serves 6.
FORMERLY MADE BY

Reinigungseistee

Im modernen Okkultismus wird das Wort „Reinigung" verwendet, um sich auf eine sehr breite Palette magischer Arbeit zu beziehen. Reinigungsriten werden oft als Allheilmittel empfohlen, um alles „Negative" in unserem Leben zu beseitigen und zu heilen, um die „guten Schwingungen" wiederherzustellen, die wir uns wünschen. Viele dieser breit angelegten Reinigungsrituale verlassen sich auf die Anwesenheit bestimmter Zutaten – Salz, weißer Salbei, Rosmarin –, um den größten Teil unserer magischen Arbeit zu erledigen, ohne dass wir genau darauf achten, was und wie es entfernt wird. Wenn du mit solchen schnell zu bewerkstelligenden Reinigungsritualen experimentiert und sie als etwas lau empfunden hast, ergibt das Sinn – Magie erfordert ein gewisses Maß an Unterscheidungsvermögen und Intentionalität, um wirksam zu sein. Wenn unsere Arbeit jedoch sowohl auf einem tieferen Wissen über Pflanzenmagie und -medizin als auch auf einem bewussteren Verständnis für den Zweck unserer Magie fußt, kann dies einen weiteren nützlichen Rahmen bieten, um über Reinigungsmagie nachzudenken und darüber, wie wir uns auf eine bewusstere Weise mit ihr beschäftigen können.

Dieses Rezept zielt darauf ab, uns von Stress, Ängsten und den subtilen Auswirkungen dieser Probleme auf den Körper zu befreien, indem Kräuter verwendet werden, die durch ihre magischen und medizinischen Eigenschaften einen doppelten Nutzen bieten. Dieses Rezept soll uns helfen, Spannungen und Ablenkungen zu beseitigen, die geistige Klarheit wiederherzustellen, Ängste zu lindern und Stagnation in unserem Geist und Körper zu beseitigen. Es enthält zwei natürliche und geschmackvolle Kräuter gegen Angstzustände, Lavendel und Pfefferminze, sowie Kräuter, die Entzündungen lindern (Klee), Muskelschmerzen verringern (Rosmarin, Eibisch), das Immunsystem stärken (Zitrone) und den Körper bei der Entgiftung des Körpers zu unterstützen (Löwenzahnwurzel, Fenchelsamen). Es überrascht nicht, dass viele dieser Kräuter auch für ihre Verwendung in der Reinigungsmagie bekannt sind, wobei Ysop, Zitrone, Pfefferminze und Rosmarin zu den beliebtesten gehören. Das daraus resultierende Gebräu hat einen reinen, krautigen Geschmack, der den Gaumen anregt und die Sinne erfrischt – eine notwendige Atempause vom rastlosen Tempo unseres Lebens, die einen Moment der Gelassenheit heraufbeschwört, in dem wir unsere Sorgen wirklich loslassen und uns von ihnen reinigen können.

Ergibt 4–6 Portionen
Vorbereitungszeit: 10 Minuten plus Kühlzeit
Kochzeit: 10 Minuten

- 1 EL Fenchelsamen
- 1 EL Löwenzahnwurzel
- 1 EL Eibischwurzel
- 1 EL zerstoßene Pfefferminzblätter
- 1 TL getrockneter Ysop
- 1 TL getrocknete Lavendelblüten
- ½ Zitrone, in Scheiben geschnitten, entkernt
- 1 Stängel frischer Rosmarin
- 6–10 frische Köpfe von Rot- oder Weißklee (optional)
- Honig oder Zucker zum Abschmecken (optional)

1. Wenn du diese Arbeit auf den Mondzyklus abstimmst, wird die Reinigungsmagie am besten bei abnehmendem oder Neumond durchgeführt. Bringe in einem mittelgroßen Kochtopf 1,4 Liter Wasser zum leichten Köcheln. Vermenge Fenchelsamen, Löwenzahnwurzel, Eibischwurzel, Pfefferminze, Ysop und Lavendel in einem Passiertuch. Achte darauf, dass das Tuch fest verschlossen ist, damit keine Kräuter austreten können.

2. Lege den Teebeutel zusammen mit den Zitronenscheiben, dem frischen Rosmarin, Kleeblüten und gegebenenfalls Honig oder Zucker in eine hitzebeständige Kanne mit mindestens 1,4 Liter Volumen. Wenn das Wasser stark köchelt, nimm es vom Herd und gieße es in die Kanne. Atme den Duft der aufgegossenen Kräuter ein und lass den Tee auf Zimmertemperatur abkühlen.

3. Stelle den Tee in den Kühlschrank und lass ihn 2 Stunden lang abkühlen. Wenn du den Tee servieren möchtest, nimm das Tuch aus dem Tee und wringe es über dem Krug aus. Die Zitronenscheiben entfernst du. Fülle Eis in ein Glas und gieße den Tee darüber, wobei du die Süße nach Bedarf anpassen kannst.

4. Genieße dieses Getränk an einem ruhigen, ungestörten Ort, an dem du einige Augenblicke innehalten kannst. Schlürfe ihn langsam und bleibe bei den Empfindungen deines Körpers, nimm wahr, wie dein Körper auf die Aromen, die Temperatur und die Kräuter des Tees reagiert. Achte auf Veränderungen in deinem mentalen oder emotionalen Zustand und bleibe in stiller Meditation, bis der Tee ausgetrunken ist. Der übrig gebliebene Tee kann bis zu 3 Tage im Kühlschrank aufbewahrt werden.

Chamomile
Field thyme
Rosehip
Big plantain
Chamomile
Field

Referenzen und weiterführende Literatur

REFERENZEN:

1 Ovid, ins Englische übersetzt von James George Frazer, *Fasti* (William Heinemann Ltd: 1931)

2 Aristophanes, ins Englische übersetzt von Eugene O'Neill Jr. *Plutus* (Random House: 1938). Line 595

3 Maslama ibn Ahmad al- Majriti, übersetzt von John Michael Greer and Christopher Warnock, *The Picatrix* (Adocentyn Press: 2010) pp.266

4 Alexander Carmichael, *carmina Gadelica,* first published 1900

5 Nicholas Culpeper, *The Complete Herbal.* First published 16526 John Michael Greer and Christopher Warnock, The Picatrix (Adocentyn Press: 2010)

7 Orpheus, ins Englische übersetzt von by Thomas Taylor, *The Hymns of Orpheus* (University of Pennsylvania Press: 1999)

6 John Michael Greer and Christopher Warnock, *The Picatrix* (Adocentyn Press: 2010)

8 Austin Osman Spare, The Book of Pleasure (Self Love): *The Psychology of Ecstay* (Theophania Publishing : 1913)

9 Saint Cyprian of Antioch, Book of St. Cyprian: *The Sorcerer's treasure* (hadean Press):2014)

10 Orpheus, ins Englische übersetzt von Thomas Taylor, *The Hymns of Orpheus* (University of Pennsylvania Press: 1999)

11 Plato, übersetzt von Benjam Jowett, *The Laws* (Oxford University Press, 1888)

Weiterführende Literatur

WEITERFÜHRENDE LEKTÜRE:

Albertus Parvus, ins Englische übersetzt von Tarl Warwick,*Petit Albert* (Ouroboros Press: 2013)

Corinne Boyer, *Plants of the Devil* (Three Hands Press: 2017)

Daniel A. Schulke, *Thirteen Pathways of Occult Herbalism* (Three Hands Press: 2013)

Gwion Raven, *The Magick of Food: Rituals, Offerings, and Why We Eat Together* (Llewellyn: 2020)

Hans Dieter Betz, *The Greek Magical Papyrii in Translation* (The University of Chicago Press: 1986)

Harold Roth, The Witching Herbs: *13 Essential Plants and Herbs for Your Magical Garden* (Weiser Books: 2017)

Hildegard Von Bingen übersetzt von Bruce W. Hozeski, *Hildegard's Healing Plants From Her Medieval Classic Physica* (Beacon Press: 2001)

Jean Chevalier and Alain Gheerbrant, ins Englische übersetzt von John Buchanan-Brown, *The Penguin Dictionary of Symbols* (Penguin Random House: 1997)

Johan George Hohman, edited by Daniel Harms, *The Long-Lost Friend: A 19th Century American Grimoire* (Llewellyn Publishing: 2012)/ *Der lange verlorene Freund* (CreateSpace Independent Publishing Platform :17. März 2010)

Peter Grey, *Apocalyptic Witchcraft* (Scarlet Imprint: 2013)

Register

Agrippa 53, 97, 108
Ägypten, das alte Ägypten 17, 130, 133, 204
Ahnenverehrung 135
Aleister Crowleys Gletschereis 42
Al-Majriti, Maslama ibn Ahmad 20, 40
Ananas 55, 70, 103
Gebratene Ananas mit Basilikum-Mousse 76–78
Andachtsmahlzeit 19
Anziehungsmischung Bitter 211
Äpfel 47–49, 73, 76, 102, 134, 152–154, 158–160, 172, 174, 196, 216
Aphrodite 98, 132
Apollo 22, 98,
Apotropaia 182
Aprikosen 55, 132, 203,
Aristophanes 32
Artischockenherzen 46, 118
Astraea 55
Astrologie 52–57, 96, 113, 164,
Ayurveda 53

babylonisch 18, 132
Baiser 85–86, 208–210
Beere 66, 76, 79, 84–88, 90, 102–104, 120–121, 133–134, 194, 210
Brombeer-Pulled-Pork-Sandwiches 121
Entenbrust mit Heidelbeer-Balsamico-Sauce 88
Holunderbeeren 47–48
Holunder- und Brombeerkuchen „Meister des Waldes“ 166, 208
Honigsüße Beeren mit Blauer-Lotus-Zabaglione 204
Zitronengras-Pavlova mit Sommerbeeren 64
Beifuß 11, 13,102,104, 134, 154, 171, 197
Beifuß und Katzenminze Wahrsagetee 171, 217–218
Beifußsuppe 112
Beltane 132, 206
Beschwörungen 178
Bibel 196, 212
Birnen 76, 92, 103, 134, 153–154
Blaue Lotosblüte 204
Blumenkohl 57, 102
Gebratener Blumenkohl mit Miso und Joghurt 91–92
Blüten: Festmahl mit gebratenen Blüten und Pilzen 166, 191–192
Blutorangensorbet mit Fernet-Branca 79–80
Brathähnchen mit babylonischen Gerichten 21
Brennesseln 58
Brokkoli 54, 57, 61–62, 64, 66, 103, 134
Brownies 82, 84, 200
Brownies mit Hibiskus 82–84
Brunnenkresse 55, 103, 132, 147–148
Buch des heiligen Cyprian 170
Burnegger Brotfresser 184

Campingküche 178
Cantaloupe und Champagner-Eis am Stiel 70–172
Carmona Gadelica 38
Carroll, Peter J. 167–168
Chorizo-Fleischbällchen mit Käsepolenta 58–60
Couscous 182
Cracker 114
Crostini mit gerösteten Weintrauben 152–154
Culpeper, Nicholas 52–53
Curry-Apfel-Suppe 152–154

Damiana 47–48, 146, 217, 211–212
Damiana-Holunderblüten-Trank 47
Dumplings mit Essblumen 116

Eingelegte Fire-Cider-Eier 158
Elfenringe 191
Entenbrust mit Blaubeer-Balsamico-Sauce 88
Entgiftung 132, 220

Eostre 132
Erntedankfest 133
Essbare Blüten 29, 76, 102, 194

Fasti 29
Feigen 22, 27, 82, 103, 134, 188
  Feigenblätter 27
  Fladenbrot mit Feigen, Prosciutto und Blauschimmelkäse 82–84
Fenchel 21, 54, 82, 102, 104, 132, 134, 152–154, 159–160, 184, 214, 216, 220
Florale Papardelle mit Pistaziensauce 76
Fornacalia-Forccia 29–30
Fornax 29
Forthave, Richard 179
Friedhöfe 196
Frischkäse 26–27, 61, 90, 116, 147
Frühling 35, 54, 130–131, 134, 136, 184
Frühlings-Tagundnachtgleiche 53, 57, 131–133, 138, 140, 206,
Frühlingszwiebel-Gnudi mit geschmortem Gemüse 61–62

Gärung 135
Gattefossé, René-Maurice 179
Gebackene Pfirsiche mit Buttermilch-Gelato 146–149
Gebratene Artischocken mit Feta und Harissa-Aufstrich 118
Gebratene Fünf-Gewürze-Pilze 126
Gehobelter Rettichsalat mit einer Kirschblütenvinaigrette 140–143
Gerösteter Kürbis gefüllt mit Wurst-Fenchel-Wildreis-Füllung 152
Geröstete Rote Bete mit Labneh, Sumach und knusprigen Schalotten 146–149
Geschmorte Lammhaxen mit Wacholder und Rotwein 120
Glücksmischung Bitter 211
Gnocchi mit Salbeiblütenpesto 105
Gnosis 168
Opfer-Wachtel mit Granatapfelsauce174, 187
Grapefruit 79, 103–104, 135, 141, 143, 171, 200, 202
Greer, John Michael 96
Griechenland, Antike 22, 109, 132, 173
Griechisch-ägyptische magische Papyri (PGM) 34
Grünkohl 46, 48, 57, 126–127, 133
  Grünkohlsalat mit Haselnüssen und schwarzem Knoblauch 126
Gummiarabicum 11–12, 61, 91

Hähnchen 67–68, 74, 182
Haloea 136
Harissa 118,
Heidnische Feste 18, 24, 26, 131
Heilender Hummus für gebrochene Herzen 40
Heilige Räume 164
Heirloom-Tomaten-Salat mit Kapuzinerkresse-Vinaigrette 70–72
Hektates Deipnon 19, 32, 34
Herbst 44
Herbst-Tagundnachtgleiche 131, 134–135, 150, 152
Hermes 98, 114, 180
Hexenflaschen 182
„Hexenkuchen" aus Salemer Hexenprozessen 171–172, 197
„Hexenringe" 191
Hildegard von Bingens Glückskekse 41
Hipponax 22
Hohepriesterin 101
Holunderblüten 47, 116, 194
Homerische Hymne an Selene 109
Honig 22, 27–28, 32, 38–39, 48, 53, 55, 61–62, 72–74, 78–80, 86, 88, 90–92, 102, 104, 116, 121, 134, 153–154, 158, 174–175, 187–188, 204, 216–217, 220
Hop-tu-Naa 47

Iatromathematik 52
Inanna 134

In Piniennadeln gebackene Polenta 178
Ingwer 48, 57–58, 103, 110, 134, 153–154, 158–160, 203
Irisches Moos: Neumond-Räuchermischung 13
Italienischer Brotsalat mit Burrata und Zitronenmelissen-Vinaigrette 146–148

Jäger-Eintopf mit Wurst und Pflaumen 85
Jahreszeiten 19, 99, 130–131, 137, 164
Jasmintee-Shortbread 140–141
Joghurt 21, 61, 91–92, 102, 104
Joghurt-Käse mit Kräutern 166, 194
Johannistag 133
Jungfrau 55, 73, 98

Kampferkristalle 13, 179
Kartoffeln 53, 55, 57, 61, 66, 88, 112, 132, 135, 141–142, 154, 159, 161, 180,
Käsekuchen 27–28, 57
Käsemarktwoche 35
Käse-Sellerie-Püree 158
Keltischer Struan zum Michaeli-Fest 19, 38
Khonsu 126
Kirsch-Szechuanpfeffer-Trüffel 58
Klee 102, 132, 194, 197–197, 220
Knusprige Kokosnuss-Lotussamen-Riegel 67–68
Kohl mit Hackfleisch-Kastanienfüllung 47–49
Kosmobiologie 52
Krapfen 110
Kraut 12, 85, 91, 112, 137, 175, 204
Kräuter-Lauch-Quiche mit Kartoffelkruste 140
Kräuterfondue 64–66
Krebs 54, 67, 101, 133
Kronia 133
Kronos 22, 99, 133

Labneh 146–149
Lammfleisch 120, 132
Lauch 18, 21, 32, 34, 68, 102–103, 105, 108, 135, 140–141, 148, 159–160
Lavendel 64, 73–74, 102, 114, 116, 132, 171, 179–180, 188, 206, 220
Lavendelbutter mit Kräutersamen-Cräckern 114
Lavendel-Kartoffel-Galette gegen Merkur-Rückläufigkeit 171
Le Petit Albert 214
Liebestränke 170, 214
Liebeszauber 97, 133, 170
Lily, William 53
Linsen und geröstete Wurzeln in Walnusssauce 158
Litha 133
Löwenzahn 11, 38, 110, 132, 140, 143, 171, 191, 203,
  Löwenzahn-Ringelblumen-Scones für Gelegenheitszauber 203
  Fritule mit Löwenzahn und Orangen 110
Luzifer 121

Mabon 134
Magenbitter 170, 211
Magische Kreise 164–167
Magische Tinte 11
Mars 53, 56, 58, 96, 98–101, 103, 118, 171, 175, 178, 182, 203, 211–212
Marzanna 35
Mayonnaise 121, 126–127
Medea 173
Medizinische Astrologie 52
Merkur 54–55, 64, 73, 96–98, 100–102, 114, 171, 180, 206, 212
Milch 27, 35, 38, 41, 48–49, 57, 62, 78, 102, 105, 108, 110, 142, 159–161, 175–176, 196–198, 206, 208, 210
Mittsommer 133, 191
Mohn-Hähnchen-Auflauf 67–68
Mohnsamen 13, 39, 68, 114, 126, 216–217

Mond 40, 54, 57, 67, 96–97, 100–102–105, 109, 112, 126, 172, 182, 197, 203, 212, 216
Moore, Alan 169
Moretum-Kräutersalat 26–28
Muskatnuss 40–41, 103, 112, 153–154, 159, 161, 188
Myrrhe 11–12, 34, 49, 140, 154, 194

Neptun 57, 91
Neumond Räuchermischung 13
Neumondfestmahl 124, 126–127

Olivenöl- und Mohnkuchen 47–48
Opfergabe 29–30, 35, 116, 136, 140, 171, 173–174, 187–188, 190, 194, 203, 212
Orriswurzel 13
Ostara 131
Ovid 29

Panna cotta mit Kamille und Honigwabenbonbons 61
Pastinaken 105, 108, 135
Persephone 32, 130, 132, 134, 187
Physica 41
Picatrix 20, 40, 96, 214
Picknick-Kuchen mit Rosmarin, Apfel und Cheddar 196
Pigmente 11
Pilze 53, 85–86, 102, 104–105, 108, 112, 126–127, 135, 166, 191–192, 208, 210
Pinienkerne 104–105, 141
Pistazien 42, 73, 76, 78, 102, 208, 210
Planeten 54–57, 73, 76, 96–105, 130, 171, 178, 180
Planeten Stunden 97, 100
Polenta 38–39, 60, 178
Preiselbeer-Gewürzkuchen 158–161
Prosciutto 82, 84
Puffreis 68

Quiche mit gerötetem Knoblauch und Lauch 32

Reinigender Eistee 170
Ricotta und Frühlingserbsen-Aufstrich 140
Rituelle Brotmasken 167, 184
Römer 26
Rosmarin 27–28, 44, 46, 55–56, 80, 84, 102, 110, 120, 135, 153–154, 159–160, 169, 174–176, 179, 188, 196, 214, 216, 220
  Rosmarin-Sternbrot für den Haussegen 175–177
Rucola 21, 55, 70, 84, 132, 141, 143, 175–176
Russischer Honigkuchen 73–74

SATOR-Quadrat-Ernte-Pie 44–46
Saturnalien 136, 194
Schalotten 48–49, 68, 72, 86, 120, 126, 134, 142–141, 146–149, 179, 187
Schokolade 8, 53, 58, 60, 64, 78, 84, 102, 126, 171, 200–202
  Festtagstorte mit Schokolade, Roter Bete und Grapefruit 200–202
Schützende Hühnerfußsuppe 169, 182
Schutzmischung Bitter 211
Schwarzer-Sesam-Kuchen 105
Schweinelende mit eingelegten Senfkörnern 79–80
Sibley, Mary 197
Sigill 11, 108, 140, 166–170, 175, 178, 188, 190, 198, 211–212
  Grissini-Sigillen 188
Skorpion 56, 79, 98
Sommer 54–55, 70, 130, 137, 146, 178
Sommerliches Maisrisotto mit Basilikum und Oliven 146–149
Sommersonnenwende 131, 133–134, 144, 146, 206
Sonne 40, 54–55, 64, 70, 96–102, 110, 130–133, 136–137, 143, 154, 171–172, 203, 212
Sonnenfinsternis 105
Sonnenwenden 127, 130, 137

Sorbet 79-80
Spare, Austin Osman 167, 169
Speck 57, 86
Steinbock 56, 85, 99, 135
Stier 53-54, 61, 98
Stilles Abendessen 47-49
Stroh-Crêpes für die Butterfrau 19, 35-36
Sündenböcke 22
Süßkartoffeln 53, 61, 76, 134

Tagundnachtgleiche 53, 57, 131-137, 140, 149, 152, 156, 206
Tarot 98-101, 217
Tarte Tatin 152-154
Tasseomantie 171, 218
Taube 17-18, 21
Teufel 121, 175, 208
Tierkreiszeichen 52-54, 98, 100-101
Tomaten 30, 55, 57-58, 60, 70, 72, 133, 147-149, 178
Tränke 214, 2016

Umeboshi 140-142
Uranus 57, 88

Veilchen 102, 116, 140, 143, 206
Venus 53, 55, 61, 64, 76, 96-100, 102, 116, 172, 211-212, 214, 216
Vesta 132-133
Vestalia 132-133
Vier-Räuber-Vinaigrette 179
Vollmondfest 105
Vollmond-Räuchermischung 13

Waage 55-56, 76, 98, 131, 134
Wacholder 120, 132, 212
Wachtel 187
Wachter, Aidan 99, 169
Wahrsagen 102, 184
Walnüsse 27, 88, 90, 158-161
Warnock, Christopher 96
Wassermann 57, 88, 90, 99, 131
Weihnachten 136
Weihrauch 7, 12-13,29,-30, 40, 109-110, 112, 114, 143, 158, 161, 175, 180, 194, 197
Wein 16, 22, 26, 28, 46, 49, 56, 62, 64, 66, 68, 85-86, 88, 102, 120, 135-137, 143, 154, 158, 174, 196, 204, 212, 216
Weintrauben 134, 152-153
Wepet Renpet 133
Widder 53, 58, 98, 132
Wildreis 67-68, 152-154
Winter 44, 79, 130-131, 134-135, 137, 158
Wintersonnenwende 131, 135-136, 156, 158, 160, 170, 194
Wochentag 97

Zabaglione 174, 204
Zaubersprüche 38, 97, 104, 109, 214
Zimt 21, 41, 53, 56, 58, 103, 118, 121, 153-154, 159-160,187-188, 203-204, 212
Zitronengras 64, 66, 102, 104, 114, 180, 212
Zwiebel 21, 46, 60, 84, 103-104, 135, 142, 148, 153-154, 160-159, 178, 182, 196

Danksagung

Unendliche Liebe und Bewunderung für meine Mutter, Nada Powers, die mir seit Jahrzehnten sagt, dass ich eines Tages eine berühmte Autorin sein werde. Sie war vom ersten Tag an die leidenschaftlichste Unterstützerin dieses Buches und sie hat dafür gesorgt, dass ich bei jedem Schritt konzentriert, entschlossen und zielstrebig bin. Ich hoffe, du siehst, wie viel von dir in dem fertigen Produkt steckt.

Ewige Dankbarkeit an Bee Hollywood und Dakota St. Clare, die mir die Ehre gaben, mit ihnen bei Catland Books zusammenzuarbeiten, und deren Unterstützung meiner Arbeit während des Schreibprozesses dieses Buches ich nie vergessen werde. Ihr Engagement für unseren Laden und die Gemeinschaft inspiriert mich jeden Tag.

Unendliche Bewunderung für Frances F. Denny, Brita Olsen und Joey Popovich vom Fototeam, die bereit waren, in die Welt des Hexenfestes einzutauchen und ihre brillante, kreative Vision in dieses Projekt einfließen zu lassen. Das gemeinsame Kochen und Fotografieren im Team war die größte Herausforderung meiner Karriere und der größte Spaß, den ich seit Jahrzehnten hatte, und ohne sie hätte ich das nie geschafft.

Mein besonderer Dank gilt dem gesamten Team von Watkins, das an dieses Projekt geglaubt und diesen Traum möglich gemacht hat. Besonders dankbar bin ich meiner Lektorin Ella Chappell, die dieses Buch gewagt hat und es mit der Geduld einer Heiligen zu etwas Größerem und Schönerem gemacht hat, als ich es mir je hätte erhoffen können.

Und schließlich sende ich meine tiefste Dankbarkeit und meinen Respekt an zwei meiner Mentoren, Sarah Sutherland und Damon Stang, die an mich geglaubt, ihre Weisheit großzügig mit mir geteilt und mich mit ihrer leidenschaftlichen Liebe zum Essen und zur Magie inspiriert haben – alles unbezahlbare Geschenke, die ich niemals zurückzahlen kann.

Hildegard von Bingen – Pflanzliche Heilmittel der Expertin

Naturheilmittel und ihre Anwendung in Ernährung und Alltag: Das Heilwissen der Hildegard von Bingen ist so bewährt wie aktuell. Schafgarbe, Liebstöckel, Ringelblume oder Wildthymian, in Hildegards Rezepturen entfalten sie ihre Wirkung gegen zahlreiche Alltagsbeschwerden und vermeiden manchen Gang in die Apotheke.

96 Seiten, zahlreiche Abbildungen, 183 x 225 mm, Softcover, ISBN: 978-3-96664-510-2

Field thyme
Rosehip
Big plantain
Chamomile
Field thyme